古典文獻研究輯刊

三五編

潘美月・杜潔祥　主編

第2冊

阮刻《毛詩注疏》圈字彙校考正（上）

孔祥軍　著

國家圖書館出版品預行編目資料

阮刻《毛詩注疏》圈字彙校考正（上）／孔祥軍 著 -- 初版
-- 新北市：花木蘭文化事業有限公司，2022〔民111〕
目 4+202 面；19×26 公分
（古典文獻研究輯刊 三五編；第 2 冊）
ISBN 978-626-344-104-0（精裝）
1.CST：詩經 2.CST：研究考訂
011.08　　　　　　　　　　　　　　　111010302

ISBN-978-626-344-104-0

9 786263 441040

古典文獻研究輯刊
三五編　第 二 冊　　　ISBN：978-626-344-104-0

阮刻《毛詩注疏》圈字彙校考正（上）

作　　者　孔祥軍
主　　編　潘美月、杜潔祥
總 編 輯　杜潔祥
副總編輯　楊嘉樂
編輯主任　許郁翎
編　　輯　張雅淋、潘玟靜、劉子瑄　美術編輯　陳逸婷
出　　版　花木蘭文化事業有限公司
發 行 人　高小娟
聯絡地址　235 新北市中和區中安街七二號十三樓
　　　　　電話：02-2923-1455 ／傳真：02-2923-1452
網　　址　http://www.huamulan.tw 信箱 service@huamulans.com
印　　刷　普羅文化出版廣告事業
初　　版　2022 年 9 月
定　　價　三五編 39 冊（精裝）新台幣 98,000 元

阮刻《毛詩注疏》圈字彙校考正（上）

孔祥軍　著

作者簡介

孔祥軍，江蘇揚州人，文學碩士，歷史學博士，揚州大學社會發展學院教授，日本北海道大學訪問學者。主持國家社科基金項目「阮刻《十三經注疏》圈字彙校考正集成研究」「清人地理考據文獻集成與研究」、教育部社科基金項目「清人經解地理考據整理與研究」、教育部後期資助項目「阮刻《毛詩注疏》圈字彙校考正」等多項科研項目。在《清史研究》《中國經學》《域外漢籍研究集刊》《古典文獻研究》等學術刊物發表論文八十多篇。正式出版《毛詩傳箋》點校整理本（中華書局「中國古典文學基本叢書」），以及《阮刻〈周禮注疏〉校考（外二種）》《阮刻〈周易注疏〉圈字彙校考正》《清人經解地理考據研究》《出土簡牘與中古史研究》等專著七部，相關學術成果曾榮獲江蘇省第十六屆、第十四屆哲學社會科學優秀成果二等獎勵。目前主要從事經學文獻整理與研究、中古史研究。

提　　要

　　本書是對阮刻《毛詩注疏》圈字進行彙校，所謂圈字，是指阮本正文文字旁往往有小圈標注，乃其刊刻時據顧廣圻《毛詩注疏挍勘記》認定必誤無疑之處，為保持原貌，不在正文加以改動，遂畫圈標注，而於卷末所附盧宣旬摘錄《挍勘記》中以相應校記釋之。所謂彙校，乃從經、注、疏、釋文，四個層面展開：以言經文，所據者則有漢唐石經、敦煌殘卷、宋代以來各種重要經注本、注疏本之經文、日本所存各種《毛詩》抄本文獻；以言注文，所據者有敦煌殘卷、宋代以來各種重要經注本、注疏本之毛傳、鄭箋；以言孔《疏》，所據者，則有宋刊單疏本《毛詩正義》、南宋刊十行本《毛詩注疏》、宋刊魏了翁《毛詩要義》等；以言《釋文》，則據敦煌殘卷《毛詩音》、宋元遞修本、通志堂本、盧文弨校本《經典釋文》。可以說本成果已將目前所知各種重要《毛詩》注、疏網羅殆盡，在這樣的範圍內對《毛詩》注疏進行彙校，尚屬首次。所謂考正，大抵分為三個步驟進行：其一，將異文置於經疏原文中分別進行考察，通過涵泳經義、斟酌辭氣，進行初步判定，選擇最貼合原文語境的文字，再結合版本校勘學、文字音韻訓詁學等考辨方法予以確認，得出初步結論。其二，將考定結論與阮記、盧記對照，或證成其是，或駁正其非，或補說其失。其三，引述前人相關校勘研究成果，對前文結論再作考察，從而進一步提高考定結論的可信度，得出最終結論。在這一環節中，浦鏜《十三經注疏正字》以及山井鼎、物觀《七經孟子考文·補遺》為各經必錄參考著述。該書致力於對最有可疑之處的文字進行徹底的彙校判定工作，從而為釐正文字，特別是今日重新整理《毛詩注疏》提供重要參考。

本書為教育部人文社科基金後期資助項目
「阮刻《毛詩注疏》圈字彙校考正」
（批准號：17JHQ044）最終成果

目次

凡　例

　　一、本書出校各條，先列阮刻《毛詩注疏》經文注疏圈字所在文句。所據底本為西泠印社出版社二〇一三年影印上海圖書館藏嘉慶年間江西南昌府學刊本《重栞宋本毛詩注疏附校勘記》，簡稱阮本，所附校勘記簡稱盧記。各條所標卷數頁碼即此影印本之卷數和板心頁碼，每頁復分左右，阮本類多缺筆避諱之字，為便行文，所引者一律改作通行文字。參考藝文印書館二〇〇七年影印嘉慶本《十三經注疏·毛詩注疏》。

　　二、各條次為按語，首列諸本圈字相應文字同異情況，以單疏本、注疏本系統、經注本系統、唐石經、白文本、《毛詩要義》所引為次，主要參校版本及簡稱如下：

1. 《南宋刊單疏本毛詩正義》，人民文學出版社二〇一二年影印日本杏雨書屋藏南宋刊本，簡稱單疏本。

2. 《足利學校秘籍叢刊第二·毛詩註疏》，汲古書院影印足利學校藏南宋劉叔剛一經堂刊《附釋音毛詩註疏》，昭和四十八年出版第一卷、第二卷，昭和四十九年出版第三卷、第四卷，簡稱十行本。

3. 《附釋音毛詩註疏》，江西省樂平市圖書館藏元刊十行本，簡稱元十行本，闕卷一、卷二、卷四，極少數補板頁面，據版式、字體等特徵於括號內註明其印面所見板片時代。

4. 《中華再造善本·附釋音毛詩註疏》，北京圖書館出版社二〇〇六年影印國家圖書館藏李盛鐸舊藏元刊明修本，簡稱李本，並據版式、字體等特徵於括號內註明其印面所見板片時代。

5. 《中華再造善本·十三經注疏·附釋音毛詩註疏》，北京圖書館出版社二〇〇六年影印北京市文物局藏劉盼遂舊藏元刊明修本，簡稱劉本，並據版式、字體等特徵於括號內註明其印面所見板片時代。

6. 《毛詩註疏》，日本內閣文庫藏明嘉靖李元陽刊本，簡稱閩本。

7. 《十三經注疏·毛詩註疏》，日本內閣文庫藏萬曆十七年刊本，簡稱明監本。

8. 《十三經注疏·毛詩註疏》，日本東京大學東洋文化研究所藏汲古閣刊本，簡稱毛本。

9. 《毛詩疏》，日本山行縣市立米澤圖書館藏十行單疏抄本，簡稱十行抄本。

10. 《殿本十三經注疏·毛詩注疏》，線裝書局二〇一三年影印天津圖書館藏武英殿刊本，簡稱殿本，後附《考證》，簡稱殿記。

11. 《景印文淵閣四庫全書·毛詩注疏》，臺灣商務印書館一九八三年影印本，簡稱庫本。參考二〇一五年廣陵書社影印文津閣本《四庫全書選刊·十三經註疏》第二冊、第三冊《毛詩註疏》，簡稱文津閣本；二〇〇五年吉林出版集團有限公司影印摛藻堂《四庫全書薈要》本《毛詩注疏》，簡稱薈要本。

12. 《中華再造善本·毛詩詁訓傳》，北京圖書館出版社二〇〇三年影印國家圖書館藏宋刻本，簡稱中箱本。

13. 《中華再造善本·監本纂圖重言重意互注點校毛詩》，北京圖書館出版社二〇〇三年影印國家圖書館藏宋刻本，簡稱監圖本。

14. 《景印宋本纂圖互注毛詩》，「國立故宮博物院」一九九五年影印本，簡稱纂圖本。

15. 《毛詩》，哈佛大學哈佛燕京圖書館藏乾隆四十八年武英殿刊仿相臺岳氏五經本，簡稱岳本。

16. 《毛詩》，日本早稻田大學藏五山刊本，簡稱五山本。

17. 《毛詩鄭箋》，汲古書院影印日本靜嘉堂文庫藏抄本，平成四年出版第一卷，平成五年出版第二卷，平成六年出版第三卷，簡稱日抄本。

18. 《開成石經·毛詩》，《西安碑林全集》第一一五冊至第一二〇冊，廣東經濟出版社、海天出版社一九九九年影拓本，簡稱唐石經。

19. 《宋刊巾箱本八經・毛詩》，華東師範大學出版社二〇一四年影印民國陶氏涉園影印本，簡稱白文本。

20. 魏了翁《毛詩要義》，《續修四庫全書》第五六冊，上海古籍出版社二〇〇二年影印日本天理大學附屬圖書館藏宋淳祐十二年徽州刻本，簡稱《要義》。

　　三、各條次列阮元《毛詩注疏校勘記》與圈字相應之條目，並列盧記同異，無則不列。所據底本為《續修四庫全書》第一八〇、一八一冊影印南京圖書館藏清嘉慶阮氏文選樓刻本《宋本十三經注疏併經典釋文校勘記・毛詩注疏校勘記》，簡稱阮記。參考《皇清經解・十三經注疏校勘記・毛詩校勘記》，上海書店一九八八年影印道光九年學海堂原刊本、鳳凰出版社二〇〇五年影印上海書局光緒十三年直行本。

　　四、各條除羅列以上彙校文字、阮記盧記之外，亦對圈字異文加以考定。大抵分為三個步驟進行：其一，將異文置於經疏原文中分別進行考察，通過涵泳經義、斟酌辭氣，進行初步判定，選擇最貼合原文語境的文字，再結合版本校勘學、文字音韻訓詁學等考辨方法予以確認，得出初步結論；其二，將考定結論與阮記、盧記對照，或證成其是，或駁正其非，或補說其失；其三，引述前人相關校勘研究成果，對前文結論再作考察，從而進一步提高考定結論的可信度，得出最終結論。所引相關文獻版本及簡稱如下：

1. 《中華再造善本・經典釋文》，北京圖書館出版社二〇〇三年影印國家圖書館藏宋刻宋元遞修本，簡稱《釋文》。

2. 《爾雅》，汲古書院昭和四十八年影印神宮文庫藏南北朝刊本《爾雅》。

3. 《中華冉造善本・爾雅疏》，北京圖書館出版社二〇〇三年影印國家圖書館藏宋刻宋元明初遞修本，簡稱《爾雅疏》。

4. 《中華再造善本・說文解字》，北京圖書館出版社二〇〇四年影印國家圖書館藏宋刻元修本，簡稱《說文》。

5. 《中華再造善本・尚書》，北京圖書館出版社二〇〇六年影印北京大學圖書館藏宋刻本，簡稱《尚書》。

6. 《四部叢刊三編・尚書正義》景印日本覆印宋本，簡稱《尚書正義》。

7. 《士禮居黃氏叢書・儀禮鄭氏注》，上海圖書館藏嘉慶甲戌黃丕烈影刻嚴州本，簡稱《儀禮》。

8. 《中華再造善本・儀禮疏》，北京圖書館出版社二〇一四年影印國家圖書

館藏清黃氏士禮居影宋抄本，簡稱《儀禮疏》。

9. 《中華再造善本・禮記》，北京圖書館出版社二○○三年影印國家圖書館藏宋淳熙四年撫州公使庫刻本，簡稱《禮記》。

10. 《影印南宋越刊八行本禮記正義》，北京大學出版社二○一四年影印本，簡稱《禮記正義》。

11. 《中華再造善本・周禮》，北京圖書館出版社二○○五年影印國家圖書館藏金刻本，簡稱《周禮》。

12. 《中華再造善本・周禮疏》，北京圖書館出版社二○○三年影印國家圖書館藏宋兩浙東路茶鹽司刻宋元遞修本，簡稱《周禮疏》。

13. 《日本宮內廳書陵部藏宋元版漢籍選刊・春秋經傳集解》，上海古籍出版社影印南宋嘉定九年南宋興國軍學刊本，簡稱《左傳》。

14. 《四部叢刊續編・春秋正義》景印海鹽張氏涉園藏日本覆印景鈔正宗寺本，簡稱《春秋正義》。

15. 《四部叢刊初編・春秋穀梁傳》景印常熟瞿氏鐵琴銅劍樓藏宋刊本配《古逸叢書》本，簡稱《穀梁傳》。

16. 《中華再造善本・國語》，北京圖書館出版社二○○六年影印國家圖書館藏宋刻宋元遞修本，簡稱《國語》。

17. 《仁壽本二十六史・史記集解》，成文出版社一九五五年影印「中央研究院」藏北宋景祐監本配南宋重刊北宋監本，簡稱《史記》。

18. 《中華再造善本・呂氏家塾讀詩記》，北京圖書館出版社二○○三年影印國家圖書館藏宋淳熙九年江西漕臺刻本，簡稱《讀詩記》。

19. 《中華再造善本・玉海 辭學指南》，北京圖書館出版社二○○六年影印國家圖書館藏元至元六年慶元路儒學刻本，簡稱元刊本《玉海》。此本闕卷則據日本京都中文出版社一九七七年影印元至正刊本《合璧本玉海》。

20. 《通志堂經解・毛詩集解》，哈佛大學燕京圖書館藏清康熙十九年通志堂刻本，簡稱《集解》。

21. 《四庫提要著錄叢書・六經正誤》，北京出版社二○一○年影印本元刻配清鈔本。

22. 山井鼎、物觀《百部叢書集成・七經孟子考文補遺・毛詩》，臺灣藝文印書館一九六四年影印日本原刊本，簡稱《考文》、《考文・補遺》。

23. 浦鏜《十三經注疏正字》,《四庫全書珍本初集》經部二十六、二十七集,瀋陽出版社一九九八年影印本,簡稱《正字》。

24. 《景印文淵閣四庫全書・欽定四庫全書考證・經部・毛詩注疏》,臺灣商務印書館一九八三年影印本,簡稱庫記。

25. 汪文臺《十三經注疏校勘記識語・毛詩》,《續修四庫全書》第一八三冊,上海古籍出版社二〇〇二年影印南京圖書館藏清光緒三年江西書局刻本,簡稱汪記。

26. 茆泮林《毛詩注疏校勘記校字補》,《鶴壽堂叢書》本,簡稱茆記。

27. 謝章鋌《毛詩注疏毛本阮本考異》,《敬躋堂叢書》本,簡稱謝記。

28. 孫詒讓《十三經注疏校記》,齊魯書社一九八三年版,簡稱孫記。

29. 繆荃孫《毛詩單疏校勘記》,《嘉業堂叢書》第九冊,廣陵書社二〇一五年影印本,簡稱繆記。

　　五、凡與阮本圈字體例相違者,例於各條引文後加「＊」以為標識。

前　言

　　嘉慶二十年阮元於江西主持重梮「宋本十三經注疏」，翌年書成〔註1〕，其在《重梮宋本十三經注疏》弁首《重刻宋板注疏總目錄》（下稱《目錄》）中談及此事始末，云：「元家所藏十行宋本，有十一經，雖無《儀禮》、《爾雅》，但有蘇州北宋所刻之單疏板本，為賈公彥、邢昺之原書，此二經更在十行本之前，元舊作《十三經注疏挍勘記》，雖不專主十行本、單疏本，而大端實在此二本。嘉慶二十年，元至江西，武寧盧氏宣旬讀余《挍勘記》而有慕于宋本，南昌給事中黃氏中傑亦苦毛板之朽，因以元所藏十一經至南昌學堂重刻之，且借挍蘇州黃氏丕烈所藏單疏二經重刻之……刻書者，最患以臆見改古書，今重刻宋板，凡有明知宋板之誤字，亦不使輕改，但加圈于誤字之旁，而別據《挍勘記》，擇其說附載於每卷之末，俾後之學者不疑于古籍之不可據，慎之至也。」〔註2〕

　　此處所謂《十三經注疏挍勘記》，乃指單行本《宋本十三經注疏挍勘記》二百十七卷，《經典釋文挍勘記》廿六卷。《挍勘記》原名《考證》，撰成於嘉

〔註1〕胡稷《重梮宋本十三經注疏後記》云：「嘉慶二十有一年秋八月，南昌學堂《重梮宋本十三經注疏》成，卷四百十六並附錄挍勘記，為書一千八百一十葉，距始事於二十年仲春，歷時十有九月。」又《雷塘庵主弟子記》卷五：「（嘉慶二十一年）秋，刻《宋本十三經注疏》成。」（《續修四庫全書》第五五七冊影印上海古籍出版社藏清道光瑯嬛仙館刻本，頁二七一）。

〔註2〕阮元《揅經室三集》卷二《江西校刻宋本十三經注疏書後》，亦有此段文字，中華書局整理本《揅經室集》誤「慕」為「摹」，「挍」為「校」，一九九三年版，頁六二〇。

慶十一年丙寅，刊於十三年戊辰〔註3〕，即文選樓本也〔註4〕。卷首載段玉裁所撰《十三經注疏併釋文校勘記序》，云：「臣玉裁竊見臣阮元自諸生時至今校誤有年……近年，巡撫浙中，復取在館時奉敕校石經《儀禮》之例，衡之羣經。又廣搜江東故家所儲各善本，集諸名士，授簡詁經精舍，令詳其異同，抄撮薈萃之。而以官事之暇，篝燈燃燭，定其是非……條分縷析，犁然悉當，成此巨編。」則《校勘記》之作，為阮元首倡也。然蕭穆《記方植之先生臨盧抱經手校十三經注疏》云：「抱經先生手校《十三經注疏》本，後入山東衍聖公府，又轉入揚州阮氏文選樓。阮太傅作《校勘記》，實以此為藍本。」〔註5〕汪紹楹綜合盧文弨所做校經工作及此條記載，推斷阮元輯《校勘記》乃受盧氏啟發，或然。

　　《校勘記》之作可謂清人經學文獻研究之集大成者，後阮元重刻諸經注疏，實奠基於此〔註6〕。據阮元《目錄》，《校勘記》的學術成果並未直接反映在重刻板片的文字上，而是通過一種圈字標注的方式，既保持了原本的文字形態，又將校改意見呈現出來，以供讀者判斷，此即所謂「今重刻宋板，凡有明知宋板之誤字，亦不使輕改，但加圈于誤字之旁，而別據《校勘記》，擇其說附載於每卷之末」。依照阮說，第一，重刊諸種注疏的文字應該與底本完全一致；第二，根據單行本《校勘記》，可以完全確定原本有錯的地方，會施加小圈於字旁，並由盧宣旬摘錄《校勘記》相關條目，附於各卷之末，以便讀者前後對照檢核。這是一種極為先進的文獻整理思路，《書目答問·經部》「十三經注疏」條小注列有「阮文達公元刻附校勘記本」，云：「阮本最於學者有益，凡有關校勘處，旁有一圈，依圈檢之，精妙全在於此」〔註7〕，可見時人

〔註3〕汪紹楹說，《阮氏重刻宋本十三經注疏考》，《文史》第三輯，下文所引汪說，皆指此文。

〔註4〕單行本《校勘記》除文選樓本外，尚有《清經解》本，因《清經解》本身刊刻情況複雜，其所收錄之《校勘記》間有錯謬，亦在情理之中。如卷一《毛詩正義序》「於其所作疏內」條，經解本作「『所』字止句錯在此」（鳳凰出版社影印本，二○○五年版，第陸冊，頁六七二九），而文選樓本作「『所』字上句錯在此」，「止」字顯為「上」字之譌。又如卷一《螽斯》「其股似瑇瑁又」條，經解本作「『又』當作『文』」（頁六七三三），文選樓本則作「『又』當作『叉』」，二者又異。

〔註5〕《敬孚類稿》卷八，《近代中國史料叢刊》第四十三輯影印光緒丙午刊本，文海出版社，頁三七三。

〔註6〕汪紹楹云「於是因校勘而擇板本，因板本而議重刊」，此為的論。

〔註7〕《續修四庫全書》第九二一冊影印復旦大學圖書館藏清光緒刻本，頁五四三。

對此評價很高。精妙與否，見仁見智，但據阮元《目錄》所云「明知宋板之誤字」「但加圈于誤字之旁」，則當取《挍勘記》反復斟酌，方於可以認定必誤無疑之處，加圈於字旁，正是《挍勘記》「定其是非」之旨歸所在，校勘精華薈萃於此，實無可疑。

　　《毛詩注疏挍勘記》成於顧廣圻，在諸經《挍勘記》中質量堪稱上乘〔註8〕，雖然如此，臆斷誤說不一而足，究其緣由，實因眾多善本顧氏無由得見而致。顧氏《挍勘記》前附《引據各本目錄》，其中「注疏本」，列有「十行本七十卷」，小注云：「日本山井鼎所云『宋版』即此書，其源出《沿革例》所云『建本有音釋注疏』，遞加修改，至明正德時，山井鼎云『與正德刊本略似』，不知其似二而實一也，是為各本注疏之祖。」此說實誤，十行本之真祖，乃南宋劉

<hr />

〔註8〕 今《挍勘記》各卷前皆署「阮元撰」，然阮元實為總成，其分經校者，各有其人，各經《挍勘記》前阮元撰序已多作交待。阮元既「集諸名士」，遂設經局，據顧千里《百宋一廛賦》「《穀梁》附音之制，《爾雅》單義之式。先聲孕南，支流殿北」，注云「居士前在阮中丞元十三經局立議」（《顧千里集》，中華書局，二〇〇七年版，頁四），則顧廣圻亦入經局，其所分校者為《毛詩》一經。阮元《毛詩注疏挍勘記序》云「因以臣舊挍本授元和生員顧廣圻，取各本挍之」，又本經《挍勘記》卷末皆署「臣顧廣圻挍字」，故顧氏為《毛詩注疏挍勘記》主要撰者此本無可疑，然段玉裁《跋黃蕘圃蜀石經毛詩殘本》謂「余為阮梁伯定《十三經挍勘記》，則取《甘棠》」（《經韻樓集》卷一）云云，可證今本《毛詩挍勘記》實經段玉裁校定，而顧、段之爭，於焉為盛。據蕭穆《記方植之先生臨盧抱經手校十三經注疏》記載，「按《校刊記》成，芸臺寄與段懋堂復校，段見顧所校《詩經》引用段說，未著其名，怒之，於顧所訂，肆行駁斥，隨即寄粵，付凌姓司刻事者開雕，而阮與顧皆不知也。故今《詩經》獨不成體，此事當時無人知者，後世無論矣。乙酉八月，嚴厚民傑見告，蓋以後諸經，乃嚴親齎至蘇，共段同校者也。」（《敬孚類稿》卷八，頁三七七）嚴說當可信，檢《挍勘記》亦可見紛爭之跡。其著例，如卷一《江有汜》「水岐成渚」條，記曰：「小字本、相臺本同，案：『岐』當作『枝』，《釋文》『枝如字，何音其宜反，又音祇』，考此讀如字者，是也，水枝謂水之分流，如木之分枝耳，《穆天子傳》所謂『枝洔』，讀為其宜反，又音祇，義亦無大異，不當遂作『岐』字。○按：《江賦》曰『因岐成渚』，字作岐，亦同。」此條挍記前後有兩種不同看法，「○」前案語，乃依據《釋文》認定作「枝」，「○」後按語，則依據郭璞《江賦》以為作「岐」亦有書證，此記前說或為顧廣圻之按語，後說或為段玉裁之改訂。又，單疏本《毛詩正義》凡四十卷，十行本《毛詩注疏》凡二十卷，而《挍勘記》僅七卷，關於為何如此分卷，汪紹楹以為乃據明馬應龍本之分卷，而臧在東曾據馬應龍本夾籤批註袁廷檮過錄錢大昕《唐石經考異·毛詩考異》，汪氏據此指出：「併合為七卷，以從馬者，捨段、臧諸君，尚何疑哉。」則《挍勘記》刊刻裁定于段懋堂似無可疑也。

叔剛一經堂刊《附釋音毛詩注疏》二十卷，今藏於日本足利學校，此書雖有
闕頁，但極少補版，何來「遞加修改」之說？取其《挍勘記》引文，與足利本
對校，每有不合，則其所據「十行本」絕非宋本〔註9〕，此其一。除十行本《毛
詩注疏》有宋刻存世，南宋刊單疏本《毛詩正義》亦存三十三卷，今藏於杏雨
書屋，顧氏未能得見，此其二。宋人魏了翁曾撰《九經要義》，皆摘錄經注疏
文而成，今有宋刊《毛詩要義》首尾完具，藏於日本天理大學附錄圖書館，顧
氏亦未得見，此其三。此外，多種宋刻《毛詩》經注本皆為顧氏所未能寓目，
更無論漢簡漢石、唐卷日抄也，故其校勘眾本之尚不完備，自不待言也。除
了參校文獻方面的問題，顧廣圻校語頗有立說不堅、彌縫附會者，而《挍勘
記》所摻入段玉裁之說，多為武斷之見，更不可信。《挍勘記》的種種問題，
自然會傳遞到阮刻《毛詩注疏》，具體反映為所圈之處往往以不誤為誤。此後，
汪文臺《〈十三經注疏校勘記〉識語》、茆泮林《〈毛詩注疏校勘記〉校字補》
等雖對阮記續有補正，但對阮刻本圈字及其所對應校記，迄今尚無建立在全
面匯校基礎上的研究成果，在很大程度上影響了阮刻本《毛詩注疏》文字的
可信度，不利於學界徵引使用。阮記的錯誤意見經阮本定型，遂傳遞到今日
各種以阮本為底本之影印本與整理本〔註10〕，而整理本又往往依據阮本圈字

〔註9〕 按照一般理解，顧廣圻《毛詩注疏挍勘記》所據底本，與阮元重刊《毛詩注
　　　疏》所據底本，應該是一個本子，按照阮元《目錄》的說法「凡有明知宋板
　　　之誤字，亦不使輕改」，重刻本是完全依照原本，那麼《挍勘記》引文與阮本
　　　文字應該是完全一致的，但事實並非如此。如阮本卷二之一，頁五左「今不
　　　用而與眾物汎汎然」，顧廣圻《挍勘記》引文作「今不用而與物汎汎然」，盧
　　　宣旬摘錄《挍勘記》引文亦作「今不用而與物汎汎然。」盧記本附阮本正文
　　　後，絕不應前後自相違背，此「眾」字究竟乃阮本所據之底本本有，還是重
　　　刊時新添，難以確知。又如阮本卷十之二，頁六左「帥謂軍將至五長」，顧廣
　　　圻《挍勘記》引文云「帥謂軍將至伍長」，云：「閩本、明監本、毛本『伍』誤
　　　『五』，下同。」盧宣旬摘錄《挍勘記》引文云「帥謂軍將至五長」，補云：
　　　「閩本、明監本、毛本同，案：『五』當作『伍』，下同。」盧氏所引又與阮本
　　　同，而與《挍勘記》異，又改寫《挍勘記》，以與阮本文字一致也。此類例子，
　　　還有很多，令人不得不懷疑，要麼二者所據並非同一底本，要麼阮本重刊的
　　　過程中存在著改動底本文字的情況，而非一字不改。
〔註10〕民國二十四年，世界書局曾據道光六年重校阮本，剪貼為九拼一影印出版，
　　　並將阮本標註所用「○」，統一改為「▲」，一九八〇年中華書局又取世界書
　　　局本，參考江西書局同治十二年重修阮本，校改影印出版，此後屢有重印，
　　　這是大陸最為常見、使用最多的阮刻《十三經注疏》影印本。臺灣方面，藝
　　　文印書館早年曾據高郵王氏舊藏嘉慶初刻阮本，剪貼為四拼一影印出版，後
　　　不斷重印，藍燈文化事業公司、新文豐出版公司亦翻印此版。二〇〇九年中

及所附盧宣旬摘錄《校勘記》擅改原文，可謂以訛傳訛、影響深遠。

　　經部文獻在傳統古籍中居於核心位置，而《十三經注疏》又堪稱核心之核心，對阮刻《毛詩注疏》及他經所見圈字進行匯校，從而判斷是非，釐正文字，無論是在傳承、弘揚傳統文化方面，還是在古為今用等方面，都具有重要的學術價值和現實意義〔註 11〕。今援據唐抄宋槧及元明以來諸本，分卷彙校阮本圈字之處，考正校語，重定是非，冀有助於《毛詩注疏》之整理，並有益於讀《毛詩》者也。

華書局影印出版所謂「清嘉慶刊本《十三經注疏》」，經筆者仔細比對，實際上是翻印自臺灣藝文本，而減去其名，真正影印嘉慶阮本者，為傳古樓「四部要籍選刊」，自二〇一三年西泠印社出版單面影印《阮刻毛詩注疏》，後改由浙江大學出版社，陸續單面影印出版了嘉慶初刻《周易》、《尚書》、《禮記》、《左傳》諸經注疏。整理本方面，二〇一三年上海古籍出版社出版了新整理本《毛詩注疏》，乃繼民國萬有文庫本、海南傳世藏書本、北大簡體、北大繁體、臺灣新文豐分段標點本、儒藏本之後，最新出版的標點整理本，除上古本以外，皆以阮本為底本。上古本以南宋十行本為底本，參校諸本，理當後出轉精，故有學者稱之為「最佳整理本」（呂友仁《四種整理本〈毛詩注疏〉平議》，《中華文史論叢》二〇一四年第四期）。然而筆者在閱讀過程中，發現了數量驚人的校勘問題，可謂錯謬千出，已撰專文詳論之。

〔註 11〕筆者曾撰《阮刻〈周易注疏〉圈字彙校考正》（光明日報出版社 2019 年版），對《周易》一經相關問題展開探討，亦可參考。

毛詩正義序

1. 頁二右　日下之無雙

按：十行本、李本（元）、劉本（元）、閩本、明監本、毛本同，《要義》所引亦同。阮記云：「案：『之』下當有『所』字，錯入下句。」盧記同。檢宋元諸本《注疏》及《要義》所引皆如此，阮記所云顯為猜測，不可信從。

2. 頁二右　於其所作疏內

按：十行本、李本（元）、劉本（元）、閩本、明監本、毛本同，《要義》所引亦同。阮記云：「案：當作『其於作疏內』，『其於』二字誤倒，『所』字上句錯在此。」盧記同。檢宋元諸本《注疏》及《要義》所引皆如此，阮記所云顯為猜測，不可信從。

3. 頁二右　非有心於愛增

按：「增」，十行本、李本（元）、劉本（元）同；閩本作「憎」，明監本、毛本同，《要義》所引亦同。阮記云：「閩本、明監本、毛本『增』作『憎』，案：『憎』字，是也。」盧記同。《要義》引此正作「憎」，可證阮說，揆諸文義，亦當作「憎」。

詩譜序

1. 頁二右　格則乗之庸之

按：「乘」，十行本、李本（元）、劉本（元）、閩本同；明監本作「承」，《要義》所引亦同。阮記云：「閩本同，明監本『乘』作『承』，案：所改是也。」盧記同。此引《尚書‧益稷》文，檢之，正作「承」，《要義》所引亦可為證，則當作「承」也。

2. 頁四左　距此六十二歲

按：「二」，十行本、李本（元）、劉本（嘉靖）、閩本、明監本同，《要義》所引亦同。阮記云：「閩本、明監本同，案：浦鏜云『一誤二』，以《春秋》考之，浦挍是也。」盧記同。檢宋元諸本《注疏》及《要義》所引皆如此，或其原文已誤。

3. 頁五右　知者鄭語注云祝融之後昆吾為夏伯矣

按：「注」，十行本、李本（元）、劉本（嘉靖）、閩本、明監本同，《要義》所引亦同。阮記云：「閩本、明監本同，案：浦鏜云『注衍字』，以《國語》考之，浦挍是也。」盧記同。核之《國語》，「昆吾為夏伯矣」乃《鄭語》原文，非注文，「注」字顯為衍文，浦說是也。檢宋元諸本《注疏》及《要義》所引皆如此，或其原文已誤。

4. 頁七左　漢書地理志右扶風郡有美陽縣禹貢岐山在西北周文王
　　　　　所居也

按：「文」，十行本、李本（元）、劉本（元）、閩本、明監本、毛本同，《要

義》所引亦同。阮記云：「閩本、明監本、毛本同，案：浦鏜云『大誤文』，以《漢書》考之，浦校是也。」盧記同。檢北宋遞修本《漢書・地理志》右扶風美陽縣條正作「周文王」（北京圖書館出版社二〇〇三年影印國家圖書館藏本），宋慶元元年建安劉元起刻本《漢書》（北京圖書館出版社二〇〇六年影印北京大學圖書館藏本）、宋蔡琪家塾刻本《漢書》（北京圖書館出版社二〇〇三年影印國家圖書館藏本、嘉定十七年白鷺洲書院刻本（北京圖書館出版社二〇〇四年影印國家圖書館藏本皆同，則作「文」是也，浦說顯誤，阮記是之，亦誤。

5. **頁十右**　此詩既繼二公即二公為其詩主

按：「繼」，十行本、李本（元）、劉本（元）、閩本、明監本、毛本同，《要義》所引亦同。阮記云：「明監本、毛本同，案：浦鏜云『繼當繫字誤』，是也。」盧記同。揆諸文義，顯當作「繫」，又前《疏》明云「此實文王之詩，而繫之二公」，亦可為證。今檢宋元諸本《注疏》、閩本、《要義》所引皆作「繼」，或其原文已誤，孫記以為唐以前以「繼」為「繫」，不知所據，蓋不可信。

6. **頁十左**　此譜於此篇之大略耳

按：「此」，十行本、李本（元）、劉本（元）、閩本、明監本、毛本同。阮記云：「閩本、明監本、毛本同，案：下『此』字當作『比』，形近之譌。」盧記同。考此句《疏》文釋《周南召南譜》，前《譜》云：「是故二國之詩以后妃夫人之德為首，終以《麟趾》、《騶虞》」，《疏》文釋之云「此論二國之詩次比之意」，此處言「此譜於比篇之大略」，正前後相應，阮記推測或是也。

7. **頁十一右**　其文王之德化多少不同者自由作不有別又采得多少不同

按：「不」，十行本、李本（元）、劉本（元）、閩本同；明監本作「者」，毛本同。阮記、盧記皆無說。作者有別，故致文王之德化多少不同也，揆諸文義，顯當作「者」，明監本改之，是也。

8. **頁十二左**　小人莫處御于君所

按：「人」，十行本、李本（元）、劉本（元）、閩本、毛本同；明監本作「大」。阮記無說，盧記補云：「毛本『人』作『大』，案：『大』字是也」。前《疏》明云「《蜉蝣》取小大莫處，御于君所」，則顯當作「大」，阮本《疏》

文云「故詩曰：曾孫侯氏，四正具舉，大夫君子，凡以庶士，小人莫處，御于君所，以燕以射，則燕則譽」，此「小人」當作「小大」，小指庶士，大指大夫君子，無論小大，處於職司者，莫有不來而侍御于君之處所，若作「人」，則顯與上下文意齟齬，《禮記·射義》鄭注及賈《疏》，正作「小大」，亦可為證，明監本改之，是也。《正字》云「『大』，毛本誤『人』」，今檢日本東京大學東洋文化研究所藏毛本、哈佛大學圖書館藏毛本皆作「人」，浦鏜所見亦作「人」，盧記所云毛本作「大」，不知其所據何本也。

卷　一

卷一之一

1. 頁一右　周南關雎詁訓傳第一

按：「詁」，十行本、李本（元）、劉本（元）、閩本、明監本、毛本、巾箱本、監圖本、纂圖本、岳本、五山本、日抄本皆同，無一作「故」者。阮記云：「《正義》云：今定本作『故』，《釋文》本作『故』，云『舊本多作故，今或作詁』，考《漢書・藝文志》作『故』，與《釋文》引舊本及樊孫等《爾雅》本皆為《釋故》合，當以《釋文》本、定本為長。」盧記同。考宋元以來諸經注、注疏本皆作「詁」，又敦煌殘卷伯二五二九作「魏淇奧詁訓傳第五」、伯二六六九作「魏葛屨詁訓傳第九」、伯二九七八作「甫田之什詁訓傳」、伯三七三七作「那之什詁訓傳第世」、斯七八九作「周南鵲巢詁訓傳第二」、斯一七二二作「周南關雎詁訓傳第一」；而伯二五三八則作「鄁栢舟故訓傳」、斯二〇四九作「鹿鳴之什故訓傳」，則以作「詁訓傳」居多，然亦有作「故訓傳」者，《釋文》云：「案：『詁』、『故』皆是古義，所以兩行」，是為的論，阮記必以作「故」者為長，豈必然耶。

2. 頁三右　漢承滅學之後典籍出於人滅各專問命氏以顯其家之學

按：李本（正德）同；十行本作「漢承滅學之後典籍出於人間各專門命氏以顯其家之學」，劉本（正德十二年）、閩本、明監本、毛本同，《要義》所引亦同。阮記無說，盧記補云：「毛本『人滅』作『人間』，『專間』作『專門』，案：所改是也」。南宋刊十行本已如此，非毛本始改，今傳世元刊明修

本兩種，本頁印面皆為正德時補版，而李本板心有塗抹，劉本明確標註「正德十二年」，細察二本此頁印面，版式風格、字體形勢幾乎完全一致，然此兩處文字卻有不同，似劉本晚於李本，而剜改改正，遂復與宋十行本合，閩本等承之，遂不誤。李本、阮本之錯譌，則或因元刊十行本以降翻刻有誤，遂為李本、阮本所承，然其詳情乏考也。

3. 頁六右　聲謂宮商角祉羽也

按：「祉」，十行本、李本（元）、劉本（元）同；閩本作「徵」，明監本、毛本、巾箱本、監圖本、纂圖本、岳本、五山本同。阮記云：「小字本、相臺本『祉』作『徵』，閩本、明監本、毛本亦同。案：考《正義》、《釋文》皆作『徵』，此『祉』字當是宋經注本，避當時諱字耳。」盧記同。宋刊經注本如巾箱本、監圖本、纂圖本皆作「徵」，則阮記所謂宋經注本避當時諱之說，顯為猜測之說，非是，宋元十行本作「祉」或為別本之異也。

4. 頁六右　後人作詩謨摩舊法

按：「謨摩」，李本（元）、劉本（元）同；十行本作「謨準」；閩本作「模準」、明監本、毛本同，《要義》所引亦同。阮記無說，盧記補云：「毛本『謨摩』作『模準』。」「謨摩」、「謨準」，皆不知何義，據《要義》所引，則其所見宋本《疏》文當作「模準」，閩本之「模準」即承之而來，制模以木不以言，作「謨」顯非，故作「模準」是也，南宋刊十行本譌「模」為「謨」，元刊十行本又譌「準」為「摩」，遂有所謂「謨摩」，而為阮本所承也。謝記以為「模準」較「謨摩」為易解，是也，孫記以為「模」是「準」非，「摩」似不誤，純屬猜測，大謬不然。

5. 頁八左　厚音后本或作序非

按：十行本、李本（元）、劉本（元）、閩本同；明監本此八字在下節，毛本同。阮記無說，盧記補云：「案：此節釋音『厚音后本或作序非』八字，當在下節。考此節《序》文無「厚」字，下節《序》文云「厚人倫」，則此八字當在下節，顯然也，明監本移正，是也。又考巾箱本兩節《序》文釋音並在一段，孔《疏》插入附釋音經注本時，或因疏忽而致誤，此處雖誤，但藉之正可窺見注疏合刻之遺跡也。

6. 頁十二右　皆用此上六義之意

按：「上」，十行本、李本（元）、劉本（元）、閩本、明監本、毛本同。阮記云：「閩本、明監本、毛本同，案：十行本『上』至『之』，剜添者一字。」盧記又補云：「『上』字宜衍」。揆諸文義，「上」字似為衍文，盧記是也。

7. 頁十三左　告古毒反

　頁十六左　以其成功告於神明者也

按：「告古毒反」，十行本、李本（元、元）、劉本（嘉靖、元）、閩本同；明監本、毛本無此四字。阮記無說，盧記補云：「案：此節釋音『告古毒反』四字，當在下第四節『告於神明者也』下」。考此節《序》文無「告」字，下第四節《序》文云「告於神明」，則「告古毒反」四字當在下第四節，顯然也，明監本、毛本刪之，亦非。又考巾箱本此諸節釋音並在一段，或因注疏合刻之際，以孔《疏》插入釋音本經注時疏忽而致誤，此處雖誤，但藉之正可窺見注疏合刻之遺跡也。

8. 頁十四右　若唐有帝堯殺禮救危之化

按：「危」，十行本、李本（元）、劉本（嘉靖）、閩本、明監本、毛本同，《要義》所引亦同。阮記云：「案：浦鏜云『厄誤危』，以《唐譜》考之，浦校是也。」盧記同。危、厄義通，且《要義》所引明作「危」，諸本《注疏》皆作「危」，豈必為「厄」耶。

9. 頁十五右　所言一人心乃是一國之心

按：「一人心」，十行本、李本（元）、劉本（元）同，《要義》所引亦同；閩本作「一人之心」，明監本、毛本同。阮記云：「閩本、明監本、毛本『人』下有『之』字，案：所補是也。」盧記同。《要義》所引明作「一人心」，宋元諸本《注疏》皆作「一人心」，閩本誤補，阮記是之，亦誤。

10. 頁十七右　所以報神恩也

按：「神」，十行本、李本（元）、劉本（元）、閩本、明監本、毛本同。阮記云：「案：十行本『以』至『也』剜添者一字。」盧記又補云：「『神』字宜衍」。盧記純屬推測，謝記云：「下文『則神無恩力』句，足證此句『神』字非衍」，甚是。

11. 頁十七右　鄭荅張逸云風也小雅也大雅也頌也此四者人君行
　　　　　　　之則為興

按：十行本、李本（元）、劉本（元）、閩本、明監本、毛本同，《要義》所引亦同。阮記云：「案：十行本『大』至『之』剜添者三字，是『此四者』三字衍也。」盧記同。《要義》所引明有「此四者」三字，諸本《注疏》皆同，且揆諸文義，無此三字，顯為滯澀，阮記僅據所謂剜入之跡，以作判定，純屬猜測，實不可信，古籍舊板剜入文字者比比皆是，原因複雜，豈必皆為衍文？謝記於「所以報神恩也」條有云：「凡十行本有剜添者，阮皆偏執為據，即閩本出宋本，亦以為誤，初不察其文理，殊失持平之論……此等皆非也」，所言甚是。

12. 頁二十左　郭璞

按：十行本、李本（元）、劉本（嘉靖）、閩本、明監本、毛本同，《要義》所引亦同。阮記無說，盧記移《曹風‧候人》阮記於此，云：「案：『璞』當作『樸』，樸字景純，取純樸相應，字當從木，《正義》多作『璞』，或改作『朴』，朴即樸之俗字」。檢南宋刊單疏本《毛詩正義》亦多作「郭璞」，古人重音不重字，郭璞、郭樸經典多互通，凡必以某字為是者，皆不足取信也。

13. 頁二十左　揚雄

按：「揚」，十行本、李本（元）、毛本同，《要義》所引亦同；劉本（嘉靖）作「楊」，閩本、明監本同。阮記云：「案：子雲姓本從『木』，宋以來或誤從『才』，閩本、明監本是也，餘同此。」盧記同。《正字》云「『揚』，監本誤從『木』，後並同」，王念孫《讀書雜誌》卷四之十三《楊雄傳》條，長篇引用段玉裁之說，並輔以宋景祐本《漢書》及《漢郎中鄭固碑》，力證當從「木」，不從「才」，可備一說也。

14. 頁二十二右　釋草云苔接余其葉符

按：「符」，十行本、李本（元）、劉本（嘉靖）、閩本、明監本、毛本同。阮記云：「案：浦鏜云『苻誤符』，以《爾雅》考之，浦按是也。」盧記同。檢《爾雅‧釋草》、《爾雅疏‧釋草》，皆作「苻」，然孔穎達所見本或作「符」，詳情難知也。

15. 頁二十二右　鷺其白莖

按：「鷺」，十行本、李本（元）、劉本（嘉靖）、閩本、明監本、毛本同。

阮記云：「案：浦鏜云鬻誤鸞者，凡陸《疏》『鸞』字皆當作『鬻』，乃形近之譌，浦校是也。」盧記同。《正字》云：「鬻中從『者』即煮字，從『米』誤，後同不出。」此句《疏》文乃引陸機《疏》，檢《爾雅疏·釋草》引陸《疏》，亦作「鬻」，則《正字》、阮記之說皆無據之猜測也。

16. 頁二十四右　故言三章一章章四句二章章八句

按：「一章章四句」，十行本、李本（元）、劉本（元）、閩本、明監本、毛本、十行抄本、監圖本、纂圖本、白文本同；巾箱本作「一章四句」，五山本、日抄本、唐石經同；岳本作「其一章四句」。阮記無說，盧記補云：「一章下例不重『章』字，次『章』字誤衍」。原文意謂，《關雎》之詩，毛以為當分三章，其中一章四句，另外兩章每章八句。疊「章」者乃指另外幾章每章之義，若僅有一章，何須再言每章？則一章不須疊「章」字，明矣，《釋文》所引不疊「章」字，亦可為證，盧記所補，是也。

17. 頁二十四左　自古而有篇章之名與詩礼俱興也

按：「礼」，李本（元）、劉本（元）、十行抄本同；十行本作「禮」，閩本、明監本、毛本同，《要義》所引亦同。阮記云：「案：『禮』當作『體』，形近之譌。」盧記同。下《疏》引證云「故《那》序曰：得商頌十二篇，《東山》序曰：一章言其完是也」，若作「詩禮」，為何僅舉《詩》序，而無「禮」例，則阮記所疑，不可謂無據也。又一九七七年安徽阜陽雙古堆一號漢墓出土《詩經》竹簡殘片一百七十多條，該墓屬於漢文帝時期，學者發現「絕沒有將一首詩的前後兩章寫在同一片簡的情形」，經過深入研究，得出結論，「凡《詩經》每章三句至十一句者，大抵為一簡寫一章……凡《詩經》每章十二句者，用兩支簡寫一章」（《阜陽漢簡〈詩經〉簡冊形制及書寫格式之蠡測》，收入《阜陽漢簡〈詩經〉研究》，上海古籍出版社一九八八年版）。據此，《詩》分篇章，見諸簡冊，可謂由來已久，而一九五六年甘肅武威西漢晚期墓出土《儀禮》簡冊分篇鈔寫，與阜陽《詩經》分章鈔寫顯然不同，此為出土實物之旁證，傳世本諸《禮》亦分篇不云章句，則「與詩禮俱興」，似不合事實也。

18. 頁二十四左　摯虞流外論

按：「外」，十行本、李本（元）、劉本（元）、閩本、明監本、毛本同，《要

義》所引亦同。阮記云：「案：山井鼎云『外當作別』，是也。」盧記同。《正字》云「『別』，誤『外』」，是也。

19. 頁二十五右　詩礼本無九言者

按：「礼」，李本（元）、劉本（元）同；十行本作「禮」，《要義》所引同；明監本作「體」，毛本同；閩本此字左旁漫漶。阮記無說，盧記補云：「毛本『禮』作『體』，案：『體』字是也」。揆諸文義，顯當作「體」。

20. 頁二十五右　仲冶之言

按：「冶」，十行本、李本（元）、劉本（元）、閩本同；明監本作「治」，毛本同，《要義》所引亦同。阮記云：「案：山井鼎云『治當作洽』，是也。」盧記同。《正字》云：「『洽』，誤『治』。」哈佛大學圖書館藏閩本於「冶」旁紅筆注有「洽」字，檢《晉書》，摯虞字仲洽，則「治」、「冶」皆形近之譌也。

21. 頁二十五右　乎者俟我于著乎而

按：「乎者」，十行本、李本（元）、劉本（元）、閩本、明監本、毛本同，《要義》所引亦同。阮記云：「案：『乎者』當作『著』，此句稱『著』與下句稱『伐檀』，對文也，誤分為二字，又改『艹』為『乎』。」盧記同。此句《疏》文云「乎者，俟我于著乎而，《伐檀》『且漣漪』之篇，此等皆字上為韻，不為義也」，反復玩味，義不可曉，前《疏》云「之、兮、矣、也之類，本取以為辭，雖在句中，不以為義，故處末者皆字上為韻。之者，『左右流之』、『寤寐求之』之類也；兮者，『其實七兮』、『迨其吉兮』之類也；矣者，『顏之厚矣』、『出自口矣』之類也；『也者』，『何其處也』、『必有與也』之類也」，其下緊接「乎者，俟我于著乎而，《伐檀》『且漣漪』之篇」，似「乎」者承上文「之」、「兮」、「矣」、「也」而來，但前《疏》明云「之、兮、矣、也之類，本取以為辭」，並無「乎」字；又上文諸字，皆引兩例，其以「之類也」為結，「乎」者，僅取一例，又無「之類也」三字；又「《伐檀》『且漣漪』之篇」，置於此處，顯然突兀，不知何義。考《伐檀》篇經文有云「河水清且漣猗」、「河水清且直猗」、「河水清且淪猗」，《疏》釋云「此云『漣猗』，下云『直猗』、『淪猗』，『漣』、『直』、『淪』論水波之異，『猗』皆辭也」，此正與此處《疏》文所謂「此等皆字上為韻，不為義也」相應，「不為義」者，「猗」也，「字上為韻」者，「『漣』、『直』、『淪』」也。仿此，檢《著》詩經文，每句之後皆有「乎而」

二字，則「不為義」者，「乎而」也，為韻者，「乎而」之上諸辭也，故此處當作「《著》『俟我于著乎而』」，「著」字若分上下，則為「丷」及「者」，或由此遂譌作「乎者」二字，阮記所云，發千古之覆，正傳本之譌，堪稱卓識！謝記以為其說良是，是也。

22. 頁二十五左　　亦殷勤而重章也

按：「殷」，十行本、李本（元）、劉本（元）、閩本、明監本、毛本同，《要義》所引亦同。阮記、盧記皆無說。考前《疏》明云「一章不盡，重章以申殷勤」，此處云「殷勤而重章」，正與其相應，「亦」字乃因彼而發也，文義曉暢，不知「殷」字誤在何處，加圈何意。

23. 頁二十五左　　其篇詠有優劣采

按：「采」，李本（元）、劉本（元）同；十行本作「乎」，閩本、明監本、毛本同。阮記無說，盧記補云：「毛本『采』作『乎』」。揆諸文義，作「乎」是也。

24. 頁二十五左　　采采若苢一章而再言

按：「若」，李本（元）、劉本（元）同；十行本作「芣」，閩本、明監本、毛本同，《要義》所引亦同。阮記無說，盧記補云：「『若』，當作『芣』」。「若」字顯誤，《要義》所引正可為證，盧記是也　，或因與「芣」形近而譌也。

卷一之二

1. 頁三左　　紘者纓之無緌從下而上者也

按：「緌」，十行本、李本（元）、劉本（嘉靖）、閩本、十行抄本同，《要義》所引亦同；明監本作「綏」，毛本同。阮記云：「案：『綏』字是也，考鄭《周禮》注云：《士冠禮》及《玉藻》『冠綏』之字，故書亦多作『緌』者。是『冠綏』字誤作『緌』久矣，鄭定用『綏』字，唐時不應更用『緌』也。」盧記同。考本詩《釋文》「紘」條，小字注云：「纓之無緌者，從下仰屬於冠」，則唐人所見亦作「緌」，阮記是也。

2. 頁四左　　南山箋云姜與姪娣及傅姆同處

按：「云」，十行本、李本（元）、劉本（元）、閩本、明監本、毛本同；十行抄本作「文」，《要義》所引同。阮記云：「『姜』上，浦鏜云『脫文字』，是

也。」盧記同。考《南山》詩「葛屨五兩，冠緌雙止」，鄭箋云：「葛屨五兩，喻文姜與姪娣及傅姆同處；冠緌，喻襄公也。五人為奇，而襄公往從而雙之，冠、屨不宜同處，猶襄公、文姜不宜為夫婦之道。」則此處之「云」，當為「文」，十行抄本「云」恰作「文」，《要義》所引同，則「云」字實為「文」字傳寫之譌，而非脫去「文」字，浦鏜《正字》、阮記皆不確。

3. 頁六左　若如傳言私服宜否

按：「私服宜否」，十行本同；閩本作「私服宜澣公服宜否」，明監本、毛本、十行抄本同；李本、劉本此頁缺。阮記云：「閩本、明監本、毛本『服』下有『宜澣公服』四字，案：所補是也。」盧記同。考本詩經文云「害澣害否，歸寧父母」，《傳》云「害，何也，私服宜澣，公服宜否。」則《疏》文既引《傳》文，其作「私服宜否」顯誤，阮記是也。

4. 頁七左　后妃嗟呼而歎

按：「呼」，十行本、李本（正德）、劉本（正德）同；閩本作「吁」，毛本、十行抄本同，明監本所作「呼」字，細辨之，似有描改，重修監本正作「吁」，則乃讀此本者改「吁」為「呼」也，其原本當作「吁」也。阮記云：「閩本、明監本、毛本『呼』作『吁』。案：所改是也。」盧記同。阮記所云，未見其必也。

5. 頁十一右　似葛之草木疏云

按：十行本、李本（元）、劉本（元）同；閩本作「似葛類草木疏云」，明監本、毛本同；巾箱本作「似葛之草也草木疏云」，監圖本、纂圖本同。阮記無說，盧記補云：「毛本『之』作『類』。案：《釋文》云似葛之草也。是『草』字宜重，毛本亦非。」檢《釋文》本詩「蘽」條，小字注云「似葛之草也，《草木疏》云……」。則巾箱本等是也。

6. 頁十一左　陸機云蘽一名巨瓜

按：「瓜」，十行本、李本（元）、劉本（元）同；閩本作「苽」，明監本、毛本、十行抄本同；巾箱本作「荒」，監圖本、纂圖本同。阮記云：「閩本、明監本、毛本『瓜』作『苽』。案：皆誤也，當作『荒』，《易·釋文》、《齊民要術》可證。」盧記同。本詩《釋文》「蘽」條，小字注已引《草木疏》，云「一名巨荒」，何須遠引《易·釋文》、《齊民要術》？作「荒」是也，宋刊巾箱本

等亦可為證。

7. 頁十二右　　天保云降邇遐福

按：「邇」，十行本、李本（元）、劉本（元）、閩本同；明監本作「爾」，
毛本同；十行抄本作「迩」。阮記云：「閩本同，明監本、毛本『邇』作『爾』。
案『爾』字是也。」盧記同。檢《天保》詩作「降爾遐福」，則阮記是也。

8. 頁十二右　　幣本又作縈

按：十行本、李本（元）、劉本（元）同；閩本作「縈本又作幣」，明監
本、毛本、巾箱本、監圖本、纂圖本同。阮記、盧記皆無說。檢本詩《釋文》
「幣之」條，小字注云「本又作『縈』」，則十行本是也。巾箱本改作「縈本
又作幣」，或欲與本詩經文「葛藟縈之」文字一致，遂纂改《釋文》，顯非。

9. 頁十三右　　長而青長角長股肱鳴者也

按：「肱」，十行本、李本（元）、劉本（元）、閩本、十行抄本同；明監本
作「股」，毛本同，《要義》所引亦同。阮記云：「案『股』字是也，鄭《考工
記·梓人》注云：股鳴，蜃蝐動股屬。」盧記同。《釋文》、《爾雅疏》引陸機
《疏》皆作「長股股鳴」，作「肱」顯非，阮記是也。

10. 頁十三右　　其股似瑇瑁又五月中

按：「又」，十行本、李本（元）、劉本（元）、閩本、明監本、毛本、十行
抄本同，《要義》所引亦同。阮記云：「閩本、明監本、毛本同。案：『又』當
作『叉』，形近之譌。」盧記作：「閩本、明監本、毛本同。案：『又』當作『叉』，
形近之譌」。兩記有異，檢道光原刊《皇清經解》本《毛詩注疏校勘記》「其股
似瑇瑁又」條作「閩本、明監本、毛本同。案：『又』當作『叉』，形近之譌」
（上海書店一九八八年影印本，第五冊，頁三五九），光緒丁亥石印咸豐庚申
補刊《皇清經解》本《毛詩注疏校勘記》「其股似瑇瑁又」條云：「閩本、明監
本、毛本同。案：『又』當作『文』，形近之譌」（鳳凰出版社二〇〇五年影印
本，頁六七三三）。考《正字》云「『文』，誤『又』」，則「『又』當作『文』之
說」似昉於此，而「『又』當作『叉』」則似出於阮記臆度，道光本《清經解》
本《校勘記》襲之，盧記承阮記而誤作「『又』當作『叉』」，至於咸豐庚申補
刊《清經解》本《校勘記》則似覺察阮記之難信，遂取《正字》之說，而改作
「『又』當作『文』」，錯綜紛紜，輾轉變化。十行本《疏》文作「陸機《疏》：

幽州人謂之春箕……或謂似蝗而小，班黑，其股似瑇瑁，又五月中以兩股相切作声，聞数十步是也」，其中「又」字，《爾雅疏》引《草木疏》作「又」，《要義》所引、十行本以下諸注疏本皆作「又」，則此「又」字絕非「文」、「叉」之譌也，「又」字當屬下，「其股似瑇瑁」為句，八行本《春秋正義》桓公五年經文孔《疏》引陸機《毛詩疏》云：「其股狀如瑇瑁又五月中」（北京圖書館出版社二〇〇三年影印國家圖書館藏宋慶元六年紹興府刻宋元遞修本），景鈔單疏本《春秋正義》（《四部叢刊續編》本）同，皆作「又」，可證，「其股似瑇瑁」即「其股狀如瑇瑁」也。

11. 頁十四左　襄二十八年

按：「八」，十行本、李本、劉本、閩本、明監本、毛本、十行抄本同，《要義》所引亦同。阮記云：「案：浦鏜云『七誤八』。以《左傳》考之，浦挍是也。」盧記同。浦說是也。

12. 頁十四左　故爾雅云無夫無婦並謂之寡丈夫曰索婦人曰嫠

按：「爾」，十行本、李本（元）、劉本（元）、閩本、明監本、毛本同，《要義》所引亦同；十行抄本作「尔」。阮記云：「案：『爾』當作『小』。《小雅》者，今在《孔叢》第十一，此其《廣名》文也。《狼跋》、《文王》《正義》皆云：『膚，美。《小雅·廣訓》文。』是其證。浦鏜云『爾雅』上脫「小」字，非也。唐人如李善《文選注》之類，多稱《小雅》。《漢書·志》云『《小雅》一篇』，誤本乃作『小爾雅』耳。」盧記同。檢《正字》云「『爾雅』當作『小雅』，謂孔鮒《小爾雅》也。案：《廣名》篇云：凡無妻無夫通謂之寡，寡夫曰㷀，寡婦曰嫠。」據此，則浦鏜亦認為當作「小雅」，並未說「爾雅」上脫「小」字，阮記誤讀《正字》而駁之，殊無謂也。又，宋刻《孔叢子·小爾雅第十一·廣義篇》云：「凡無妻無夫通謂之寡，寡夫曰㷀，寡婦曰嫠。」（北京圖書館出版社二〇〇四年影印上海圖書館藏宋刻本）則是《廣義》篇，《宛委別藏》本《孔叢子》（江蘇古籍出版社一九八八年影印本）同，《廣名》本為《廣義》後一篇，浦鏜錯《廣義》為《廣名》也，阮記不查，不明引《正字》之文，徑直稱「此其《廣名》文也」，一仍浦鏜之誤，以訛傳訛，謬文相因也。

13. 頁十四左　礼宗子雖七十無主婦

按：「主」，十行本、劉本（元）、閩本、明監本、毛本、十行抄本同：李

本（元）作「王」。阮記云：「案：浦鏜云『脫一無字』，以《禮記》考之，浦校是也。」盧記同。檢《禮記・曾子問》作「宗子雖七十，無無主婦」，則浦說是也，殿記謂各本俱脫一「無」字，亦是也。

14. 頁十五右　箋云興者踰時婦人皆得以年盛時行也

按：「踰」，十行本、李本（元）、劉本（元）、閩本、明監本、毛本同；巾箱本作「喻」，監圖本、纂圖本、岳本、五山本、日抄本同。阮記云：「閩本、明監本、毛本同。小字本、相臺本『踰』作『喻』，《考文》古本同。案：『喻』字是也，山井鼎云『諸本皆誤』，但據注疏本而言耳。」盧記同。通檢《毛詩》鄭箋，行文多有「興者，喻某某「之語氣者，則此書例亦可為證，阮記是也。此處作「踰時」，或因見下《傳》云「宜以有室家，無踰時者」，遂誤「喻」為「踰」也。

15. 頁十五右　又宜者謂年時俱善為異

按：「善」，十行本、李本（元）、劉本（元）、閩本、明監本、毛本、十行抄本同。阮記云：「案：『善』當作『當』，考《正義》上下文可證。」盧記同。阮記此言不確，自十行本、元刊明修本至明清諸本皆作「善」，無文獻版本依據而遽定「善」字為非，妄矣。十行本《桃夭》首章「之子于歸，宜其室家」，毛《傳》云「無踰時者」，鄭箋云「宜者，謂男女年時俱當」。《疏》文云：「毛以為……此行嫁之子，往歸嫁於夫，正得善時，宜其為室家矣。　鄭唯據年月不同，又『宜者』謂年時俱善為異。」孔《疏》乃為分釋毛《傳》、鄭箋而發，毛《傳》解宜者偏重於出嫁時間為善，所謂「正得善時」也；鄭箋解宜者兼顧年時與月時，即嫁娶雙方年齡為善，出嫁時間亦善，所謂「年時俱善」也；此處「俱善」之「善」正由前文「善時」而來，乃釋解鄭箋「俱當」之義，否則孔《疏》徒重複箋語又有何意義？故此《疏》文作「俱善」不誤。《正字》云「善，箋作當」，而不直云誤，蓋見浦鏜之審慎也。

16. 頁十五左　此云家人家猶夫也猶婦也

按：「猶」，十行本、李本（元）、劉本（元）、閩本、明監本、毛本同；十行抄本作「人猶」。阮記云：「案：『猶婦』上，當脫『人』字。」盧記作：「案：『猶婦』上，當脫『入』字。」考《疏》云：「此云『家人』，家猶夫也，猶婦也，以異章而變文耳。」既云「家人」之「家」如夫，則「人」顯當如「婦」，

—23—

「人」字不可脫。《正字》云「《疏》『猶婦也』，上當脫『室』字。」浦鏜謂脫「室」字，不合原文文氣，阮記似承《正字》而改之，檢《集解》卷二錄宋人李樗云：「『家人』言一家之人盡以為宜也〔孔氏〕以『家猶夫，人猶婦』，此又不然。」據此，宋人所見孔《疏》原文當作「人猶婦」，十行抄本正作「人猶婦」，亦可為證，則阮記謂脫「人」字，是也，盧記「人」字譌作「入」，誤甚。

卷一之三

1. 頁一左　言此兔罝之人有赳赳然威武之德

按：「兔罝」，十行本、李本（元）、劉本（嘉靖）、閩本、明監本、毛本同；十行抄本作「罝兔」。阮記、盧記皆無說。阮本於此加圈，或與下則圈字有關。詳見下條。

2. 頁二左　箋云怨耦曰仇此兔罝之人

按：「兔罝」，十行本、李本（元）、劉本（嘉靖）、閩本、明監本、毛本、五山本同；巾箱本作「罝兔」，監圖本、纂圖本、岳本、日抄本同。阮記云：「小字本、相臺本『兔罝』作『罝兔』。案：『罝兔』是也，箋三章皆云『此罝兔之人』，不應一章獨倒。《序·正義》云『箋云罝兔之人』，首章《正義》云『言此罝兔之人』，卒章《正義》云『鄭以為此罝兔之人』，皆順箋文也。其云『故兔罝之人』，又『經直陳兔罝之人賢』，又『毛以為兔罝之人』者，不主說箋，故順經文也。閩本、明監本、毛本於《正義》中盡改為『兔罝之人』，失之甚矣。」盧記同。從今存宋刊附音單經注本及早期抄本經注本《毛詩》鄭箋來看，此處箋文確實皆作「罝兔之人」，則阮記所云不為無據，然其云「首章《正義》云『言此罝兔之人』」，如上條所示，今所存各注疏本，《兔罝》首章《正義》皆作「言此兔罝之人」，惟十行抄本作「言此罝兔之人」，即便如阮記所云閩本以下乃後誤改，而閩本以上之宋刊十行本、元刊明修十行本以及阮本皆同，且五山本作「兔罝之人」，則作「罝兔」者或為別本，難為定讞，故阮記於此實為疏失，阮本於上則《正義》「兔罝」處加圈，或亦不解阮記所云而有疑問也。

3. 頁二左　使之慮事

按：「事」，十行本、李本（元）、劉本（嘉靖）、閩本、巾箱本、監圖本、

纂圖本、日抄本同；明監本作「無」，毛本、岳本、五山本同。阮記云：「閩本同，小字本、相臺本『事』作『無』，明監本、毛本亦作『無』，《考文》古本同，山井鼎云『一本作事，考《疏》作無，為是』，是也。」盧記同。今所見早期經注本、注疏本皆作「慮事」，《疏》文所見作「慮無」者或為另本箋文，山井鼎《考文》亦云：「謹按：古本一本『無』作『事』」，則山井鼎所見古本已有多種情況，阮記必以作「無」為是，顯為武斷也。

4. 頁三左　卒章言所成之處或袺之或襭之

按：「成」，十行本、李本（元）、劉本（嘉靖）、閩本、明監本、毛本同；十行抄本作「盛」。阮記云：「案：浦鏜云『成當盛字誤』，是也。」盧記同。考本詩經文末章云，「采采芣苢，薄言袺之，采采芣苢，薄言襭之」，《傳》云「袺，執衽也」，「扱衽曰襭」，《疏》云「《釋器》云：執衽謂之袺，孫炎曰：持衣上衽，又云：扱衽謂之襭，李巡曰：扱衣上衽於帶。衽者，裳之下也，置袺謂手執之而不扱，襭則扱於帶中矣。」則衽者，正為婦人採掇芣苢所盛之處也，揆諸文義，浦說是也，十行抄本作「盛」，正可為證。

5. 頁四右　可蠹作茹

按：「蠹」，十行本、李本（元）、劉本（嘉靖）、閩本、明監本、毛本、十行抄本同。阮記無說，盧記補云：「案：陸《疏》『蠹』皆作『蕾』，下凡引陸《疏》作『蠹』，皆誤」。檢《爾雅疏·釋草》引陸《疏》，亦作「蠹」，則盧記之說乃無據之猜測也。

6. 頁四左　江漢之域先受文王之教化

按：「受」，十行本、李本（元）、劉本（嘉靖）、閩本、明監本、毛本、巾箱本、監圖本、纂圖本、岳本、五山本、日抄本同，《要義》所引亦同。阮記云：「小字本、相臺本同，案：此定本也，《正義》本作『先被』，考《序》云『文王之道，被于南國』，當以《正義》本為長。」盧記同。今所見傳世各本皆作「先受」，《要義》所引亦作「先受」，《序》云「文王之道，被于南國」，文王之道為主語，被者化也，為謂語，而箋云「江漢之域，先受文王之教化」，江漢之域為主語，受者被化也，為謂語，《序》、箋兩種敘述內容相似，而主謂語則完全不同，故作「先受」為長，阮記據《序》以為「先被」為長，純屬猜測，不可據信。

7. 頁五右　南有喬木不可休息

按：「息」，十行本、李本（元）、劉本（元）、閩本、明監本、毛本、巾箱本、監圖本、纂圖本、岳本、五山本、日抄本、唐石經、白文本皆同。阮記云：「唐石經、小字本、相臺本同。案：《釋文》云『舊本皆爾，本或休思，此以意改耳』，《正義》云『詩之大體，韻在辭上，疑休、求字為韻，二字俱作思，但未見如此之本，不敢輕改耳』，《正義》之說是也，此為字之誤，惠棟《九經古義》以為『思』、『息』通，非是。」盧記大抵同，惟無句末「是」字。檢敦煌殘卷斯一七二二、斯三九五一《毛詩·漢廣》皆作「不可休息」，又斯二七二九《毛詩音·卷一》有「息」字，從其所出位置及上下其他文字，可知正指「不可休息」之「息」。如此，則今所見傳世各本皆作「休息」，陸德明《釋文》出字「休息」，明云：「古本皆爾」，則孔《疏》所疑僅為猜測，阮記必以孔說為是，亦涉武斷也。

8. 頁五左　定本遊女作游

按：「女」，十行本、李本（元）、劉本（元）、閩本、明監本、毛本、十行抄本同。阮記云：「案：十行本『遊』至『游』剜添者一字，是『女』字衍也。此當云『定本游作遊』，《正義》說經、《傳》、箋，字皆作『游』，是其本作『游』，特著定本作『遊』之不同，上『游』下『遊』，誤互易其字。」盧記同。今檢宋刊十行本此四字確有緊湊之跡，然是否為剜添，難以確認，即便是剜添，是否必有衍文，仍須考察，則阮記所謂衍文，難以據信。阮記又云當作「定本游作遊」，其考辨思路在於認定孔《疏》所見之經、《傳》、箋即十行本之經、《傳》、箋，因十行本之經、《傳》、箋皆作「游」，故孔《疏》既然特標定本作某，必然是與「游」字相異，則其作「定本游作遊」無疑也。然而，孔《疏》所見之本必為十行本耶？恐非！下文《疏》文釋《傳》，其云「定本『喬上竦』，無『木』字」，則孔《疏》所見之本當作「喬木上竦」，而與定本之「喬上竦」不同，而十行本《傳》文恰恰作「喬上竦」，與定本合，而與孔《疏》所見之本異，據此反推上文，十行本經、《傳》、箋與定本同作「游」，而孔《疏》所見之本作「遊」，故《疏》云「定本遊女作游」，語意正洽，此處本不誤，阮記之說甚非。

9. 頁六右　編竹木曰栅

按：十行本、李本（元）、劉本（元）同；閩本作「編竹木大曰栅」，明監

本、毛本、十行抄本同。阮記云：「明監本、毛本『曰』上有『大』字，閩本
剜入，是也。」盧記同。此《疏》引《論語》注，檢《論語集解·公冶長第五》
云：「馬曰：桴，編竹木，大者曰栰」（北京圖書館出版社二〇〇四年影印國家
圖書館藏元岳氏荊溪家塾刻本），則「大」字不可闕，阮記是也。

10. 頁六右　　方之舟者

按：十行本、李本（元）、劉本（元）同；閩本作「方之舟之者」，明監本、
毛本、十行抄本同。阮記云：「明監本、毛本『舟』下有『之』字，閩本剜入，
是也。」盧記同。此《疏》引《谷風》經文，「之」字不可闕，阮記是也。

11. 頁六左　　箋之子至意焉釋訓云

按：十行本、李本（元）、劉本（元）同；閩本作「箋之子至意焉〇正義
曰釋訓云」，明監本、毛本同。阮記云：「明監本、毛本『焉』下有『〇』，又
有『正義曰』三字，閩本剜入，是也。」盧記同。「之子至意焉」乃標箋文起
止，其後孔《疏》例有「正義曰」三字，其間絕大多數情況用「〇」隔開，此
處顯有闕文，阮記是也。

12. 頁八右　　正義曰釋水云汝為墳

按：「墳」，十行本、李本（元）、劉本（嘉靖）、閩本、明監本、毛本、十
行抄本同。阮記云：「案：浦鏜云『墳當依《爾雅》作濆，下詩云遵彼汝墳同』，
是也〇按：《說文》曰：濆水厓也，墳者墓也。」盧記同。檢《爾雅·釋水》，
確作「汝為濆」，則濆水之濆，從水，厓岸之墳，從土，《疏》文多有混淆，阮
記是也。

13. 頁八右　　郭璞曰詩云遵彼汝墳

按：「墳」，十行本、李本（元）、劉本（嘉靖）、閩本、明監本、毛本、十
行抄本同，《要義》所引亦同。阮記、盧記皆無說。檢《爾雅·釋水》郭注，
引作「遵彼汝濆」，「墳」當作「濆」，可參上條。

14. 頁九右　　漸而復生曰肆

按：「漸」，十行本、李本（元）同；劉本（嘉靖）作「斬」，閩本、明監
本、毛本、巾箱本、監圖本、纂圖本、岳本、五山本、日抄本同。阮記無說，
盧記補云：「毛本『漸』作『斬』，案：『斬』字是也」。考枝條斬之方有「復生」

之說，作「漸」顯非，檢《釋文・春秋左傳音義四》「肄」條云「毛《傳》云：斬而復生曰肄」，又本詩上章《正義》云「下章言條肄，肄，餘也，斬而復生是為餘也」，《要義》引之同，《釋文》出字「條肄」，小字注云「斬而復生者」，則作「斬」字是也，盧記是也。

15. 頁十右　昔在於情性

按：「昔」，十行本、李本（元）、劉本（嘉靖）、閩本、明監本同；毛本作「皆」，殿本、十行抄本同。阮記云：「閩本、明監本同，毛本『昔』作『皆』，案：皆字是也。」盧記同。考《疏》文云「箋云仕於亂世，是為大夫矣，若庶人之妻，《杕杜》言我心傷悲，《伯兮》則云甘心首疾，憂思昔在於情性，豈有勸以德義，恐其死亡若是乎？《序》稱勉之以正，則非庶人之妻。」乃辨本詩乃發自大夫之妻以正大夫之行也，較之大夫之妻，庶人之妻惟憂其夫之安危，非勸其德義，詳玩經義，作「皆」是也，意在強調庶人之妻所思全在性情也，阮記是也。

16. 頁十左　序本或直云麟趾無之字

按：「麟趾」，十行本、李本（元）、劉本（嘉靖）、閩本、明監本、毛本、巾箱本、監圖本同；纂圖本作「麟止」，《釋文》同。阮記於「麟之趾關雎之應也」條云：「《釋文》云『《序》本或直云麟止，無之字』。考《正義》云『此《麟趾》處末者』，是《正義》本無『之』字，標起止云『麟之趾三章』，衍也。」此說並無版本依據，陸元朗云「本或直云『麟止』，無『之』字」，則其所見本有「之」字，又敦煌殘卷斯七八九《毛詩詁訓傳・麟之趾・序》：「麟之趾，《關雎》之應也」，斯一七二二《毛詩詁訓傳・麟之趾・序》：「麟之趾，《關雎》之應」，皆可為證，而《疏》文所云「麟趾」者，省文也，豈可視為篇名之證？盧記又補云：「案：『或直云麟止』，『止』字此誤作『趾』。」諸本皆作「趾」，惟纂圖本與《釋文》同，孰是孰非，難以遽定。

17. 頁十一左　故于嗟乎歎今公子

按：「于」，十行本、李本（元）、劉本（嘉靖）、閩本、明監本、毛本、十行抄本同。阮記云：「案：『于』當作『吁』，『于』、『吁』古今字，注作『于』，《正義》作『吁』，易字之例如此，不知者乃改之，《擊鼓》、《權輿》《正義》亦誤，《氓・正義》不誤。」盧記同。檢《騶虞》經文云「于嗟乎騶虞」，孔

《疏》云「故于嗟乎歎之」，此豈亦後人改之？阮記之說顯然牽強，謝記云：「安見『吁』必今，而『于』必古乎？」所言甚是。

18. 頁十一左　　言從乂成則神龜在沼

按：「乂」，十行本、李本（元）、劉本（嘉靖）同；閩本作「义」，明監本、毛本同；十行抄本作「行」。阮記云：「閩本、明監本、毛本『乂』作『义』，案：皆誤也，當作『義』，此句說脩義母，下句則神龜在沼，說致智子，與《洪範》『從作乂』初不相涉，但當時俗字或以『乂』為『義』耳，《禮運·正義》亦誤作『乂』。」盧記同。考《爾雅·釋詁》：「乂、亂、靖、神、弗、淈，治也」，則「乂成」即「治成」之義，言從而所治有成，故神龜應世而出在沼，文義曉暢，阮記不顧上下文勢，強分「言從乂成則神龜在沼」為兩截，又謂「乂」為「義」之俗字，紛紛擾擾，乃因彌縫其說，竟言《禮記·禮運》孔《疏》所引服虔注文之「言從乂成」亦誤，其說豈可據信乎！十行抄本作「行」，不知其所據何本。

19. 頁十二右　　郭璞注爾雅頴也

按：「頴」，十行本、李本（元）、劉本（元）、閩本、明監本、毛本、監圖本、纂圖本同。阮記云：「通志堂本同，盧本『頴』作『額』，案：所改是也。」盧記云：「《釋文校勘》：『通志堂本同，盧本「頴」作「額」，案：所改是也。』」《釋文》出字「題也」，小注「郭璞注《爾雅》頴也」，與此同，則《釋文》本如此，釋音附刻經注本時，照錄而已。盧氏所謂《釋文校勘》乃轉引阮記，此處所謂「盧本」，當指盧文弨《抱經堂叢書》本《經典釋文》，下同。

20. 頁十二右　　此皆君新非異國也

按：「新」，十行本、李本（元）、劉本（元）同；閩本作「親」，明監本、毛本、十行抄本同，《要義》所引亦同。阮記無說，盧記補云：「毛本『新』作『親』，案：『親』字是也，上下文皆可證。」考此句《疏》文云「此皆君親，非異國也，要皆同姓，以對異姓，異姓最為疎也」，「親」與「疎」相對，則作「新」顯非，作「親」是也，或因形近而譌，盧記是也。

21. 頁十四右　　有供則士妻始嫁

按：「供」，十行本、李本（元）、劉本（元）、閩本、明監本、毛本、十行抄本同；《要義》所引作「祿」。阮記云：「案：浦鏜云『祿誤供』，以《士昏禮》

考之，浦校是也。」盧記同。檢《儀禮‧士昏禮》，確作「裧」，與《要義》所引合，浦說是也。

22. 頁十四左　方有之也

按：十行本、李本（元）、劉本（元）、閩本、明監本、毛本、巾箱本、監圖本、纂圖本、岳本、五山本、日抄本皆同。阮記云：「小字本、相臺本同，案：《釋文》云『方有之也，一本無之字』，《正義》本今無可考，段玉裁云：一本誤，《傳》當云『方之，方有之也』，下《傳》當云『成之，能成百兩之禮也』，皆引經附《傳》時所刪。」盧記同。阮記所引段說，毫無版本依據，純屬猜測，意段氏以毛《傳》釋義，必引經文之字而後釋之，豈必然耶？今通觀《毛詩》《傳》文，不引經字而釋經之例，可謂比比皆是，且若如其說，孔《疏》釋《傳》標起止必當云「傳成之至之礼」，而今本《疏》文表起止明云「傳能成百兩之礼」，據此可知孔穎達唐初所見之本已然如此，正可證段說乃無稽之談也，南昌府學重刊《毛詩注疏》又據阮記於「方」、「能」右旁加圈，惑矣。

23. 頁十四左　能成百兩之礼也

按：「能」，十行本、李本（元）、劉本（元）、閩本、明監本、毛本、巾箱本、監圖本、纂圖本、岳本、五山本、日抄本皆同。阮記、盧記皆無說，詳參上條。

24. 頁十五右　左傳曰苟有明德澗谿沼沚之毛可薦於鬼神彼言芼

按：「德」，十行本、李本（元）、劉本（元）、閩本、明監本、毛本、十行抄本同。阮記云：「案：浦鏜云『信誤德』，是也，《采蘋‧正義》引作『信』。」盧記同。檢《左傳》隱公三年：「苟有明信，澗谿沼沚之毛」，則當作「信」，阮記是也。又，「芼」，十行本、李本（元）、劉本（元）、閩本、明監本、十行抄本同，毛本作「毛」。阮記云：「案：『毛』字是也。」盧記同。前引《左傳》既作「澗谿沼沚之毛」，而《疏》文所謂「彼」亦指《左傳》以與此處毛《傳》相比，則「彼言」自當為「毛」，非「芼」也，阮記是也。

25. 頁十五左　特牲云主婦設兩敦黍稷于葅南西上

按：「葅」，十行本、李本（元）、劉本（元）同；閩本作「菹」，明監本、毛本同；十行抄本作「俎」，《要義》所引同。阮記引文「于葅南西上」，云：

「閩本、明監本、毛本同，案：浦鏜云『爼誤葅』，以《特牲》考之，浦按是也。」盧記同。檢閩本、明監本、毛本皆作「菹」，《正字》云「『爼』，誤『菹』」，則阮記謂閩本、明監本、毛本同作「菹」，顯誤，所引浦鏜《正字》亦誤，又檢《儀禮・特牲饋食禮》作「爼」，作「菹」、「菹」者皆因形近而譌，十行抄本、《要義》所引是也。

26. 頁十六右　祭事畢夫人釋祭服而去髮髢

按：「去」，十行本、李本（元）、劉本（嘉靖）、閩本、明監本、毛本、巾箱本、監圖本、纂圖本、岳、五山本、日抄本皆同。阮記、盧記皆無說。檢阮本孔《疏》云「定本云『祭事畢夫人釋祭服而髮髢』，無『去』字」，阮記引文「而髮髢無去字」，云：「明監本、毛本『髢』誤『鬄』，閩本不誤，案：此述定本，當用『髢』，不用『鬄』。」盧記同。此則阮記與本條所圈之字，實無關涉，意圈「去」字者，或因孔《疏》所言定本無「去」字而設也，今傳世各經注本、注疏本，《傳》文皆有「去」字，則定本僅是一說也，圈之實無意義。

27. 頁十六右　又首服被鬄之釋

按：「釋」，十行本、李本（元）、劉本（嘉靖）、閩本、明監本、毛本、十行抄本同。阮記云：「案：浦鏜云『釋當飾字誤』是也。」盧記同。考本詩經文云「被之僮僮，夙夜在公」，《傳》云「被，首飾也」，《疏》文釋《傳》云「被者，首服之名，在首故曰首飾」，則首服者乃被鬄之飾也，作「釋」顯誤，浦說是也。

28. 頁十六右　案少牢作被裼注云被裼讀為髮鬄

按：兩「裼」，十行本、李本（元）、劉本（嘉靖）、閩本、明監本、毛本、十行抄本同；《要義》所引皆作「錫」。阮記云：「案：『裼』當作『錫』，形近之譌。」盧記同。檢《儀禮・少牢饋食禮》云「主婦被錫」，鄭注云「被錫讀為髮鬄」，與《要義》所引合，阮記是也。

29. 頁十七右　以凡夙夜文王夫人

按：十行本、李本（元）、劉本（元）、閩本、明監本、毛本同；十行抄本作「以夙夜文王夫人」；《要義》所引作「以此夙夜文王夫人」。阮記云：「案：浦鏜云『王當主字誤』，是也。」盧記同。本詩經文云「被之僮僮，夙夜在公」，箋云「公，事也，早夜在事，謂視濯漑饎爨之事」，《疏》文解此云：「先夙後

夜，便文耳，夜在事，謂先夕視濯溉，早在事，謂朝視饎爨，在事者，存在於此，視濯溉饎爨之事，所謂不失其職也……案：《特牲》：夕陳鼎于門外，宗人升自西階，視壺濯及籩豆，即此所云夜也；又云：夙興，主婦親視饎爨於西堂下，即此所云夙也；以其夙夜之事同，故約之以為濯溉饎爨之事也。《特牲》言濯不言溉，注云：濯，溉也，即濯、溉一也，鄭并言耳。《特牲》宗人視濯，非主婦，此引之者，諸侯與士不必盡同。以凡夙夜文王夫人，故約彼夙夜所為之事以明之。」若如《正字》所云易「王」為「主」，作「以凡夙夜文主夫人」，又是何義？顯悖辭理，而通檢所知各本皆作「文王夫人」，無作「文主夫人」者，則浦說又乏文獻依據，純屬無端揣測，阮記是之，亦屬昏瞶。今檢《要義》引孔《疏》作「以此夙夜文王夫人」，此「此」彼「凡」，一字之異，豁然開朗，「以此夙夜文王夫人」者，「以此夙夜乃文王夫人」之省文也，《正義》乃解箋義，意謂鄭玄知此從事夙夜之事者實乃文王夫人，所以通過揭示文王夫人之所作為，亦即箋語「視濯溉饎爨之事」，以表明之，此即《疏》文所謂「以此夙夜文王夫人，故約彼夙夜所為之事以明之」的確切含義，而《疏》文此前大段解釋，亦意在說明濯溉饎爨為夫人之事。本詩此處之箋、《疏》，正可與鄭氏《周南召南譜》、《疏》前後相應，《譜》云：「初，古公亶父『聿來胥宇』，『爰及姜女』，其後大任『思媚周姜』，大姒『嗣徽音』〔註1〕，歷世有賢妃之助，以致其治。」《疏》云「此事皆在《大雅》也，鄭言此者，以二國之詩，以后妃、夫人之德為首，《召南》夫人雖斥文王夫人，而先王夫人亦有是德，故引詩文以歷言。」本詩《采蘩》為《召南》之詩，孔《疏》謂《召南》夫人為文王夫人，正與《采蘩·疏》云「以此夙夜文王夫人」前後相證！《譜》又云：「文王『刑于寡妻，至于兄弟，以御于家』，是故二國之詩以后妃、夫人之德為首，終以《麟趾》、《騶虞》，言后妃、夫人有斯德，興助其君子，皆可以成功，至于獲嘉瑞。」《疏》云「此論二國之詩次比之意，『是故』者，緣上事生下勢之稱，此后妃、夫人皆大姒也，一人而二名，各隨其事立稱……而二風大意，皆自近及遠，《周南》《關雎》至《麟斯》，皆后妃身事……《召南》《鵲巢》、《采蘩》，夫人身事。」據此段孔《疏》，二南所指之后妃、夫人皆太姒，太姒即文王夫人也，而《采蘩》又為夫人身事，則為文王夫人之身事，此

〔註1〕 大姒，阮本原作「大似」，十行本、李本、劉本同；《要義》引作「大姒」，閩本、明監本、毛本同，「大似」顯誤，今據《要義》所引改。又，阮記、盧記皆未出校。

又可證「以此夙夜文王夫人」也！本例若無《要義》存「此」，豈得見孔《疏》真貌？正可謂一字千金者也，而若不深思箋、《疏》，又難知的義，故校正經疏，必據善本，又須返身原文，反復涵泳，二者不可或缺其一也！

卷一之四

1. 頁二左　在塗而見采鱉采者得其所欲得*

按：「采」，十行本、李本（元）、劉本（嘉靖）、閩本、明監本、毛本、巾箱本同；監圖本作「菜」，纂圖本、岳本、五山本、日抄本同。阮記云：「閩本、明監本、毛本同，小字本、相臺本，下『采』字作『菜』，案：『菜』字非也，《考文》古本亦作『菜』，山井鼎云『屬上讀』，考《正義》標起止云『言我至采鱉』，是《正義》本作『采』，讀以『采者得其所欲得』七字為一句，『采』譌為『菜』，并改其讀，失之也。」盧記同。考《疏》云「欲采其鱉菜」，明以「鱉菜」為辭，又日本大念佛寺《毛詩》古鈔本殘卷《召南‧草蟲》正作「菜」，與《考文》古本同，則作「鱉菜」似勝，阮記之說，不可信從也。

2. 頁三左　箋云子至法度*

按：「云」，李本（正德）、劉本（正德）同；十行本作「厷」；閩本作「云女」，明監本、毛本同；十行抄本作「女」。阮記出字引作「箋女子至法度」，云：「閩本、明監本、毛本『箋』下衍『云』字，案：鄭注《序》，不言『箋』，此《正義》所標，本無『云』字。」盧記無說。考本詩小《序》，鄭注云：「女子十年不出……以為法度」，《疏》文標起止，自當為「女子至法度」，則十行本誤「女」為「厷」，元刊本又誤「厷」為「云」，閩本見「云」字有誤，遂補「女」字以合注文，明監本、毛本承之，可謂一誤再誤，而唯十行抄本不誤。據阮記，則其所見底本作「箋女子至法度」，不誤，至據此本重刊時，不知為何又譌為「箋云子至法度」，阮記遂與之牴牾，此或為盧記不錄此條之原因，然為何又於「云」字旁加圈，實不得而知也。

3. 頁四左　此祭女所出祖也

按：「祭」，十行本、李本（元）、劉本（嘉靖）、閩本、明監本、毛本、巾箱本、日抄本同；監圖本作「祭祭」，纂圖本同，《要義》所引亦同。阮記云：「閩本、明監本、毛本同。小字本、相臺本重『祭』字，《考文》古本同。案：重者是也。《正義》云『知此祭，祭女所出祖者』，可證。」盧記同。揆諸文

義，「祭」字當重，且《要義》所引亦可為證，阮記是也。

4. 頁五右　大夫士祭於宗廟

按：「宗廟」，十行本、李本（正德）、劉本（正德）、閩本、明監本、毛本、巾箱本、監圖本、纂圖本、岳本、五山本、日抄本同。阮記云：「小字本、相臺本同。案：《正義》云『言大夫士祭於宗室』，又云『定本、集注「大夫士祭於宗廟」，不作「室」字』，考下《傳》云『必先禮之於宗室』，是『大宗之廟』但稱『宗室』，不稱『宗廟』也，當以《正義》本為長。」盧記同。今傳世諸本皆作「宗廟」，不惟如此，《讀詩記》卷三、《段氏毛詩集解》卷二所引亦作「宗廟」，考本詩經文云「于以奠之，宗室牖下」，《傳》云「宗室，大宗之廟也，大夫、士祭於宗廟」，毛《傳》既釋「宗室」為「大宗之廟」，遂謂大夫、士祭於宗廟，前後相承，阮記必以「宗室」為長，豈必然耶？

5. 頁五右　祭事主婦設羹

按：「事」，十行本、李本（正德）、劉本（正德）、閩本、明監本、毛本、巾箱本同；監圖本作「禮」，纂圖本、岳本、五山本、日抄本同，《要義》所引亦同。阮記云：「小字本、相臺本『事』作『禮』，《考文》古本同。案：『禮』字是也，《正義》可證。」盧記同。考下《疏》文引作「祭禮主婦設羹」，《要義》所引亦作「禮」，阮說是也。明監本「祭事」之「事」左旁注有「禮」字，則讀此本者亦以為當作「祭禮」也。

6. 頁七右　特牲云主婦人及兩鉶鉶芼設於豆南

按：「人」，十行本、李本（正德）、劉本（元）、閩本、明監本、毛本同；十行抄本無。阮記云：「案：浦鏜云『衍人字』，以《特牲》考之，浦校是也。」盧記同。檢《儀禮‧特牲饋食禮》云：「主婦設兩敦黍稷于俎南，西上。」阮說是也，十行抄本正文無「人」字，後又於其旁補寫小字「人」，或據他本補之，不知實誤也。

7. 頁八右　草木疏云今棠棃

按：「棃」，閩本同；十行本作「棃」、李本（元）、劉本（元）同；明監本作「梨」、毛本、監圖本、纂圖本同。阮記無說，盧記補云：「『棃』，當作『梨』。」檢《釋文》本詩「甘棠」條，小注云：「《草木疏》云：今棠梨。」則盧說是也。

8. 頁八右　何所慫據*

按：「慫」，十行本作「憑」，李本（元）、劉本（元）、閩本、明監本、毛本、監圖本、纂圖本同。阮記無說，盧記補云：「『慫』，當作『憑』。」何所慫據，不辭，檢《釋文》本詩「名㬎」條，小注云「何所憑據」，則盧說是也。又，此字惟阮本誤，且阮記亦無說，竊疑乃重刊時致誤，非其底本之誤。

9. 頁十三左　何休云羔取其贄之不鳴

按：「贄」，十行本、李本（元）、劉本（元）、閩本、明監本、毛本、十行抄本同，《要義》所引亦同。阮記云：「案：浦鏜云『執誤贄』，以《公羊》注考之，浦校是也。」盧記同。十行本作「贄」，《要義》亦引作「贄」，《集解》卷三錄宋人李樗云：「〔孔氏〕曰……《公羊傳》何休云：羔取其贄之不鳴。」據此，則宋人所見均作「贄」，浦鏜云誤，未必然也。

10. 頁十四左　孫炎曰緎之為界緎*

按：「緎」，十行本、李本（元）、劉本（嘉靖）、閩本、明監本、毛本、十行抄本同。阮記云：「案：下『緎』字當作『域』，《釋文》引作『域』，下『界緎』同。」盧記引文與阮記同，而誤將下條阮記所云抄錄於此條之下，顯誤。諸本皆作「界緎」，檢《爾雅疏·釋訓》引作「孫炎曰緎之為界緎」，則宋人所見如此，《釋文》所引作「界域」，乃別本，豈能據之以為必是？

11. 頁十四左　維組紃耳

按：「維」，李本（元）、劉本（嘉靖）、閩本、明監本、毛本同；十行本作「唯」，十行抄本同，《要義》所引亦同。阮記引文「唯組紃耳」，云：「閩本、明監本、毛本『唯』誤『維』。」盧記引文「維組紃耳」，補云：「『維』當作『唯』，閩本、明監本、毛本並誤」。兩記引文不同，似阮本重刊時據阮記以改底本，故至此異。兩記皆云當作「唯」，然不言其據，今十行本、《要義》所引皆作「唯」，則作「唯」似勝。

12. 頁十五左　鄭注論語云緇衣羔裘諸侯視朝之服是也若諸侯視朝君臣用麋裘知者鄭注論語云素衣麋裘諸侯視朝之服

按：兩「朝」，十行本、李本（元）、劉本（嘉靖）、閩本、明監本、毛本、十行抄本同，《要義》所引亦同。阮記云：「案：浦鏜云『朔誤朝，下素衣麋裘

諸侯視朝之服同」，是也，《終南・正義》可證。」盧記同。檢浦鏜《正字》：「『朔』誤『朝』，下『諸侯視朔之服』同。」與阮記所引有異，不知其所據何本也。考敦煌殘卷伯二五一〇抄錄《論語・鄉黨》：「緇衣羔裘，素衣麑裘」，鄭注云：「緇衣，諸侯視朝之服也……素衣，諸侯視朔之服。」據此，則當作「視朔」，諸本皆誤，阮記是也。

13. 頁十六右　袞冕與衣玄知不用狐青裘者

按：「知」，十行本、李本（元）、劉本（嘉靖）、閩本、明監本、毛本、十行抄本同。阮記云：「案：十行本『衣至青』剜添者一字，是『知』字衍也。」盧記同。詳玩文義，有「知」字並無軒輊，阮記僅以所謂剜入之跡，以定其為衍文，太過武斷，不可信從。孫記以「與」為衍文，亦不知何據。

14. 頁十七左　雲漢傳曰隆隆而雷非雨靁也箋云雨靁之聲尚殷殷然

按：十行本、李本（元）、劉本（嘉靖）、閩本、明監本、毛本同，《要義》所引亦同；十行抄本作「雲漢傳曰隆隆=而雷非雨雷也箋云雨雷之聲尚殷殷然」。阮記云：「案：『箋云』二字，當在『非雨靁也』之上，不知者誤移於下耳。」盧記同。諸本及《要義》所引皆如此，則阮記以為「箋云」當在「非雨靁之上」絕無版本依據也。檢本詩「殷其靁，在南山之陽」，毛《傳》云：「殷，靁聲也。山南曰陽。靁出地，奮震，驚百里，山出雲雨以潤天下。」《疏》文解此云：「此靁比號令，則雨靁之聲，故云『山出雲雨以潤天下』，《雲漢・傳》曰『隆隆而雷』，非雨靁也，箋云『雨靁之聲尚殷殷然』是也。」又《雲漢》「旱既大甚，蘊隆蟲蟲」，毛《傳》：「蘊蘊而暑，隆隆而雷，蟲蟲而熱。」箋云：「隆隆而雷，非雨雷也，雷聲尚殷殷然。」單疏本《疏》文解此箋云：「以雷雨相將，嫌旱不得有雷，故辨之云『非雨雷』，取《殷其靁》以證之，明雷同而事別也。」綜上所引可知，《殷其靁》之靁為雨靁，靁聲殷殷；《雲漢》之雷為旱雷，雷聲隆隆；靁、雷名同而義異。為了詳加區分，孔《疏》於解《殷其靁》之靁時，援《雲漢》之旱雷以作比較，故引其《傳》文「隆隆之雷」，遂言此隆隆之聲之雷，非雨靁也，那麼雨靁又是怎樣呢，故又引《雲漢》鄭箋「雨靁之聲尚殷殷然」，意在證明雨靁之聲的特徵是殷殷然，即本詩「殷其靁」之靁也，至此靁、雷之分，判然可知。此處「非雨靁也」，乃孔《疏》判斷之語，非引彼《雲漢》箋言也，下文方引之以明其義，明乎此，則知原文本不誤也。故傳世《注疏》各本及魏鶴山《要義》所引，皆無相異，阮記所云「不知者」，豈其自謂乎！

卷一之五

1. 頁一左　然則男自二十九女自十五以至十九皆為盛年

按：「男自二十九」，十行本、李本（元）、劉本（元）、閩本、明監本同；毛本作「男自二十以及二十九」，十行抄本同。阮記云：「閩本、明監本同，毛本『然則男』下剜添作『自二十以及二十九』，案：所補是也，此『二十』複出而脫耳，浦鏜云『至誤及』，是也。」盧記同。「男自二十九」不辭，考前《疏》引譙周云：「男自二十以及三十，女自十五以至二十皆得以嫁娶。」則毛本或據此而補，則其作「以及」未必為誤，且十行抄本亦作「男自二十以及二十九」，則浦鏜之說不可信從。

2. 頁二右　衰少則梅落少

按：閩本、明監本同；十行本作「衰少則梅客少」；李本（元）作「衰少則似落少」，劉本（元）同；毛本作「衰少則似梅落少」，十行抄本同。阮記云：「閩本、明監本同，毛本『則』下有『似』字，案：所補是也。」盧記同。考《疏》云「衰少則梅落少，衰多則似梅落多」，衰少自然梅落少，此本無可疑，衰多是否梅落亦多，此未可知，故言「似」以表其疑，毛本則據後補前，《正字》云「監本脫『似』字」，阮記謂毛本所補是也，皆不足取信也。十行本之「客」字顯為「落」字之譌。

3. 頁二右　喻去春光遠善亦盡矣

按：「光」，十行本、李本（元）、劉本（元）同，閩本作「尤」，明監本、毛本、十行抄本同。阮記無說，盧記補云：「毛本『光』作『尤』。」盧記所云易使人誤以為僅毛本作「尤」，實閩本、明監本皆作「尤」。通檢《毛詩》經注、孔《疏》，皆無「春光」一詞，揆諸文義，此處作「尤」似勝，則閩本等是也。

4. 頁二右　故季夏去春遠矣故不得為昏

按：「故」，十行本、李本（元）、劉本（元）、閩本、明監本、毛本同；十行抄本無。阮記云：「案：浦鏜云『故疑至字誤』是也。」盧記同。前後皆言「故」，顯違語法，考前《疏》云「所以於五月得為昏，至六月則不可者，以四月、五月去春末一時，故可強嫁」，若接「故季夏去春遠矣，故不得為昏」，義復不通，揆諸文義，「故」顯為衍文，當從十行抄本，浦鏜所疑不可信從。

5. **頁三左　此梅落故頃筐取之於地**

按：「落」，十行本、李本（元）、劉本（嘉靖）同；閩本作「落盡」，明監本、毛本同，十行抄本作「落尽」。阮記云：「明監本、毛本『落』下有『盡』字，閩本剜入，案：所補是也。」盧記同。考前《疏》釋《傳》云「此梅落盡，故以頃筐取之」，閩本或據之而補「盡」字，然此句乃《疏》釋箋，「鄭以隕落者是梅，此梅落，故頃筐取之於地，以興漸衰者善時」，揆諸文義，既言「漸衰者」，則梅非落盡，若梅落盡，則當云「以興善時已盡」，故閩本所補非也，阮記誤從。

6. **頁四右　明年仲春如不待礼會之也**

按：「如」，十行本、李本（元）、劉本（嘉靖）同；閩本作「始」，明監本、毛本、十行抄本同。阮記無說，盧記補云：「毛本『如』作『始』，案：『始』字是也。」此憑後人之見以疑古人之義也，考《左傳》昭公十三年「若求安定，則如與之」，「如」字作應當之義解，此處之「如」亦然，原句意謂「明年仲春，當不待禮會之也」，「如」字不誤，閩本所改非也，盧記誤從。

7. **頁四左　即喪服所謂貴臣賤妾也**

按：「賤」，十行本、李本（元）、劉本（嘉靖）、閩本、明監本、毛本、十行抄本同，《要義》所引亦同。阮記云：「案：浦鏜云『貴妾誤賤妾』，是也。」盧記同。考前《疏》云「妾之貴者，夫人姪娣也」，下文即云「即喪服所謂」，則上下相承，必為「貴臣貴妾」，若作「貴臣賤妾」，則此「妾之貴者」云云不知為何而發也，又檢《儀禮・喪服》，正作「貴臣貴妾」，故浦說是也。

8. **頁五右　以興礼雖卑者是彼賤妾***

按：「礼雖」，李本（元）、劉本（嘉靖）同；十行本作「禮命」，閩本、明監本、毛本同，十行抄本作「礼命」。阮記云：「閩本、明監本、毛本『雖』作『命』，案：所改是也。」盧記同。阮本在「礼」字右旁圈字，而阮記、盧記皆言「雖」字之誤，可見此句小圈當畫於「雖」字之旁也。考《疏》云「以興禮雖卑者是彼賤妾，雖卑，亦隨夫人以次序進御於君所」，前後皆言「雖卑」，顯為重複，又「禮命卑者」乃本《序》箋所言「命謂禮命貴賤」，則「雖」字顯為「命」字之譌，十行本、閩本等皆不誤，惟元刊明修十行本之李本、劉本及阮本誤，可見三者當為一體系也。

9. 頁五右　知三為星者

按：「星」，十行本、李本（元）、劉本（嘉靖）、閩本、明監本、毛本同；十行抄本作「心」，《要義》所引同。阮記云：「案：浦鏜云『心誤星』，是也。」盧記同。考下《疏》云「故知三謂心也」，正與此「知三為心者」前後呼應，又，本詩經文云「三五在東」，毛《傳》云「三，心；五，噣」，則此「知三為心者」，乃孔《疏》欲解毛《傳》之語，則當作「心」，十行抄本、《要義》所引是也，浦說是也。

10. 頁六右　諸妾夜行抱衾與牀帳

按：「衾」，十行本、李本（元）、劉本（嘉靖）、閩本、明監本、毛本、巾箱本同；監圖本作「被」，纂圖本、日抄本同。阮記云：「小字本、相臺本『衾』作『被』，《考文》古本同。案：『被』字是也，箋承《傳》『衾被也』之文，非取經『衾』字。」盧記同。阮記云箋承《傳》文，非取經字，不知何據，且宋刊經注巾箱本亦作「衾」，則作「被」者，別本也，阮記所云，實不可信從。

11. 頁六左　次夫人連夜則五日也

按：「連」，李本（元）、劉本（嘉靖）同；十行本作「專」，閩本、明監本、毛本、十行抄本同。阮記無說，盧記補云：「毛本『連』作『專』，案：『專』字是也，下『以後夜夫人所專』可證。」考十行本《疏》云《內則》注云：諸侯取九女，姪娣兩兩而御，則三日也，次兩媵，則四日也，次夫人專夜，則五日也。是五日之中一夜夫人，四夜媵妾。」據此，姪娣六人，兩兩而御，此前三日也，第四日則兩媵侍寢，第五日則夫人專也，此即「一夜夫人，四夜媵妾」，所謂「專」者，正謂夫人一人獨自侍寢，作「連」顯誤，盧記是也，十行本、閩本等皆不誤，惟元刊明修十行本之李本、劉本及阮本誤，可見三者當為一體系也。

12. 頁七右　士昏礼云雖無娣媵先言姪若無姪娣猶先媵

按：十行本、李本（元）、劉本（元）、閩本、明監本、毛本、十行抄本同，《要義》所引亦同。阮記云：「此當作『言若或無娣猶先姪媵』，用鄭《士昏禮》注也。」盧記同。若果如阮記所云，何版本之錯漏如此之甚也！然諸本及《要義》皆與底本同，豈皆錯椉？細繹《疏》文，實不誤也，所謂「言姪若無姪娣猶先媵」，乃承上文孔《疏》所引《儀禮·士昏禮》「雖無娣，媵先」而

來，考鄭注云：「古者嫁女必娣、姪從之，謂之媵，姪，兄之子，娣，女弟也，娣尊、姪卑，若或無娣，猶先媵，容之也。」又賈《疏》云：「云『姪，兄之子，娣，女弟也，娣尊、姪卑』者，解經云『雖無娣媵先』之義，以其若有姊，乃先媵，即姪也。云『猶先媵，容之也』者，對御，是夫之從者，為後。若然，姪與娣俱名媵，今言『雖無娣媵先』，似娣不名媵者，但姪、娣俱是媵，今去娣，娣外唯有姪，經言『媵先』以對御為先，非對娣也，稱『媵』以其姪、娣俱是媵也。」據鄭注、賈《疏》所釋，《士昏禮》所謂「媵先」之「媵」乃指姪，此即孔《疏》所謂「言姪」，「若無姪」，則媵為娣，此娣相對於御妻亦為先，此即所謂「娣猶先媵」，則《疏》文云：「《士昏礼》云『雖無娣媵先』，言姪。若無姪，娣猶先媵。」文義曉暢，並無滯隔，且與上文「《士昏禮》云『雖無娣，媵先』」相接，申明媵指娣、姪，遂啟下文「是士有姪、娣，但不必備耳」。阮記僅因前有《士昏禮》經文，便想當然以為其後定是鄭注，遂妄下論斷，誤甚！

13. 頁七左　水岐成渚

按：「岐」，十行本、李本（元）、劉本（元）、閩本、明監本、監圖本、岳本、日抄本同；毛本作「歧」，纂圖本、五山本同；巾箱本作「枝」。阮記云：「小字本、相臺本同，案：『岐』當作『枝』，《釋文》『枝如字，何音其宜反，又音祇』，考此讀如字者是也，水枝謂水之分流，如木之分枝耳，《穆天子傳》所謂『枝洔』，讀為其宜反，又音祇，義亦無大異，不當遂作『岐』字。○按：《江賦》曰『因岐成渚』，字作岐，亦同。」據此，阮記意見有二，○前案語，乃依據《釋文》認定作「枝」，○後按語，則依據郭璞《江賦》以為作「岐」亦有書證，此記前說或為顧廣圻之校語，後說或為段玉裁之改訂。考十行本等眾本作「水岐成渚」，為歷代相沿不替之主要形態；毛本、纂圖本、五山本作「歧」字，為偶見之異文；巾箱本作「枝」，《釋文》所引同，此亦僅為一別本耳，豈可遽憑之而改《傳》文？檢南宋尤袤本《文選》卷十二《海賦》「爾其枝岐潭淪」，李善注云：「《管子》：管仲對桓公曰：水別於他水入於大水及海者命曰枝……郭璞曰：水岐成渚，渚小渚也。」（北京圖書館出版社二〇〇四年影印國家圖書館藏宋淳熙八年池陽郡齋刊本）宋刊六臣注《文選》（北京圖書館出版社二〇〇六年影印國家圖書館藏宋刻本）、宋刊明州本六臣注《文選》（人民文學出版社二〇〇八年影印日本足利學校藏本）、朝鮮奎章閣活字本六家注《文選》皆同，則枝、岐字異義別，枝者水別出且必入於大水或海

洋，因成支流枝出之狀；岐則水歧出而已，不必復入他水，正因不復入于他水，故停留為渚，此即本詩鄭箋所謂「江水流而渚留」，以喻「嫡與己異心，使己獨留不行」，若作「枝」何得以譬留意？又宋本《讀詩記》卷三云「毛氏曰：渚，小洲也，水岐成渚」，可證宋人所見毛《傳》作「岐」是也，底本不誤，而作「歧」者，顯因字形相近而譌也。《釋文》作「枝」者，蓋陸氏所見本或因《穆天子傳》卷一「以飲于枝洔之中」郭璞注云「水岐成洔，洔小渚也」，遂混「岐」為「枝」，此誤即為《釋文》、巾箱本所承，顧千里遂據《釋文》以疑《傳》文，段茂堂駁之，是也。

14. 頁八左　　白茅包之

按：「包」，十行本、李本（元）、劉本（嘉靖）、閩本、明監本、毛本、巾箱本、監圖本、纂圖本、岳本、五山本、日抄本、唐石經、白文本皆同。阮記云：「唐石經、小字本、相臺本同，案：《釋文》云『苞逋茅反』，段玉裁《詩經小學》云：苞、苴，字皆從艸，《曲禮》注云苞苴裹魚肉或以葦或以茅，《木瓜》箋云以果實相遺者必苞苴之，引《書》『厥苞橘柚』，今《書》作『包』，譌。今考《木瓜‧正義》引此經作『苞』，是《正義》本當亦是『苞』字，與《釋文》本同，此《正義》作『包』者，南宋合併時，依經注本改之也。」盧記同。唐石經作「包」，敦煌殘卷斯七八九《毛詩詁訓傳‧野有死麕》、伯二五二九《毛詩詁訓傳‧野有死麕》皆作「苞」，則唐時或二字並行，且傳世刊本皆作「包」，無有作「苞」者，阮記引段玉裁說以為當作「苞」，豈必然耶？

15. 頁九左　　皆可以白茅包裹束

按：「包」，十行本、李本（元）、劉本（嘉靖）、閩本、明監本、毛本、巾箱本同；監圖本無，纂圖本、岳本、五山本、日抄本同，《要義》所引亦同。阮記云：「閩本、明監本、毛本同，小字本、相臺本無『包』字，考文《古本》同，案：無者是也。」盧記同。裹已有包裹之義，再疊「包」字，似嫌累贅，當無「包」字，且《要義》所引亦無「包」字，則阮記是也。

16. 頁十一左　　勒面謂以如玉龍勒之韋為當面飾也

按：「玉」，十行本、李本（元）、劉本（元）、閩本、明監本、毛本、十行抄本同；《要義》所引作「王」。阮記云：「案：浦鏜云『王誤玉』，以《巾車》注考之，浦挍是也。」盧記同。《要義》所引正作「王」，則當作「王」，阮記

是也。

17. 頁十二右　始嫁其嫁之衣

　　按:「始嫁其」,十行本、李本(元)、劉本(元)同;閩本作「其始」,明監本、毛本、十行抄本同,《要義》所引亦同。阮記云:「閩本、明監本、毛本作『其始嫁之衣』,案:所改是也,十行本此行剜添者一字,因行末衍下『嫁』字故也,『其』字錯在下,亦誤。」盧記同。「始嫁其嫁」文字錯亂,必誤無疑,揆諸文義,當作「其始嫁」,阮記是也。又阮記謂十行本此行剜添者一字,細察宋刊十行本、元刊明修十行本之李本、劉本,此行皆無剜添之跡,則阮記所謂十行本不知何指也。

18. 頁十三右　箋正者德能正天下之王

　　按:「正」,十行本、李本(元)、劉本(嘉靖)、十行抄本同,《要義》所引亦同;閩本作「王」,明監本、毛本同。阮記云:「閩本、明監本、毛本『正』誤『王』,案:『正』下當脫『王』字。」盧記同。此《疏》文標起止,考箋云「正王者德能正天下之王」,十行本、李本、劉本、閩本、明監本、毛本、巾箱本、監圖本、纂圖本、日抄本皆同,則《疏》文標起止,當云「箋正王者德能正天下之王」,阮記是也。

19. 頁十三右　以絲之為繪則是善鈞也

　　按:「之為」,十行本、李本(元)、劉本(嘉靖)、閩本、明監本、毛本、巾箱本同;監圖本作「為之」,纂圖本、岳本、五山本、日抄本同。阮記云:「小字本、相臺本『之為』作『為之』,《考文》古本同,案:『為之』是也。」盧記同。「之為」、「為之」,或為別本之異,阮記謂「為之」是也,豈必然耶?

20. 頁十四右　箋云君射一發而翼五豬者

　　按:「豬」,十行本、李本(元)、劉本(嘉靖)同;閩本作「豝」,明監本、毛本、巾箱本、監圖本、纂圖本、日抄本同,《要義》所引亦同。阮記、盧記皆無說,考本詩「壹發五豝」,毛《傳》云「豕牝曰豝」,則豝非豬,作「豝」是也。

21. 頁十四左　故云茁茁也

　　按:「茁茁」,十行本、李本(元)、劉本(嘉靖)、閩本、明監本、毛本

同。阮記云：「案：下『茁』字，浦鏜云『出誤』，是也。」盧記同。本詩經文云「彼茁者葭」，《傳》云「茁，出也」，此處乃引《傳》文，則浦說是也。

22. 頁十五右　　尾長於軀

按：「軀」，十行本、李本（正德）、劉本（正德）同；閩本作「軀」，明監本、毛本、十行抄本同。阮記無說，盧記補云：「毛本『軀』作『軀』，案：『軀』字是也。」檢《讀詩記》卷三《騶虞》引陸璣云「騶虞，尾長於軀，不履生草」，則盧記是也。

23. 頁十五左　　從兩肩為麌麌鹿也

按：「麌麌」，十行本、李本（正德）、劉本（正德）、閩本、明監本、毛本、十行抄本同。阮記云：「案：『麌』當作『麞』，下云『肩麞字雖異音實同也』，可證。」盧記同。「肩麞字雖異音實同」，如何可證「麌麞鹿也」，阮記措辭模糊，難以信據。考孔《疏》云「《釋獸》麞、鹿皆云：絕有力者，麞。則『有懸特』謂豕生一名，『獻豜』、『從兩肩』為麌麌鹿也絕有力者，非三歲矣。肩、麞字雖異，音實同也。」此段文字頗令人費解，檢《爾雅・釋獸》云「鹿，牡麚，牝麀，其子麛，其跡速，絕有力麞」，「麌，牡麞，牝麌，其子麌，其跡解，絕有力豜」，據此，則上《疏》似脫一「豜」字，當作「《釋獸》麞、鹿皆云：絕有力者，豜、麞」。「有懸特」，乃指《魏風・伐檀》「不狩不獵，胡瞻爾庭有縣特兮」，《傳》云「獸三歲曰特」，上《疏》引《釋獸》「豕生三，豵；二，師；一，特」，故孔《疏》認為此「特」字，非謂獸三歲，乃指一胎僅生一頭之名，即「豕生一名」。「獻豜」，乃指《豳風・七月》「言私其豵，獻豜于公」，《傳》云「三歲曰豜」。「從兩肩」，乃指《齊風・還》「並驅從兩肩兮」，《傳》云「獸三歲曰肩」。此兩例，毛《傳》釋「豜」、「肩」皆云「三歲」，而此處孔《疏》，據《爾雅・釋獸》「麌」、「鹿」，以為非是，「豜」當是麌之有絕力者，「肩」即「麞」當是「鹿之有絕力者」，合二為一，故云：「『獻豜』、『從兩肩』為麌、鹿之絕有力者，非三歲矣」，則原文下「麌」字顯為衍文，汪記謂此句衍一「麌」字，是也，「也」乃「之」之譌，若然，方可說通，《疏》文遂再作補充：「肩、麞字雖異，音實同也」，音同義通，「肩」、「麞」相通，故可據《爾雅・釋獸》「鹿」條以釋「肩」義也。

卷　二

卷二之一

1. 頁一左　言祿父及三監叛則祿父也外更有三人為監

按：「也」，十行本、李本（正德）、劉本（正德）、十行抄本同；閩本作「已」，明監本、毛本同；《要義》所引作「之」。阮記無說，盧記補云：「毛本『也』作『已』，案：『已』字是也。」「也外」，顯誤，閩本似覺文義不通，遂改為「已外」，亦或別有所承，而《要義》所引作「之外」，文義曉暢，則作「也外」、「已外」似皆誤。

2. 頁三左　不為例也故作者各有所傷*

按：「故」，十行本、李本（元）、劉本（嘉靖）、閩本、明監本、毛本、十行抄本同；《要義》所引無「故」字。阮記、盧記皆無說，不知為何於此處圈字。檢《正字》云「『故』衍字」，《要義》所引無「故」字可證，則此處「故」字或為衍文也。

3. 頁三左　則身已歸宋非復宋婦

按：「宋」，十行本、李本（元）、劉本（嘉靖）、閩本、明監本、毛本、十行抄本同；《要義》所引作「宗」。阮記無說，盧記補云：「『宋』當作『衛』。」此說毫無版本依據，純屬推測。考《疏》云：「許穆夫人之詩得在衛國者，以夫人身是衛女，辭為衛發，故使其詩歸衛也。宋襄之母則身已歸宋，非復宋婦，其詩不必親作，故在衛焉。」細玩文義，既以歸宋，為何又非復宋婦，顯

然矛盾，作「宋」絕不可通，故殿本始改作「衛」，以遷就原文，盧說似本之也，而《要義》引作「宗」，「身已歸宗」，故不復為宋婦，辭既熨帖，義亦曉暢，孔《疏》原文必作「宗」，其後傳刻而因字形相近譌作「宋」，《要義》所引是也。

4. 頁四右　　舜為國名而施也

按：「舜」，十行本、李本（元）、劉本（元）、閩本、明監本同；毛本作「非」，十行抄本同。阮記云：「閩本、明監本同，毛本『舜』作『非』，案：所改是。」盧記同，惟末句作「所改是也」。《正字》云「『非』，監本誤『舜』」，阮記或承之。「舜為國名」，顯誤，考原疏云：「其秦仲、陳佗，皆以字配國，當諡號之稱，舜為國名而施也。」揆諸文義，毛本作「非為國名而施也」，貼近文義，十行抄本亦同，確勝原文。

5. 頁四右　　世家曰武公即位脩康叔政百姓和集五十年卒

按：「十」，十行本、李本（元）、劉本（元）、閩本、明監本、毛本、十行抄本同，《要義》所引亦同。阮記云：「閩本、明監本、毛本同，案：『十』下，浦鏜云『脫五字』，是也，《鄘・柏舟・正義》所引有。」盧記同。檢《史記・衛康叔世家》，作「五十五年卒」，則阮記是也。又，《正字》云「監本『年』上脫『五』字，據《正字》體例，則其所見毛本當不脫，故云「監本」，而顧廣圻所見毛本、日本東京大學東洋文化研究所藏毛本、哈佛大學藏毛本皆無「五」字，則浦鏜所見不知何本也。

6. 頁四右　　迎桓公子晉於邢

按：「子」，十行本、李本（元）、劉本（元）、閩本、明監本、毛本、十行抄本同，《要義》所引亦同。阮記云：「案：浦鏜云『弟誤子』，是也。」盧記同。檢《史記・衛康叔世家》，作「迎桓公弟晉於邢」，則阮記是也。

7. 頁四右　　惠公復入三十三年卒

按：「三」，十行本、李本（元）、劉本（元）、閩本、明監本、毛本、十行抄本同，《要義》所引亦同。阮記云：「案：下『三』字，浦鏜云『一誤』，考《史記》是也。」盧記同。檢《史記・衛康叔世家》，作「三十一年惠公卒」，則阮記是也。

8. **頁四左　襄公以魯僖十年即位二十一年卒**

按：「一」，李本（元）、劉本（元）、閩本、明監本、毛本、十行抄本同，《要義》所引亦同，十行本漫漶。阮記云：「案：浦鏜云『依《年表》當作二十三年』，是也。」盧記同。檢《左傳》僖公九年，「宋襄公即位」，僖公二十三年，經云「夏五月庚寅，宋公茲父卒」，《傳》云「夏五月，宋襄公卒，傷于泓故也」，則其在位十四年也，又《史記・宋微子世家》，「十四年夏，襄公病傷於泓而竟卒」，與《左傳》所載年曆合，而《疏》云宋襄公魯僖公十年即位，若以在位十四年計，則其卒年當在魯僖公二十四年，則阮記亦非，而「二十一年」則必誤也。

9. **頁五右　衛宣公先蒸於夷姜**

按：「蒸」，十行本（元）、李本（元）、劉本、閩本、明監本、十行抄本同；毛本作「烝」。阮記云：「閩本同，明監本同，毛本『蒸』作『烝』，案：所改是也。」盧記同。《正字》云「『烝』，監本誤『蒸』」，阮記似承其說，作「蒸」顯非，阮記是也。

10. **頁五左　與也汎汎流貌**

按：「汎汎」，十行本、李本（元）、劉本（元）、閩本、明監本、毛本、巾箱本、監圖本、纂圖本、岳本、五山本、日抄本皆同。阮記云：「小字本、相臺本同。案：此當衍一『汎』字。《正義》云：『言泛然而流者。』標其止云『汎流』。是《正義》本不重『泛』字。《釋文》云『汎，流貌，本或作「汎汎，流貌」者，此從王肅注加』，各本皆誤，當依《正義》、《釋文》正之。」盧記同。傳世刊本皆作「汎汎」，日抄本亦同，檢敦煌殘卷伯二五三八《毛詩故訓傳・栢舟》毛《傳》，作「汎流貌也」，與《釋文》、《正義》所見本同。則自是兩本別行於世，阮記謂其衍一「汎」字，未見其必然也。

11. **頁五左　今不用而與眾物汎汎然***

按：「今不用而與眾物」，十行本、閩本、明監本、毛本、五山本同；李本（元）作「令不用而與眾物」，劉本（元）同；巾箱本作「今不用而與物」，纂圖本、日抄本同；監圖本作「今不同而與眾物」；阮本作「今不用與眾物」。阮記引文作「今不用而與物汎汎然」，云：「閩本、明監本、毛本『與』下衍『眾』字，小字本無，十行本初刻無，後剜添，相臺本有『眾』字無『而』字。案：

箋上云『舟載渡物者』，下云『今不用而與物汎汎然』，二『物』字相承，不應有『眾』字，《正義》云『亦汎汎然其與眾物俱流水中而已』，乃《正義》自為文，不可據添。岳氏《沿革例》云『閒有難曉解者，以《疏》中字微足其義』，謂此類也，然其所足要未有當者。」盧記同。此條校記頗令人費解，阮記引文作「今不用而與物汎汎然」，阮本卻作「今不用而與眾物汎汎然」，阮記校勘底本當是其所見之所謂十行本，阮本重刊十行本例不改字，如何多一「眾」字，而更可怪者，盧記引文亦作「今不用而與物汎汎然。」盧記本附阮本正文後，絕不應前後自相違背，此「眾」字究竟乃十行本本有，亦或重刊時新添，實難確知，然阮記有云「十行本初刻無，後剜添」，且不論其如何得見十行本之初刻，此處既言「後剜添」，則似其所見之十行本實有「眾」字，今存世歷代十行本之祖本，即足利學校舊藏南宋劉叔剛一經堂刊十行本，已有「眾」字，則阮記所謂「十行本初刻無」，乃子虛烏有之事也，故阮記、盧記引文乃妄刪「眾」字，阮本乃直據底本重刊也。阮記又云「箋上云『舟載渡物者』，下云『今不用而與物汎汎然』，二『物』字相承，不應有『眾』字，《正義》云『亦汎汎然其與眾物俱流水中而已』，乃《正義》自為文，不可據添」，考本詩經文「汎彼柏舟，亦汎其流」，箋云「舟載渡物者，今不用，而與眾物汎汎然俱流水中，興者，喻仁人之不見用，而與羣小人並列，亦猶是也」，箋文所謂「舟」乃喻仁人，仁人懷濟世渡民之才，此所謂「載渡物」，此「物」乃指國運民生也，而「與眾物汎汎然俱流水中」乃喻「與羣小人並列」，「眾物」乃指「羣小人」，阮記謂「二『物』字相承」，何其誤解箋義之甚也，且箋文明謂「羣小人」，正與前文之「眾物」相對應，「眾」字豈可闕也？阮記撰者讀前不讀後、斷章取義，遂有此誤說也。《正義》釋經文云「此柏木之舟宜用濟渡，今而不用，亦汎汎然其與眾物俱流水中而已，以興在列位者是彼仁德之人，此仁德之人宜用輔佐，今乃不用，亦與眾小人並列於朝而已」，《疏》文所謂「眾物」、「眾小人」正本箋文之「眾物」、「羣小人」，阮記竟謂「眾」字乃《正義》自為文，何其不深思也。檢敦煌殘卷伯二五三八《毛詩故訓傳·栢舟》箋文，正作「與眾物汎汎然」，恰可證阮記之非也。汪記據《後漢書·張衡傳》注所引，以證「眾」、「而」兩字俱有，是也。

12. 頁六左　禮容俯仰各有宜耳

按：「各有宜耳」，十行本、李本（元）、劉本（嘉靖）、閩本、明監本、毛本同。阮記、盧記皆無說。此段孔《疏》，似引毛《傳》，阮記引《傳》文「各

有威儀耳」，云：「小字本、相臺本同。案：『威儀』二字，當作『宜』。考《正義》云：此言『君子望之，儼然可畏』解經之『威』也，『禮容俯仰，各有宜耳』解經之『儀』也。是《正義》本作『各有宜耳』也，《傳》以『畏』解『威』，以『宜』解『儀』，所謂詁訓之法，不知者改『宜』字作『威儀』，於是此《傳》既『威』、『儀』二字分解者，而『威』字乃互見『儀』字解中矣，毛氏以『宜』解『儀』之詁訓遂不復可見，失之甚者也。當依《正義》所述毛《傳》，改正之。○按：舊校非也。《左傳》『威儀』有分解處，而大意不分，毛《傳》皆有『威儀』，正用《左傳》北宮文子言君臣父子兄弟內外大小皆有威儀之文，《正義》改作『各有宜』，非也，上文『儼然可畏』非專釋『威』，《說文》『義』字下曰：已之威儀也，不專以『儀』釋『義』，必連『威』言之。凡有似分而合者，如規矩，亦不可分，《說文》『巨』下云規巨也，可證。」盧記同。此段阮記以○相隔前後，前說當為顧廣圻之見，後文或是段玉裁之言，細玩其文，前說乃全據文獻、經義，絲絲相扣，論述有力，可謂一語中的，而反觀後說，則以所謂訓詁視角，旁引毫不相干之《左傳》、《說文》，糾纏『威儀』之可分不可分，彌縫之跡顯然，而於前說未置一詞，竟以「《正義》改作」毫無根據純屬猜測之詞搪塞之，不可信從！十行本以下之傳世文獻，毛《傳》雖皆作「各有威儀耳」，《要義》所引亦同，然敦煌殘卷伯二五三八《毛詩故訓傳·柏舟》毛《傳》，正作「各有宜爾」，則可證其時本有此文，絕無「《正義》改作『各有宜』」之事，而結合阮記前說，可知此處確當作「各有宜耳」也。

13. 頁七右　慍怒也

按：「怒」，十行本、李本（元）、劉本（嘉靖）、閩本、明監本、毛本、巾箱本、監圖本、纂圖本、岳本、五山本、日抄本皆同。阮記云：「小字本、相臺本同。案：《釋文》『慍』下云『怒也』，是《釋文》本此《傳》作『怒也』。《正義》云：言仁人憂心悄悄然而怨，此輩小人在於君側者也，《正義》本『怒』字當是『怨』字，《緜》《傳》云『慍恚』，《正義》云：《說文》慍怨也，恚怒也，有怨必怒之，所引《說文》作『慍怨也』，亦其一證。」盧記同。檢《釋文》出字「慍于」，小注云「憂連反，怒也」，不知阮記據此，何以得出《釋文》本此《傳》作「怒也」的結論，此處所謂「怒也」，僅僅是《釋文》所作解釋，與毛《傳》何涉？此處阮記論說顯誤。又，敦煌殘卷伯二五三八《毛詩故訓傳·柏舟》毛《傳》，正作「慍怨也」，揆諸詩文，「憂心悄悄，慍于羣小」，

憂、怨相連，貼近詩義，故作「怨」為長，或因「怨」、「怒」字形相近而譌也。

14. **頁七左** 孝經讖曰兄曰姊日月又喻兄姊

按：十行本作「孝經讖日兄曰姊日月又喻兄姊」，李本（元）、劉本（嘉靖）同；閩本作「孝經讖曰兄曰姊月又喻兄姊」，明監本、毛本同。阮記引文「孝經讖曰兄曰姊」，云：「閩本、明監本、毛本同。案：『姊』下當有『月』字」，又引文「日月又喻兄姊」，云：「明監本、毛本無『日』字，閩本剜去。案：此六字為一句，刪去『日』字，改讀『月』字屬上，誤也。」盧記皆同。十行本作「孝經讖日兄曰姊日月又喻兄姊」，當點作「《孝經讖》：『日兄曰姊』，日月又喻兄姊」，「日兄曰姊」當是「日兄月姊」之譌。閩本見原文義不可曉，故剜改板片，痕跡顯然，遂刪為「孝經讖曰兄曰姊月又喻兄姊」，以遷就文義，明監本、毛本同，本為一句，阮記斷作兩截，所云無據，不可信從。

15. **頁九左** 故內服注

按：十行本、李本（元）、劉本（嘉靖）、閩本、明監本、毛本、十行抄本同，《要義》所引亦同。阮記云：「案：『內』下，浦鏜云『脫司字』，是也。」盧記同。《要義》所引亦作「內服」，則此處「內服」或為「內司服」之省稱也。

16. **頁十右** 先染絲後製衣

按：「製」，十行本、李本（元）、劉本（嘉靖）、閩本、明監本、毛本同；巾箱本作「制」，監圖本、纂圖本、岳本、五山本、日抄本同，敦煌殘卷伯二五三八《毛詩故訓傳·綠衣》鄭箋，亦作「制」。阮記云：「閩本、明監本、毛本同，小字本、相臺本『製』作『制』。案：『制』字是也。《正義》云：『當先染絲而後製衣』，以下盡作『製』字者，制、製古今字，《正義》易『制』為『製』而說之，其例見前，非《正義》本《箋》作『製』字也，當由不知者以《正義》改箋耳。」盧記同。此例注疏本系統與經注本系統迥然相異，《正義》所據底本究竟作何字，難以遽斷，阮記之說，顯然武斷。

17. **頁十一右** 鄭以為言絺兮綌兮不當暑

按：「不」，十行本、李本（元）、劉本（元）同；閩本作「不以」，明監本、毛本、十行抄本同。阮記云：「明監本、毛本『不』下衍『以』字，閩本剜入。案：『不』當作『本』，形近之譌，補『以』字者非。」盧記同。此處原

文不誤，本詩經文云「絺兮綌兮，淒其以風」，《傳》云「淒，寒風也」，箋云「絺綌所以當暑，今以待寒，喻其失所也」，《疏》云「鄭以為言『絺兮綌兮』不當暑，今以待淒然寒風，失其所。」其意乃謂箋文以為絺綌應作當暑之用，今不當暑時用之，而以御寒，失其所用也，文義曉暢，並無軒輊，則阮記以為「不」當作「本」，純屬猜測也，而閩本補「以」字者，或因上《疏》述毛云「言絺綌不以當暑，猶嫡妾不以其禮」，故據彼補此也，非也。

18. 頁十二左　此燕即今之燕也

按：十行本、李本（元）、劉本（元）、閩本、明監本、毛本同，《要義》所引亦同。阮記云：「案：『此燕』下，浦鏜云『脫一燕字』，是也。《爾雅疏》即取此，正重『燕』字。」盧記同。考此段孔《疏》下文云「古人重言之」，所指「重言之」即「此燕燕」也，與今之燕義同而名異，若作「此燕即今之燕也」，則「古人重言之」無著落，故阮記是也。

19. 頁十二左　漢書童謠云燕燕尾涎涎

按：「涎涎」，十行本、李本（元）、劉本（元）、閩本、明監本、毛本同，《要義》所引亦同。阮記云：「案：『涎』當作『涏』，形近之譌〇按：《漢書》及諸韻書皆作『涏』，以韻言則霆電亦音之轉。」盧記同。檢北宋遞修本《漢書・五行志》、《外戚列傳》，兩次引作「童謠曰燕燕尾涎涎」，則阮記前說所謂「涎」當作「涏」，誤甚，按語駁之，是也。

20. 頁十二左　差池者往飛之之貌

按：「之之」，十行本、李本（元）、劉本（元）同；閩本作「之」，明監本、毛本同。阮記云：「明監本、毛本，不重『之』字，閩本剜去，案：上『之』字乃『時』字之誤，《正義》上下文可證，輒刪者非也。」盧記同。閩本刪「之」字不知依據為何，阮記可備一說。

21. 頁十三左　後乃得毛公傳記古書義又且然記注已行不復改之

按：十行本、李本（元）、劉本（嘉靖）、閩本、明監本、毛本同，《要義》所引亦同。阮記云：「閩本、明監本、毛本同，案：浦鏜云『既誤記』，考《南陔》《正義》是也，『且』當作『宜』，《南陔》《正義》引作『當』。」盧記同。「既」、「又」前後相配，檢單疏本《南陔》《正義》確作「既」、「當」，則阮說是也。

22. 頁十四右　言日乎以照晝

按：「日乎」，十行本、李本（元）、劉本（元）同；閩本作「日乎日」，明監本、毛本同。阮記云：「閩本、明監本、毛本『乎』下有『日』字，案：所補是也。」盧記同。考《疏》云「言日乎以照晝，月乎月以照夜，故得同曜齊明而照臨下土」，「言日乎以照晝」、「月乎月以照夜」前後失照，閩本補「日」字不知何據，然「以照」必有主語，「日」字不可闕，所補是也。

23. 頁十五左　中心以是慆傷

按：「慆」，十行本、李本（正德）、劉本（嘉靖）同；閩本作「悼」，明監本、毛本同。阮記云：「閩本、明監本、毛本『慆』作『悼』，案：所改是也。」盧記同。閩本改之，不知其所據，未見必然也。

24. 頁十五左　舍人曰謔戲謔也浪意明也

按：「明」，十行本、李本（正德）、劉本（嘉靖）、十行抄本同；閩本作「萌」，明監本、毛本同。阮記云：「閩本、明監本、毛本『明』誤『萌』，案：《爾雅疏》即取此，正作『明』。○按：此當作『萌』為是，舍人意浪讀為蒼筤竹之筤，《易·正義》曰：竹初生之時，色蒼筤，取其春生之美也，凡意蕊心花初生時似此，故舍人曰浪意萌也，作明者誤，《韓詩》云：起也，正是意萌之訓，謂如波之起也。」盧記同。檢單疏本《爾雅疏·釋詁》，引舍人曰，確作「明」，「意明」者，戲謔之意顯明，毫無掩飾也，作「萌」則義不可通，故阮記前說所云是也，按語純屬附會猜測，不可信從。

25. 頁十六右　寤言不寐願言則嚏

按：「嚏」，十行本、李本（元）、劉本（嘉靖）、閩本、明監本、毛本、巾箱本、監圖本、纂圖本、岳本、五山本、日抄本、唐石經、白文本皆同，敦煌殘卷伯二五二九《毛詩詁訓傳·終風》經文、斯七八九《毛詩詁訓傳·終風》經文亦同；伯二五三八《毛詩故訓傳·終風》經文作「逮」。阮記云：「唐石經、小字本、相臺本同，案：《釋文》云：疐，本又作嚏，又作疌，舊作利反，又丁四反，又豬吏反，或竹季反，劫也，鄭作嚏，音都麗反。段玉裁云：毛作疐跲也，鄭云疐讀為不敢嚏咳之嚏，此鄭改字，唐石經以下，經、《傳》皆從口，是用鄭廢毛，嚏不得訓跲，明矣，今考《正義》本《傳》是跲也，則其經當是『疐』字，《釋文》『疌』即『疐』之變體，《狼跋》《釋文》疐本又作疌，

可證也，與《說文》『止』部之辵字迥不相涉，若經字作『止』部之辵，鄭不得讀為噭，《釋文》亦不當作竹利等反矣，《經義雜記》云：案《釋文》知崔靈恩集注作『辵』，陸氏從之，《正義》則從王肅作『寎』，《釋文》云『一作寎』者即王本也，其說非是，由誤讀《釋文》為從止之辵所致也。」盧記同。阮記所引段說，洋洋灑灑，其謂經文當作「寎」，今無一版本作「寎」，又謂與《說文》「止」部之辵無涉，而敦煌抄本之「連」正從「止」，則其說率多臆測，雖輾轉牽涉，惟見其好辯，未見其有卓識也。

26. 頁十六右　噭跲也

按：「噭」，十行本、李本（元）、劉本（嘉靖）、閩本、明監本、毛本、巾箱本、監圖本、纂圖本、岳本、五山本、日抄本皆同，敦煌殘卷伯二五三八《毛詩故訓傳·終風》《傳》文作「連顏也」。阮記云：「小字本、相臺本同，案：『噭』當作『寎』，又此《正義》本也，《正義》云：『王肅云願以母道往加之，則噭跲而不行，跲與劫音義同也，定本、集注並同』，《釋文》云：劫也，本又作跲，孫毓同，崔云：毛訓辵為欦，今俗人云欠欠欦欦，是也，不作劫字，人體倦則伸，志倦則欦。考此《傳》本與《狼跋》同，王肅、孫毓作『劫』，崔靈恩作『欦』，皆非是，當以《正義》本為長。」盧記同。阮記謂「噭」當作「寎」，不知何據，又謂孫毓作「劫」，其所引《釋文》明言「本又作跲，孫毓同」，則孫毓所見之本作「跲」，非「劫」也！考敦煌殘卷作「顏」，則其時「跲」、「劫」、「欦」、「顏」本並行不悖，後世經典文獻雕版刊行，文字遂漸趨固定，終以「跲」為是，阮記謂《正義》本為長，洵非的論也。

27. 頁十六左　終風至則噭

按：「噭」，十行本、李本（元）、劉本（嘉靖）、閩本、明監本、毛本、十行抄本同。阮記云：「閩本、明監本、毛本同。案：此標起止，及下云『我則噭跲而不行』，又標起止云『傳噭跲』，又云『噭劫而不行』，凡四『噭』字皆當作『寎』，《正義》舊是『寎』字，不知者以箋『噭』字亂之耳。」盧記同。阮記謂「噭」皆當作「寎」，不知所據，《要義》引孔《疏》「噭劫而不行」，仍作「噭」，傳世諸本無有作「寎」者，則阮記純屬猜測，不足取信也。

28. 頁十六左　我則噭跲而不行

按：「噭」，十行本、李本（元）、劉本（嘉靖）、閩本、明監本、毛本同；

十行抄本作「噎」。阮記、盧記皆無說。

29. **頁十六左　噎劫而不行**

按：十行本、李本（元）、劉本（嘉靖）、閩本、明監本、毛本同。阮記、盧記皆無說。

30. **頁十八右　今伐鄭之謀則吁為首**

按：「則」，李本（元）、劉本（元）、閩本同；十行本作「州」，毛本同；明監本此字漫漶。阮記云：「閩本、明監本同，毛本『則』作『州』，案：『州』字是也。」盧記同。《正字》云：「『州』，監本誤『則』。」考前《疏》云「州吁有伐鄭先告陳之事」，揆諸文義，作「州」是也。

31. **頁十九左　古者兵車十乘甲士三人步卒七十二人**

按：「十」，十行本、李本（元）、劉本（嘉靖）同；閩本作「一」，明監本、毛本同，《要義》所引亦同。阮記無說，盧記補云：「案：下文『甲士三人，步卒七十二人』，此『十乘』是『一乘』之譌」。十乘豈僅甲士三人，其誤顯然，盧記是也。

卷二之二

1. **頁一左　樂夏之長養者**

按：十行本、李本（正德）、劉本（正德）同；閩本作「樂夏之長養棘難長養者」，明監本、毛本、巾箱本、監圖本、纂圖本、岳本、五山本、日抄本同。阮記無說，盧記補云：『長養』下當更有『棘難長養』四字。下《正義》云『又言棘難長養者』可證，又段玉裁云：『棘』下當有『心』字，棘心，棘之初生者，故難長養，下章云『棘薪其成就者』矣，語勢正相對也。」檢敦煌殘卷斯一〇《毛詩傳箋·凱風》毛《傳》作「樂夏之長養萬物棘難長養」，伯二五三八《毛詩故訓傳·凱風》毛《傳》作「樂夏之長也棘難長養者也」，孰是孰非，難以遽定。而盧記所引段說，則顯係猜測，本詩經文云「凱風自南，吹彼棘心」，《疏》云「言凱樂之風從南長養之方而來，吹彼棘木之心，故棘心夭夭然得盛長」，則本取棘心盛長之意，而段氏竟謂棘心難長養，顯違經義，豈可信據？

2. **頁四右　我之懷矣自詒伊慼**

按：「伊」，十行本、李本（元）、劉本（元）、閩本、明監本、毛本同，《要

義》所引亦同。阮記云：「案：『伊』當作『繄』，《正義》引此《傳》之『繄』及《小明》之『伊』以明鄭所以易『伊』為『繄』也，作『伊』則與下《小明》無別，不知者所改也。」盧記同。考《疏》文云：「箋以宣二年《左傳》趙宣子曰：嗚呼，我之懷矣，自詒伊慼，《小明》云：自詒伊慼，為義既同，明『伊』有義為『繄』者。」詳玩經義，確如阮記所云，惟作「我之懷矣自詒繄慼」，方有「明『伊』有義為『繄』者」之結論，否則「繄」字無來由也，阮記是也，今通行本《左傳》皆作「伊」，與鄭、孔所見本不同也。

3. 頁四左　箋云日月之行

按：「日」，十行本、李本（元）、劉本（元）、閩本、明監本、毛本同，巾箱本作「視日」，監圖本、纂圖本、岳本、五山本、日抄本同。阮記云：「小字本、相臺本『日』上有『視』字。案：有者是也，《正義》云『言我視彼日月之行』，即本箋為說也。《考文》：古本有『我視』二字，采《正義》而有誤。」盧記同。阮記僅據小字本、相臺本作「視」，即判定《考文》古本作「我視」乃採《正義》為誤，武斷之甚也！既採《正義》，《正義》作「我視」，何見其必誤？檢敦煌殘卷斯一○《毛詩傳箋・雄雉》鄭箋正作「我視日月之行」，與《正義》所見本同，則山井鼎所謂古本作「我視」絕非有誤，誤者阮記也！然亦不可因有作「我視」者，而謂作「視」者非，檢敦煌殘卷伯二五三八《毛詩故訓傳・雄雉》鄭箋則作「視日月之行」，巾箱本、監圖本、纂圖本、日抄本亦作「視」，則作「視」者乃為別本也。

4. 頁五右　可謂為德行事君或有所留

按：「事」，十行本、李本（正德，板心有塗抹）、劉本（正德十二年）、閩本、明監本、毛本同，巾箱本作「而」，監圖本、纂圖本、岳本、五山本、日抄本同。阮記云：「小字本、相臺本『事』作『而』，案：『而』字是也。」盧記同。檢敦煌殘卷斯一○《毛詩傳箋・雄雉》鄭箋、伯二五三八《毛詩故訓傳・雄雉》鄭箋皆作「而」，則注疏本系列皆作「事」，經注本系列皆作「而」，揆諸文義，作「而」似勝。

5. 頁五右　忮之跂反*

按：「跂」，十行本、李本（正德，板心有塗抹）、劉本（正德十二年）、閩本、明監本、毛本、監圖本、纂圖本同；巾箱本作「跂」。阮記引文「不忮○

之跋反」，云：「通志堂本同，盧本『跋』作『跂』，案：『跂』字是也，小字本所附是『跂』字。○案：《釋文》凡『忮』字皆云『之跂反』，作『跋』亦是譌字，雖廣韻有『跂』字去智切，而不為忮之反語。」盧記引文「忮之跋反」，云：「《釋文》『跂』作『跋』，通志堂本、盧本『跋』作『跂』，案：『跂』字是也，小字本所附是『跂』字。○《釋文校勘記》：案：《釋文》凡『忮』字皆云『之跂反』，作『跋』亦是譌字，雖廣韻有『跂』字去智切，而不為忮之反語。」「之跋」如何切出「忮」音？顯然有誤，今檢《釋文》，作「跂」不作「跋」，則當以「跂」為是也，不知盧記所據《釋文》為何本，又阮記謂通志堂本《釋文》作「跋」，而盧記云作「跂」，檢通志堂本作「跋」，則盧記顯因漏看阮記之「同」字而誤。

6. 頁六左　賓者出請

按：「賓」，十行本、李本（正德）、劉本（正德）同；閩本作「擯」，明監本、毛本同。阮記無說，盧記補云：「毛本『賓者』作『擯者』，案：『擯』字是也。」考《疏》文云：「《昏禮》，納采用鴈，賓既致命，降，出，賓者出請，賓執鴈，請問名。則納采、問名同日行事矣。」此《疏》乃孔穎達約略《儀禮·士昏禮》之文，檢《士昏禮》云：「下達，納采，用鴈……擯者出請事，入告……主人以賓升，西面。賓升西階，當阿，東面致命。主人阼階上北面再拜。授于楹間，南面。賓降，出。主人降，授老鴈。擯者出請，賓執雁，請問名。」鄭注：「擯者，有司佐禮者。」據此，顯當作「擯者出請。」盧記是也。

7. 頁七右　行礼乃可度世難無礼將無以自濟*

按：「難無」，十行本同，十行抄本作「難无」；李本（正德）作「不行」，劉本（正德）、明監本、毛本同；閩本無此二字。阮記云：「閩本缺『難無』二字，明監本、毛本誤『不行』，案：此讀當於『難』字斷句，『無』字下屬，明監本、毛本以意補，非也。」盧記同。今十行本與阮本合，文義曉暢，又本詩經文云「深則厲，淺則揭」，毛《傳》云「男女之際，安可以無禮義，將無以自濟也」，《疏》云：「禮者，人所以立身，行禮乃可度世難，『無禮將無以自濟』，言公之無禮，必遇禍患也。」「無禮將無以自濟」乃《疏》節引《傳》語也，其後接「言」字可證，則阮本不誤，李本以下諸本皆誤，不知為何於此加圈，寔不合其體例也。

8. 頁七右　　若大明云天作之合傳曰賢女妃聖人得禮之宜

按：「傳」，十行本、李本（正德）、劉本（正德）、閩本、明監本、毛本同。阮記云：「案：浦鏜云『箋誤傳』，是也。此自《正義》誤以箋為《傳》耳，非字誤也。」盧記同。檢《大雅・大明》「天監在下，有命既集，文王初載，天作之合，在洽之陽，在渭之涘」，下章「親迎于渭」，箋云「賢女配聖人得其宜」，則作「箋」是也。

9. 頁七左　　濟盈不濡軌

按：「軌」，十行本、李本（正德）、劉本（正德）、監圖本、日抄本同；閩本作「軓」，明監本、毛本、巾箱本、纂圖本、岳本、五山本、白文本同；唐石經作「軓」。阮記云：「小字本同，相臺本『軌』作『軓』，閩本、明監本、毛本同，唐石經作『軓』，案：《釋文》云：軌，舊龜美反，謂車轊頭也，依《傳》意，宜音犯，案《說文》云：軌，車轍也，從車九聲，龜美反；軓，車軾前也，從車凡聲，音犯，車轊頭，所謂軹也，相亂，故具論之，是《釋文》本字作『軌』，但以為宜作音犯字。《正義》云：《說文》云：軌車轍也；軓，車軾前也，然則軾前謂之軓也，非軌也，但軌聲九，軓聲凡，於文易為誤，寫者亂之也。是《正義》本字亦作『軌』，但以為寫者亂之，故不從軌而從軓以為說，由此考之，唐石經以前，經字未有直作『軓』者也。戴震《毛鄭詩考正》依韻定從軓字，段玉裁同，詳見下。相臺本依《釋文》，小字本及此十行本皆然，其作『軓』者，即軌字，非軓字，乃當時俗體也，《釋文》『軹』字舊誤，今訂正，詳後考證。」盧記同。考敦煌殘卷伯二五二九《毛詩詁訓傳・匏有苦葉》經文作「軓」，伯二五三八《毛詩故訓傳・匏有苦葉》經文作「軓」，《傳》文作「由輈以上為軓」，斯七八九《毛詩故訓傳・匏有苦葉》經文作「軓」，斯二七二九《毛詩音》標目大字「軓」，小注云：「范，凡之上聲」，據此，可知經文本字當作「軓」，讀范音，敦煌殘卷所見之「軓」、「軓」、「軓」皆為「軓」之俗體，與唐石經合，或因抄寫者疏忽，遂將「軓」誤寫為「軌」，又由「軌」譌作「軓」，終失其本字，此即陸元朗所謂「相亂」，孔穎達所謂「於文易為誤，寫者亂之也」，《正字》云「『軌』，當作『軓』，下凡謂車軾前者同」，是也。

10. 頁七左　　由輈以上為軓

按：「軓」，李本（正德）、劉本（正德）、監圖本、纂圖本、日抄本同；十

行本作「軌」、閩本、明監本、毛本、巾箱本、岳本、五山本同；敦煌殘卷伯二五三八《毛詩故訓傳·匏有苦葉》《傳》文作「軓」。阮記云：「小字本同，相臺本作『軌』，見上，餘同。案：段玉裁云：古者輿之下兩輪之閒方空處謂之軌，高誘注《呂氏春秋》云：兩輪閒曰軌，此以廣狹言之，凡言度涂以軌謂此，毛《傳》曰『由軓已下為軌』，此以高下言之，凡言濡軌、滅軌謂此，《穀梁傳》曰：車軌塵謂以軌之高廣節塵之高廣，《中庸》車同軌，亦謂車制高廣不差，軌亦云轍，轍者通也，其中通也，近人專以在地之迹，謂之軌轍，古經不可解矣，不云『由輿以下』者，水深至於輿下軸上之軓，則必入輿矣，故以輿下之軓為高下之節，喻禮義之不可過也，自『下』譌為『上』，乃議改『軌』為『軓』，《釋文》舊龜美反，則唐以前本不誤也，今考《釋文》本已誤作『上』，讀時掌反，見前由膝句以上字音中。」盧記惟「度涂以軌」作「度餘以軌」〔註1〕，餘同。阮記所引段語，實為段著《毛詩故訓傳》之說，似言之鑿鑿，實大違經義。《傳》所謂「軓以上為軓」，正本《周禮》，考《周禮·冬官·輈人》曰「輈人為輈」，鄭注「輈，車轅也」，又曰「軓前十尺，而策半之」，鄭注：「謂輈軓以前之長也……鄭司農云：軓，謂式前也，書或作軌。玄謂軓是，軓法也，謂輿下三面之材，輢式之所尌，持車正也。」軓前十尺為輈，故「由軓以上為軓」乃謂從軓轅向後十尺即為軓，此「上」字乃由前至後之謂，非從下而上之上，若作「由輈以上為軌」，輈乃車轅，軌乃車轍，車轅與車轍又有何關？檢《讀詩記》卷四《匏有苦葉》，引毛氏曰「由軓以上為軓」，正可為證，段氏改「軓以上」為「輈以下」以遷就其說，荒唐武斷，毫無根據。

11. 頁七左　必濡其軌今言不濡軌

按：十行本作「必濡其軌今言不濡軌」，李本（正德）作「必濡其軌今言不濡軌」、劉本（正德）同；閩本作「必濡其軌今言不濡軌」，明監本、毛本同，《要義》所引亦同；十行抄本作「必濡其軓今言不濡軓」。阮記云：「閩本、明監本、毛本，二『軌』字作『軌』，案：此二字皆當作『軓』，《正義》從『軓』字以為說，故自為文，直改云『軓』也。」盧記惟「此二字皆當作軓」作「此二字皆當作軓」，餘同。揆諸文義，阮記當如盧記作「此二字皆當作軓」，詳參上文校記。

〔註1〕《清經解》卷六○二段玉裁《毛詩故訓傳·匏有苦葉》作「度涂以軌」，上海書店一九八八年影印道光九年初刻本，第四冊第一三○頁。

—58—

12. 頁八右　　今雌雉鳴也

按：「鳴」，十行本、李本（元）、劉本（元）、閩本、明監本、毛本、十行抄本同，《要義》所引亦同。阮記云：「案：浦鏜云『鳴當鳥誤』，是也。」盧記同。考本詩經文云「雉鳴求其牡」，《傳》云：「違禮義不由其道，猶雉鳴而求其牡矣，飛曰雌雄，走曰牝牡。」孔《疏》乃本《傳》釋經，「今雌雉鳴也，乃鳴求其走獸之牡，非其道」，《疏》文之「雉鳴」正本《傳》文之「雉鳴」，原文不誤，浦說似是而非，不可信從。

13. 頁八右　　以假人以辭

按：「以」，十行本、李本（元）、劉本（元）同；閩本作「似」，明監本、毛本同。阮記云：「閩本、明監本、毛本，上『以』字作『似』，案：『似』是也。」盧記同。考本詩經文云「有瀰濟盈，有鷺雉鳴」，《傳》云「衛夫人有淫泆之志，授人以色，假人以辭」，孔《疏》釋《傳》：「言『衛夫人有淫泆之志，授人以色，假人以辭』，解『有鷺雉鳴』也……言『授人以色，假人以辭』，謂以顏色、言辭怡悅於人，令人啟發其心，使有淫泆之志。雌雉之鳴，以『假人以辭』，并言『授人以色』者，以為辭必怡悅顏色，故連言之。」此處「以假人以辭」之前「以」，乃表結果之連詞，意謂「所以言『假人以辭』」，《疏》文以為經文云雌雉之鳴，所以《傳》言「假人以辭」，以言辭解鳥鳴也，而毛《傳》又言「授人以色」，似乎並無對應經文，乃因人為言語時並有表情，必然是怡悅溫婉、顏色誘人，故《傳》文及之，故此處不誤，阮記從閩本，實非。

14. 頁八右　　書或作軌玄謂軌是軌法也*

按：十行本作「書或作軌玄謂軌是軌法也」，李本（元）、劉本（元）同；閩本作「書或作軌玄謂軌是軌法也」，明監本、毛本同，《要義》所引亦同。阮記引文作「書或為軌元謂軌是軌法也」，云：「閩本、明監本、毛本，三字皆作『軌』，案：此當作『書或為軓元謂軓是軓法也』，各本皆誤，今《周禮》注下『軓』字亦作『軓』，依段玉裁《漢讀考》訂。」盧記引文同，所云同。阮本作「書或作軌」，阮記、盧記所引作「書或為軌」，從未有版本作「書或為」，此「為」字不知從何而來，又可知盧記乃直接摘錄阮記，不復與阮本文字對應，故致前後失照也。檢《周禮·輈人》：「軓前十尺，而策半之」，鄭注：「謂輈軓以前之長也……鄭司農云：軓，謂式前也，書或作軓。玄謂軓是，軓法也，謂輿下三面之材，軓式之所尌，持車正也。」此《疏》正引之，則所謂

「書或為」，顯誤，阮記又從段玉裁《周禮漢讀考》改「軓法」為「軌法」，毫無文獻依據，段氏率多怪論，又好輕改古書文字，其說不可信從。孫記以為段說非是，是也。原文當作「書或作軌玄謂軓是軓法也」。

15. 頁八右　與下三面之材

按：「與」，十行本、李本（元）、劉本（元）、閩本、明監本、毛本同，《要義》所引亦同。阮記云：「案：浦鏜云『輿誤與』，以《周禮》注考之，是也。」盧記同。據上文所引《周禮》鄭注，阮記是也。

16. 頁八左　考功記注

按：「功」，十行本、李本（元）、劉本（元）、閩本、明監本、毛本同；《要義》所引作「工」。阮記云：「案：浦鏜云『工誤功』，是也。」盧記同。顯當作「工」，《要義》所引是也。

17. 頁九右　故為為日出*

按：十行本、閩本同；李本（正德十二年）作「大昕為日出」，劉本（正德十二年）、明監本、毛本同；十行抄本作「故為日出」。阮記云：「閩本同，明監本、毛本『故』誤『大』，『為』誤『昕』，案：此當作『故為日始出』。」盧記同。此《疏》釋《傳》，本詩經文云「雝雝鳴鴈，旭日始旦」，《傳》云「旭日始出，謂大昕之時」，《疏》云「旭者，明著之名，故為為日出；昕者，明也，日未出已名為昕生，至日出益明，故言大昕也。」「昕者」前乃釋「旭者」，則不應解「昕」，原文「故為為日出」，文義稍滯，似衍「為」字，十行抄本作「故為日出」，正可為證，阮記所云，亦屬猜測也。

18. 頁九右　日未出已名為昕生

按：「生」，十行本、李本（正德十二年）、劉本（正德十二年）、閩本、明監本、毛本、十行抄本同。阮記云：「案：『生』當作『矣』，形近之譌。」盧記同。此條純屬猜測，本無依據，不可信從。

19. 頁九左　定本木雁隨陽無陰字

按：十行本、閩本、明監本、毛本、殿本同；李本（正德十二年）作「定木木雁隨陽無陰字」，劉本（正德十二年）同；十行抄本作「定本云厂隨陽无陰字」。阮記云：「案：『木』當作『云』，形近之譌。」盧記同。《正字》云：

「『木』，當『作』字誤。」考李本之「定木」，必為「定本」之譌，其「本」字因闕下橫而誤作「木」也，據此可推知，「定本木」之「木」亦似為「本」字之譌，則似當作「定本本雁隨陽無陰字」，庫本正如此〔註2〕。十行抄本之「厂」或為「雁」字未盡之殘形，則其本作「定本云」，與阮記合也。

20. 頁十一右　趙魏之部謂之大芥

按：「部」，十行本（此頁抄補）、李本（正德）、劉本（正德）、閩本、明監本、毛本同；十行抄本作「間」。阮記云：「案：浦鏜云『郊誤部』，考《方言》，是也。」盧記同。此乃《疏》引《方言》，檢宋刊《輶軒使者絕代語釋別國方言》卷三（北京圖書館出版社二〇〇二年影印國家圖書館藏宋慶元六年潯陽郡齋刻本），正作「趙魏之郊，謂之大芥」，然十行抄本作「間」，或別有所本。

21. 頁十一右　三月中烝鬻為茹*

按：李本（正德）、劉本（正德）、閩本、明監本、毛本同；十行本（此頁抄補）無「中」字；十行抄本作「三月中蒸鬻為茹」。阮記、盧記皆無說。《正字》云：「『蒸鬻』，誤『烝鬻』。」此乃《疏》引陸機《疏》，檢《爾雅疏》引陸機《疏》，正作「三月中烝鬻為茹」，則原文不誤，浦說非也。阮本於「鬻」旁加圈，不知何義。

22. 頁十一左　箋云徘徊也

按：李本（正德）、劉本（正德）、閩本、明監本、毛本同；十行本（此頁抄補）作「箋云違猶徘徊也」，五山本同；巾箱本作「箋云違徘徊也」，監圖本、纂圖本、岳本同，敦煌殘卷斯一〇《毛詩傳箋·谷風》鄭箋、斯五四一《毛詩傳箋·谷風》鄭箋亦同。阮記云：「小字本、相臺本『云』下有『違』字，《考文》古本『違』字亦同，案：有者是也。」盧記同。十行注疏本系統無「違」字，經注本系統有「違」字，兩相差異也，阮記謂有「違」字者是也，乃以經注本正注疏本，豈必然耶？又《考文》錄古本作「違猶徘徊也」，與十行本闕頁抄補者正同，考此抄補諸頁《傳》箋下無釋文，則此有「衛猶」二字之古本或屬八行本系統也，五山本如此，可見其淵源有自，與十行本系統、經注本系統皆別，阮記引《考文》古本，見「違」遺「猶」，誤矣。

〔註2〕《四庫薈要》本同，文津閣本改作「定本鴻雁隨陽無陰字」，非也。

23. 頁十二右　湜湜其沚

按：「沚」，十行本、李本（元）、劉本（元）、閩本、明監本、毛本、巾箱本、監圖本、纂圖本、岳本、五山本、日抄本、唐石經、白文本皆同。阮記云：「案：《釋文》云『其沚音止』，《正義》本未有明文，《說文》水部『湜』下引《詩》曰『湜湜其止』，段玉裁云：毛作止，鄭作沚，今考鄭箋，但義從沚耳，其經字不作『沚』也。」盧記同。檢敦煌殘卷伯二五二九《谷風》經文、斯一〇《谷風》經文、斯五四一《谷風》經文、斯七八九《谷風》經文皆作「湜湜其沚」，則唐宋以來各本《谷風》經文作「沚」，本無可置疑也，段玉裁橫生歧說，毫無依據，可謂舛誤甚矣，阮記錄之而不辨，謬甚。

24. 頁十二右　故見渭濁

按：李本（元）、劉本（元）、閩本、明監本、毛本、巾箱本、監圖本、纂圖本、岳本、日抄本同；「故見渭濁」之「渭」，十行本此處有塗抹，原字不可辨識，塗抹之後為「其」字，五山本作「故見其濁」。阮記云：「小字本、相臺本同，案：《釋文》云：舊本如此，一本『渭』作『謂』，後人改耳。考此箋云『故見謂濁』，下云『故謂己惡也』，二『謂』字義同，《正義》云：涇水言以有渭，故人見謂己濁，猶婦人言以有新昏，故君子見謂己惡也，見謂濁言人見謂已涇之濁，是《正義》本亦作『謂』，當以一本為長，又云定本涇水以有渭故見其濁，此定本之誤，《正義》所不從，而毛居正《六經正誤》反以為是，失之矣，《考文》古本作『其』，采《正義》，一本作『見其清濁』，則更誤，《正義》見『謂』字凡四，下二『謂』字譌作『渭』，今改而正之，見下。」盧記同。考傳世各本孔《疏》皆作「見渭濁言人見渭已涇之濁」，阮記輕改原文，復據此已改之文字再證「渭」當作「謂」，無乃草率荒謬之至乎？今所見各本鄭箋多作「渭」，敦煌殘卷斯五四一《毛詩傳箋·谷風》鄭箋亦作「渭」，斯一〇《毛詩傳箋·谷風》鄭箋作「故見濁」，無作「謂」字者，孔《疏》所見本亦作「渭」，所見定本作「其」，十行本所改之「其」字或本此，而《釋文》云：「故見渭濁，舊本如此，一本『渭』作『謂』，後人改耳」，陸氏明云「後人改耳」，是也，阮記僅憑此後改之「謂」以駁傳世之「渭」，無視版本，強和己意，豈可信據。

25. 頁十二右　故見渭濁

按：十行本、李本（元）、劉本（元）、閩本、明監本、毛本、巾箱本、監

圖本、纂圖本皆同，《釋文》亦同。阮記、盧記皆無說，不知為何於此加圈。

26. 頁十二右　　箋云毋者諭禁新昏也

按：「諭」，十行本、李本（元）、劉本（元）、閩本、明監本同，敦煌殘卷斯一○《毛詩傳箋・谷風》鄭箋亦同；毛本作「喻」，監圖本、纂圖本、岳本、五山本、日抄本同，斯五四一《毛詩傳箋・谷風》鄭箋亦同；巾箱本左旁闕去，作「俞」。阮記云：「小字本同，閩本、明監本同，相臺本『諭』作『喻』，毛本同，案：『喻』字是也，《正義》云：是喻禁新昏，無乃之我家也，上文又云：以興禁新昏，汝無之我家。喻即興也，『諭』字形近之譌耳，《考文》一本採此而改上文『喻』皆作『諭』，其餘亦二字不別，誤。」盧記同。敦煌殘卷兩種寫法皆有，可見本無對錯之分，實為別本之異，阮記誤也。

27. 頁十二左　　京兆陵陽

按：「陵陽」，十行本、李本（元）、劉本（元）、閩本、明監本、毛本同，《要義》所引亦同。阮記云：「案：浦鏜云『陽陵字誤倒』，考《漢志》是也。」盧記同。《正字》云：「《漢志》無京兆二字，案：陽陵屬馮翊，作『京兆』誤也，『陵陽』二字誤倒。」考《疏》云：「《禹貢》云：涇屬渭汭，注云：涇水、渭水發源皆幾二千里，然而涇小渭大，屬於渭而入於河，又引《地理志》云：涇水出今安定涇陽西幵頭山，東南至京兆陵陽，行千六百里入渭。」則所謂「京兆陵陽」，乃孔《疏》所引鄭玄《尚書・禹貢》注，其注所引之《地理志》也，清人何秋濤《禹貢鄭氏略例》云：「案：班《志》河東彘縣東有霍太山，此稱故彘縣，與班異者，考《續志》河東永安縣故彘，陽嘉三年更名，有霍太山，與鄭同，是鄭所稱《地理志》實東漢時書也。」（《續修四庫全書》第五十五冊影印《清經解續編》本，頁四三一）又云「案：鄭注《禹貢》所引《地理志》往往別有所據，不本班《志》」（《禹貢鄭氏略例》，頁四三三），「劉昭注《續漢志・序》云：推檢舊記，先有地理。是東漢別有《地理志》，鄭據當代之書，故不與班合」（《禹貢鄭氏略例》，頁四三三）。據此，則鄭注所引《地理志》非今傳世本班固《漢書・地理志》也，「京兆陵陽」或有所本，則浦鏜所疑、阮記所云，皆非也。

28. 頁十二左　　此以涇濁喻舊至以渭清喻新昏

按：「至」，十行本、李本（元）、劉本（元）、閩本、明監本同；毛本作

「室」，十行抄本同，《要義》所引同。阮記云：「閩本、明監本同，毛本『至』作『室』。案：『室』字是也，《六經正誤》引作『室』。」盧記同。考《疏》文此前屢言「舊室」，此處「舊室」與「新昏」正相對照，則作「舊室」無疑，《要義》所引是也。

29. **頁十二左　見渭濁言人見渭巳涇之濁**

按：兩「渭」，十行本、李本（元）、劉本（元）、閩本、明監本、毛本、十行抄本同。阮記云：「案：浦鏜云『謂並誤渭』，是也，《六經正誤》引作『謂』。」盧記同。《正字》、阮記皆因不解《疏》文而有此誤說，《疏》云：「涇水言以有渭，故人見謂巳濁，猶婦人言以有新昏，故君子見謂巳惡也。『見渭濁』，言人見渭巳涇之濁，由與清濁相入故也。」「見渭濁」，乃引鄭箋，箋文作「涇水以有渭，故見渭濁」，此《疏》先釋本詩經文「涇以渭濁」，涇水清澈，因渭水入之，故見渭水之濁也，復解箋義，以為箋曰「見渭濁」，乃云人見渭水已入涇水，而變涇之清水為涇之濁水也，其義如此，何誤之有？

30. **頁十三左　況我於君子家之事難易乎**

按：「家之」，十行本、李本（元）、劉本（元）、閩本、明監本、巾箱本、監圖本、纂圖本、岳本、五山本、日抄本同；毛本作「之家」。阮記云：「小字本、相臺本同，閩本同，明監本、毛本『家之』作『之家』，案：所改是也，《考文》古本作『家事之』，一本亦作『家之事』。」盧記同。日本內閣文庫藏明監本作「家之」，不作「之家」，《正字》云「『家之』二字，毛本誤倒」，則浦鏜所見監本亦不作「之家」，故謂毛本誤倒，則阮記所見明監本不知為何本？又，檢敦煌殘卷斯五四一《毛詩傳箋・谷風》鄭箋作「況我於君子之家難易乎」，斯一〇《毛詩傳箋・谷風》鄭箋作「況我君子受我家事無難易乎」，則別本眾多，傳世本箋文或亦為其中一種也，毛本誤改，阮記又誤以為是。

31. **頁十四右　注云舟謂集板如今自空大木為之**

按：「自」，十行本、李本（元）、劉本（元）、閩本、明監本、毛本皆同，《要義》所引亦同。阮記云：「案：『自』當作『舩』，《易》注本如此，故《正義》引以為說，今曰舩也，王應麟輯鄭《易》即采此，其誤亦同。」盧記同。此句為《疏》引鄭玄《周易》注，阮記云《易》注本當作「舩」，不知所據何本？王應麟所輯本作「自」，則其所見如此，《要義》所引亦同，而阮記竟謂之

同誤，毫無依據，實屬荒謬。

32. 頁十四左　賈用不售

按：「售」，十行本、李本（元）、劉本（元）、閩本、明監本、毛本、巾箱本、監圖本、纂圖本、岳本、五山本、日抄本、唐石經、白文本、敦煌殘卷斯一〇、斯五四一、斯七八九、伯二五五九皆同。阮記云：「小字本、相臺本同，唐石經『售』字磨改。案：錢大昕《唐石經考異》云：蓋本作『讎』，段玉裁云：『讎』正字，『售』俗字，《史記》、《漢書》尚多用讎，今考《釋文》『售，布救反』，是《釋文》本作售，石經磨改所從也。」盧記同。今存世眾本皆作「售」，又檢敦煌殘卷斯二七二九《毛詩音・鶴栢第三》大字標目「賈」後為「售」，則無有作「讎」者，所謂正字、俗字之說，頗疑段氏向壁虛造，實為無中生有也。

33. 頁十四左　阻難云*

按：「云」，李本（元）、劉本（元）同；十行本作「也」，閩本、明監本、毛本、巾箱本、監圖本、纂圖本、岳本、五山本、日抄本、敦煌殘卷斯一〇、斯五四一同。阮記云：「小字本同，相臺本『云』作『也』，閩本、明監本、毛本同，案：『也』字是也，已見《雄雉》《傳》，此與之同。」盧記無說。本詩經文云「既阻我德賈用不售」，《傳》文釋經，顯當作「阻，難也」，細辨宋刊十行本之「也」字，乃後描改者，本當為「云」字，讀此書者知此處不通，遂磨去「云」字改為「也」，而「云」字殘跡依稀可辨也，今傳世經注本及敦煌經注本皆無作「云」字者，此譌或十行本刊刻所致，遂為元刊明修本所承，李本、劉本、阮本皆作「云」可證，閩本刊刻時知此顯誤，遂改正之，故明監本、毛本等不誤，誤者惟宋元十行本也。

34. 頁十五左　又盡道我以勞苦之事

按：「道」，十行本、李本（元）同；劉本（嘉靖）作「遺」、閩本、明監本、毛本、十行抄本同。阮記無說，盧記補云：「『道』字，上箋文作『遺』，形近之譌也」。勞苦之事如何道我？揆諸文義，作「道」顯誤，盧記是也。

35. 頁十五左　以舊至比旨蓄

按：「至」，十行本、李本（元）、劉本（嘉靖）同；閩本作「室」、明監本、毛本、十行抄本同。阮記無說，盧記補云：「『至』，當作『室』，此與上

『以涇濁喻舊至』誤同。」考阮本孔《疏》云「上經與此互相見，以舊至比旨蓄，新昏以比新菜，此云『宴爾新昏』，則上宜云『得爾新菜』，上言『我有旨蓄』，此宜云『爾有舊室』，得新菜而棄旨蓄，猶得新昏而棄已。」其云「上言『我有旨蓄』，此宜云『爾有舊室』，明「旨蓄」與「舊室」相配也，則作「室」是也，盧記是也。

36. 頁十六右　故左傳曰齊以邾寄衛侯是也

按：「邾」，十行本、李本（元）、劉本（元）、閩本、明監本、毛本皆同，《要義》所引亦同。阮記無說，盧記補云：「案：《左傳》，『邾』當作『郲』。」檢《左傳》襄公十四年云「齊人以郲寄衛侯」，則當作「郲」，盧記是也。

37. 頁十六左　或作古北字

按：「北」，十行本、李本（元）、劉本（元）、閩本、明監本、毛本、巾箱本、監圖本、纂圖本皆同。阮記云：「通志堂本同，盧本『北』作『⺕』，案：《六經正誤》云：『丘或作古北字』，作『北』誤，是也。《集韻》十八『尤』載『北』、『㐀』、『丘』、『㐀』四形，可證盧文弨所改者誤。」盧記同。檢宋本《釋文》亦作「北」，諸本所引《釋文》皆作「北」，則作「北」是也。

38. 頁十七右　佐牧州牧之牧

按：「牧」，十行本、李本（元）、劉本（嘉靖）、閩本、巾箱本、監圖本、纂圖本同；明監本作「佐」，毛本同。阮記無說，盧記補云：「毛本作『州牧之佐』，案：『佐』字是也。」檢宋本《釋文》「佐牧，州牧之牧」，則以「州牧之牧」釋「佐牧」之「牧」，而非以「州牧之佐」釋「佐牧」之「佐」也。明監本似因望文生義，而誤改《釋文》，毛本承之，盧記是之，顯誤。

39. 頁十七右　宣公以魯桓二年卒

按：「魯桓二年」，十行本、李本（元）、劉本（嘉靖）、閩本、明監本、毛本同，《要義》所引亦同；十行抄本作「魯桓公二年」。阮記云：「案：『二』上，浦鏜云『脫十字』，是也。」盧記同。檢《左傳》，桓公十二年經文，冬十有一月，「丙戌，衛侯晉卒」，又《史記·衛康伯世家》：「（石碏）迎桓公弟晉於邢而立之，是為宣公」，則《疏》文當作「宣公以魯桓十二年卒」，浦說是也。

40. 頁十八右　是天子何異乎云夾輔之有也

按：「乎」，十行本、李本（元）、劉本（嘉靖）、閩本、明監本、毛本、十行抄本皆同。阮記云：「案：浦鏜云『乎當何字誤』，是也。」盧記同。傳世諸本無有作「何」者，又無文獻佐證，浦鏜之說，僅為猜測，此處「乎」字實應屬上，「云夾輔之有也」為句，而蘊轉折語氣，殿本正如此句讀，原文不誤也。

41. 頁十八右　則東西大伯

按：「大」，十行抄本同；十行本作「太」；李本（元）作「天」，劉本（嘉靖）同；閩本作「二」，明監本、毛本同。阮記無說，盧記云：「監本、毛本『大伯』作『二伯』，案：『二』字是也。」閩本已作「二」，盧記漏列，考《疏》云「周禮，上公九命作伯，則東西大伯，上公為之」，此與《大雅·旱麓》孔《疏》所云：「以王季為東西大伯，故以九命言之」，正相契合，孫記以為「大伯」不誤，是也，「大」即「太」也，「天伯」、「二伯」皆非，盧記誤也。

42. 頁十八左　如葛之蔓延相連及也

按：「蔓延」，十行本、李本（元）、劉本（嘉靖）、閩本、明監本、毛本、岳本、五山本同；巾箱本作「蔓莚」，纂圖本、日抄本同；監圖本作「蔓筵」。阮記云：「相臺本同，閩本、明監本、毛本亦同，小字本『延』作『莚』……是其本此延字，誤加『艸』也，此《正義》有三『延』字，皆不從艸，是《正義》本作『延』，『延』字是也。」盧記同。檢敦煌殘卷斯一〇《旄丘》鄭箋，正作「蔓延」，則作「延」似勝，「莚」、「筵」似皆為別本之異也。

43. 頁十八左　以當蔓延相及

按：「蔓延」，十行本、李本（元）、劉本（嘉靖）、閩本、明監本、毛本、十行抄本皆同。阮記云：「案：此當作『延蔓』，誤倒之耳，下文二『延蔓』可證。」盧記同。此句《疏》文乃據《傳》釋經，經文云「旄丘之葛兮，何誕之節兮」，《傳》云「諸侯以國相連屬，憂患相及，如葛之蔓延相連及也」，《疏》所謂「蔓延相及」正本《傳》文「蔓延相連及」，不知何誤之有？阮記實誤。

44. 頁十八左　令衛伯何為不使連屬救己*

按：「令」，十行本、李本（元）同；劉本（嘉靖）作「今」，閩本、明監本、毛本、十行抄本同。阮記、盧記皆無說。揆諸文義，作「今」是也，或因形近而譌作「令」也。

45. 頁十九左　讀作尨若而

按：「尨若而」，十行本、李本（元）、劉本（元）、閩本、明監本、毛本同；巾箱本作「尨茸」，監圖本、纂圖本同。阮記無說，盧記補云：「案：『尨若而』，當『尨茸』字之譌。」考阮本引《釋文》作：「蒙戎，亂貌。案：徐此音是依《左傳》，讀作尨若而。」盧記謂「尨若而」當作「尨茸」，然「尨茸」與「蒙戎」辭音相距太遠，檢宋本《釋文》作「尨茸」，與巾箱本等合，「尨茸」與「蒙戎」辭音相協，則作「尨茸」顯誤，盧記謬矣！

46. 頁二十左　襃本亦作衺

按：十行本、李本（元）、劉本（元）、閩本、明監本、毛本、監圖本、纂圖本同；巾箱本作「襃本亦作褎」。阮記云：「通志堂本、盧本同，案：『衺』字誤也，《六經正誤》云：『亦作褎』，中從『由』，或作『褎』，從𠄌從臼，誤，考《群經音辨》衣部云：褎，盛服也，《集韻》四十九宥，載『褎』、『褎』二形，云『或從由』，皆可證也，『褎』壞作『襃』，又誤改作『衺』，非此之用。」盧記補云：「案：《釋文校勘記》『衺』當作『褎』，《六經正誤》云：『亦作衺』，中從『由』，或作『褎』，從𠄌從臼，誤，《群經音辨》衣部云：褎，盛服也，《集韻》四十九宥，載『褎』、『褎』二形，云『或從由』，皆可證也。」《正字》云：「案：毛氏居正云：『褎』如字，亦作『褎』，中從由，『衺』當『褎』誤，衺，薄侯切。」阮記本此。檢《釋文》亦作「襃本亦作衺」，則作「衺」由來已久，阮記可備一說，又盧記引《六經正誤》「亦作衺」，既「中從由」，自當作「褎」，阮記正作「褎」，盧記作「衺」，顯誤。

卷二之三

1. 頁一右　仕於伶官

按：「伶」，十行本、李本（元）、劉本（元）、閩本、明監本、毛本、監圖本、纂圖本、五山本、日抄本、白文本同；巾箱本作「泠」，岳本、唐石經同。阮記云：「小字本同，閩本、明監本、毛本同，唐石經『伶』作『泠』，相臺本同。案：《釋文》云：泠官，音零，字從水，樂官也，字亦作伶。《正義》標起止云『箋伶官至伶官』，其上下文『伶』字盡同，此箋言泠氏世掌樂官，《正義》引伶倫氏、伶州鳩以為說，考《左》昭二十年泠州鳩，《釋文》云：泠字亦作伶，《漢書·志》泠綸及《人表》泠淪，又《呂覽》同，皆用從水字，《廣

韻》泠又姓。此《序》及箋當本作『泠』，其作『伶』者，俗字耳。《正義》亦當本是『泠』字，或後人改之也。《五經文字》云：泠，樂官，或作伶，訛。亦其證。」盧記同。今檢敦煌殘卷斯一〇《毛詩傳箋・蕳兮》、斯七八九《毛詩詁訓傳・蕳兮》、伯二五二九《毛詩詁訓傳・蕳兮》皆作「伶」，《釋文》謂「字亦作『伶』」，則非必以「泠」字為是也，阮記所云，實不可信。

2. 頁一左　伶人告縣

按：「縣」，十行本、李本（元）、劉本（元）、閩本、明監本、毛本同。阮記云：「案：浦鏜云『和誤縣』，考《國語》，是也。」盧記同。考諸注疏本皆作「縣」，「告縣」不辭，然「和」如何能錯成「縣」？檢宋元遞修本《國語・周語下》：「王弗聽，問之伶州鳩，對曰：臣之守官弗及也……夫政象樂，樂從龢，龢從平……聲應相保曰龢……聽之不龢，比之不度，無益於教，而離民怒神，非臣之所聞也。王不聽，卒鑄大鐘。二十四年鐘成，伶人告龢。」（北京圖書館出版社二〇〇六年影印國家圖書館藏本）「龢」與「縣」字畫相近，故有相譌之因。考《正字》云「伶人告龢，『龢』誤『縣』」，則阮記省「龢」作「和」，遂致義不可曉，疏矣。

3. 頁二右　萬舞干羽也

按：「羽」，十行本、李本（元）、劉本（元）、閩本、明監本、毛本同；巾箱本作「舞者」，監圖本同；纂圖本作「舞」，岳本、五山本、日抄本同。阮記云：「閩本、明監本、毛本同。小字本、相臺本『羽』作『舞』，《考文》古本同。案：『羽』字誤也。以『干羽』為『萬舞』，是毛義。『萬舞』為『干舞』，『籥舞』為『羽舞』，鄭所易也，《正義》有明文。又標起止云『箋簡擇至干舞』亦可證。不知者乃順上《傳》改此箋耳。」盧記同。檢敦煌殘卷斯一〇《毛詩傳箋・蕳兮》鄭箋作「干舞」，巾箱本、監圖本似衍「者」字，浦鏜《正字》以為「干羽」當作「干舞」，是也。

4. 頁三右　則謂一日之中*

按：「則謂」，十行本、李本（元）、劉本（元）、十行抄本同；閩本作「則樂謂」，明監本、毛本同；《要義》所引作「則為」。阮記云：「明監本、毛本『則』下衍『樂』字，閩本剜入。」盧記無說。考此句《疏》文，《要義》所引作「《傳》言『日中為期』，則為一日之中，非春秋日夜中也，若春秋，不當

言為期也」，乃釋毛《傳》「日中為期」之義，意謂此「日中」當是「一日之中」，而非春秋二季日、夜各半之義，若指春秋二季，則泛泛而言，時無確指，不應當言「為期」。文氣無礙，其旨甚明，若從傳世各注疏本，則義不可曉，故《要義》所引是也。阮記謂閩本等衍「樂」是也，《正字》云：「『樂』，當『中』字誤」，非也，而阮本於「中」字旁畫圈，不知是否因誤解浦說而誤加，所附盧記又無說，令人費解。

5. 頁三左　則亦為大德也*

按：「則」，十行本、李本（元）、劉本（元）、閩本同；明監本作「當」，毛本同。阮記云：「明監本、毛本『則』誤『當』，閩本不誤。」盧記無說。明監本改「則」為「當」不知何據，揆諸文義，作「則」似勝。此例，阮本不誤，而於「則」旁加圈，不知何義，且後附盧記又無說，令人難以理解。

6. 頁三左　渥厚漬也

按：「漬」，十行本、李本（元）、劉本（元）、閩本、明監本、毛本、監圖本、纂圖本、岳本、五山本、日抄本同；巾箱本作「潰」。阮記云：「小字本、相臺本同，案：此《正義》本也，云『定本渥厚也無漬字』，考《釋文》『渥』下云『厚也』，亦無『漬』字，故下不為『漬』字作音，《釋文》本與定本同也。」盧記同。巾箱本作「潰」，顯為「漬」字之譌，此外，諸本皆有「漬」字，《讀詩記》卷四《簡兮》引毛氏曰，亦作「渥，厚漬也」，孔《疏》所謂定本，即無「漬」字者，乃別本也，阮本於此「漬」旁加圈，豈謂此「漬」字有誤？顯非。

7. 頁六右　我無日不思也*

按：十行本、李本（元）、劉本（元）、閩本、明監本、毛本同；《考文》古本作「我無一日不思也」；巾箱本作「無一日不思也」，監圖本、五山本同；敦煌殘卷斯一〇《毛詩傳箋・泉水》鄭箋作「無一日不思」；纂圖本作「無日不思也」，岳本、日抄本同。阮記引文作「無日不思也」，云：「小字本、相臺本同，閩本、明監本、毛本『無』上衍『我』字，十行本初刻無，後剜添，考《正義》云『故我有所至念於衛，無一日而不思念之也』，是箋本無『我』字，剜添者非也。」盧記同。阮本作「我無日不思也」，與閩本、明監本、毛本同，而與阮記所作「無日不思」者異，阮記所引與纂圖本、日抄本同，盧記照抄

阮記，罔顧前文之異，遂致前後矛盾，疏失太甚也！此處鄭箋，各本文字多異，阮記僅據孔《疏》敘述之文，妄加猜測，武斷甚矣！今檢宋刊十行本已作「我無日不思也」，諸注疏本沿襲之，豈可輕謂其誤？

8. 頁七右　然則輮山行道之名也

按：「道」，十行本、李本（正德）、劉本（正德）、閩本、明監本、毛本皆同。阮記云：「案：浦鏜云『道衍字』，以《聘禮》注考之，是也。」盧記同。孔《疏》所見《聘禮》鄭注，或為別本，浦鏜謂「道」字為衍文，阮記是之，皆屬武斷也。

9. 頁七右　士喪禮有毀總躐行

按：「士」，十行本、李本（正德）、劉本（正德）、閩本、明監本、毛本皆同。阮記云：「案：浦鏜云『士衍字』，以《聘禮》記注考之，是也。」盧記同。孔《疏》所見《聘禮》鄭注，或為別本，浦鏜謂「士」字為衍文，阮記是之，皆屬武斷也。

10. 頁九右　北門刺仕不得志也

按：「仕」，十行本、李本（元）、劉本（嘉靖）、閩本、明監本、毛本、巾箱本、監圖本、纂圖本、岳本、五山本、日抄本、唐石經、白文本皆同。阮記云：「唐石經、小字本、相臺本同，案：《正義》云『不知士有才能』，又云『言士者有德行之稱其仕為官尊卑不明也』，是《正義》本『仕』當作『士』字。」盧記同。《正字》云「『仕』，案《疏》當作『士』」，乃阮記所本。今傳世諸本皆作「仕」，檢敦煌殘卷斯一〇、斯七八九、伯二五二九《北門·序》皆作「仕」，則所謂據《疏》當作「士」，純屬猜測，毫無依據。《序》云「刺仕不得志」，乃謂刺士人仕而不得志也，即《疏》所謂「其仕為官，尊卑不明也」，《疏》文「仕為官」正解《序》之「仕」字，「尊卑不明」乃釋「不得志」也，不知浦鏜如何據孔《疏》判定《序》當作「士」字？若作「刺士不得志」，所刺者為何？刺士乎？士人何刺之有？《疏》云「衛君之闇，不知士有才能，不與厚祿，使之困苦，不得其志，故刺之也」，則所刺者，衛君也，因其闇闇而使士人仕而不得志也，與「士」何涉？浦說、阮記皆誤也。

11. 頁九右　出自至何出哉

按：「出」，十行本、李本（元）、劉本（嘉靖）、閩本、毛本同；明監本

無，十行抄本同。阮記無說，盧記補云：「案經文，『出哉』，『出』字衍。」此《疏》文標起止，《疏》文標起止例取前後數字，而以前二後二居多，本詩經文云「出自北門，憂心殷殷，終窶且貧，莫知我艱，已焉哉，天實為之，謂之何哉」，則當作「出自至何哉」，明監本、十行抄本正作「何哉」，盧記是也。

12. 頁十左　故以為摧為刺譏己也

按：「為摧」，十行本、李本（元）、劉本（嘉靖）、閩本、明監本、毛本、十行抄本同。阮記云：「案：浦鏜云『為摧當摧我誤』，是也。」盧記同。此句《疏》文乃釋箋，箋云「摧者，刺譏之言」，《疏》云「故以為」，乃謂所以鄭玄認為，又云「摧為刺譏己也」，乃引箋文而述之，「摧為」即「摧者」，文義曉暢，浦鏜所云，毫無依據，阮記是之，亦誤。

13. 頁十一右　虛虛也

按：十行本、李本（元）、劉本（嘉靖）、閩本、明監本、毛本、巾箱本、監圖本、纂圖本、岳本、日抄本同；五山本作「虛虛徐也」。阮記云：「小字本、相臺本同。案：此《釋文》本也。《釋文》云『虛，虛也，一本作虛徐也』，《正義》云『但《傳》質，詁訓疊經文耳，非訓虛為徐』，是《正義》本當是『虛徐也』，與《釋文》一本同。標起止云『傳虛虛』，或合併經注、《正義》時所改也。段玉裁云：經文作『邪』，鄭始易為『徐』，毛意『虛邪』如《管子》之『志無虛邪』耳，『虛虛也』者謂此丘虛字即空虛字也，《正義》本非。○按：古之訓詁，有此一例，如《易‧大傳》比者比也、剝者剝也、蒙者蒙也，《說文》亦云：已者已也，經傳不可枚數，或疑毛《傳》內無此，因舉『要之襋之』，《傳》曰『要，禩也』，毛公時安得有『禩』字，『禩』本作『要』，謂此『要』非人要領之要，乃衣裳之要也，正與此『虛虛也』一例，古者『虛』本訓丘虛，因之訓空虛，嫌其義之不可定也，故釋之曰，此丘虛字，其義則空虛也，如《易》『蒙者蒙也』，謂此蒙帥明之字，其義則訓蒙覆也。」盧記同。考《疏》云「《釋訓》云：『其虛其徐，威儀容止也』，孫炎曰：『虛徐，威儀謙退也』，然則虛徐者，謙虛閑徐之義。故箋云：威儀虛徐，寬仁者也。但《傳》質，詁訓疊經文耳，非訓『虛』為『徐』，此作『其邪』，《爾雅》作『其徐』，字雖異，音實同，故箋云『邪讀如徐』。」此段文字，透露出若干信息，請試析之，今傳世本本詩經文作「其虛其邪」，據孔氏推測毛公所見當作「其虛其徐」，此與《爾雅》合，故毛《傳》拈出經文「虛」、「徐」二字，以「徐」釋

「虛」，此即孔氏所謂「詁訓疊經文耳」，而鄭玄所據本則作「其虛其邪」，而鄭氏似亦見到另本作「其虛其徐」者，故箋云「邪，讀如徐」，以聲同證義同，此即孔氏所謂「字雖異，音實同」。故孔氏所見毛《傳》當作「虛徐也」，浦鏜《正字》云「案：《疏》是本作『虛徐也』」，檢敦煌殘卷斯一〇《毛詩傳箋·北風》毛《傳》正作「虛徐也」，《釋文》一本亦作「虛徐也」，《考文》古本則作「虛虛徐也」與五山本同，阮記引段玉裁說以為《正義》本非，顯然太過武斷，絕不可信。

　　14. 頁十一左　　而雪害物不言可知*

　　按：「而」，十行本、李本（元）、劉本（嘉靖）、閩本同；明監本作「雨」，毛本同。阮記云：「明監本、毛本『而』誤『雨』，閩本不誤。」盧記無說。阮記明謂明監本、毛本誤，言外之意，其底本不誤，阮本重刊此本，於「而」旁加圈，與誤字加圈之體例相悖，不知何義，且盧記又無說，令人費解。

　　15. 頁十一左　　承惠好之下*

　　按：「承」，十行本、李本（元）、劉本（嘉靖）同；閩本作「亟」，明監本、毛本同。阮記云：「閩本、明監本、毛本『承』誤『亟』。」盧記無說。《疏》文云「以經『攜手』之文承惠好之下」，揆諸文義，作「亟」顯誤，或因與「承」字形近而譌，《正字》云「『亟』，當『繼』或『在』字之誤」，非也。阮記明謂閩本、明監本、毛本誤，言外之意，其底本不誤，阮本重刊此本，於「承」旁加圈，與誤字加圈之體例相悖，不知何義，且盧記又無說，令人費解。

　　16. 頁十三左　　定本集注云女吏皆作女史

　　按：「云」，十行本、李本（元）、劉本（嘉靖）、閩本、明監本、毛本同。阮記云：「案：此『云』字當衍。」盧記同。考此句《疏》文乃記《傳》文異字，其所據本作「女吏」，而定本、集注則作「女史」，揆諸文義，「云」字確為衍文。孫記以為「女吏皆作女史」當作「女史皆作女吏」，《正義》所見本作「女史」，純屬猜測，毫無依據，不可信從。

　　17. 頁十四右　　非為羨徒說美色而已*

　　按：「羨」，李本（元）、劉本（元）同；十行本作「其」，閩本、明監本、毛本、巾箱本、監圖本、纂圖本、岳本、五山本、日抄本同。阮記云：「小字

本、相臺本『菶』作『其』，閩本、明監本、毛本亦同，案：其者，其，經『女』字也，唯十行本作『菶』，是誤字。」盧記同。揆諸文義，作「菶」顯誤，今檢十行本作「其」不誤，而阮記謂「十行本作『菶』是誤字」，則其所見十行本顯非宋刊本，又元刻明修之李本、劉本與阮本獨同，可見阮記所見之十行本與元刊明修本關係極為緊密，應即為元刊明修本之一種也。

18. 頁十四左　孔安國云之高曰臺

　　按：「之」，十行本、李本（元）、劉本（元）、閩本同；明監本作「上」、毛本同；巾箱本作「土」，監圖本、纂圖本同。阮記無說，盧記補云：「毛本『之』作『上』，非也。當是『土』字之訛。」此乃《釋文》引孔安國之說以釋「臺」，檢《釋文》作「孔安國曰土高曰臺」，則當作「土」，《正字》云「『土』，誤『上』」，是也，盧記當本浦鏜之說也。

卷　三

卷三之一

1. 頁三右　正義曰此注刺君

按：「注」，十行本、元十行本、劉本（嘉靖）同；閩本作「註」，明監本、毛本同；李本（元）漫漶；《要義》所引作「主」。阮記云：「閩本、明監本、毛本『注』作『註』，案：皆誤也，浦鏜云『註當主字誤』，是也。」盧記同。考此段《疏》文乃釋本詩《小序》也，《序》云：「衛人刺其上也，公子頑通乎君母，國人疾之而不可道也」，《疏》旨意謂本詩主刺君，故《序》云「君母」，即《疏》所謂「故以宣姜繫於君」也，若作「注」，則文辭范昧，義不可曉，此「注」究何所指？且《疏》下文又云「《鶉之奔奔》則主刺宣姜與頑」，以下況上，揆諸文義，則必作「此主」，《要義》所引是也，浦說是也。

2. 頁三左　茨蒺藜也

按：「藜」，十行本、元十行本、李本（元）、劉本（嘉靖）、閩本、明監本、毛本、巾箱本同；監圖本作「蔾」，纂圖本、岳本、五山本、日抄本同。阮記云：「小字本同，閩本、明監本、毛本同，相臺本『藜』作『蔾』，案：『蔾』字是也，《釋文》：蔾音梨，《正義》『今上有蒺蔾之草』，皆可證。」盧記同。檢敦煌殘卷斯二七二九《毛詩音·鄘柏第四》，正作「蒺藜」，則作「藜」不誤，作「蔾」者，乃別本也，豈可必以之為是？阮記絕不可從。

3. 頁五右　有子若是何謂不善乎

按：「何」，十行本、元十行本、李本（元）、劉本（嘉靖）、閩本、明監本、毛本、監圖本、纂圖本同；巾箱本作「可」，岳本、五山本、日抄本同。阮記云：「閩本、明監本、毛本同，小字本、相臺本『何』作『可』，案：『可』字是也，《正義》云『可謂不善云如之何乎』，又云『可謂不善言其善也』，是其證。」盧記同。《正字》云「『可』，誤『何』，從《疏》校」，乃阮記所本，揆諸文義，浦說是也。

4. 頁五左　言珈者以玉珈於笄為飾

按：「珈」，十行本、元十行本、李本（元）、劉本（嘉靖）、閩本、明監本、毛本同，《要義》所引亦同。阮記云：「案：『珈』當作『加』，下云珈之以言加者，是也。」盧記同。本詩經文云「君子偕老，副笄六珈」，箋云「珈之言加也」，珈既作加解，不知其誤在何處，諸本皆作「珈」，《要義》所引亦然，可見此字不誤，阮記誤也。

5. 頁五左　李巡曰寬容之美也

按：「寬容」，十行本、元十行本、李本（元）、劉本（嘉靖）、閩本、明監本、毛本同。阮記云：「案：浦鏜云『皆誤寬』，是也，《爾雅疏》即取此，正作『皆』。」盧記同。考本段孔《疏》云：「《釋訓》云：委委佗佗美也，李巡曰：寬容之美也，孫炎曰：委委行之美，佗佗長之美，郭璞曰：皆佳麗美艷之貌。《傳》意陳善以駮宣姜，則以為內實有德，其言行可委曲，德平易，李巡與孫炎略同。」若如浦鏜之說作「容之美」，則李巡與郭璞略同，非與孫炎略同也，所謂「寬容」，寬厚有德，乃見於容也，檢單疏本《爾雅疏》卷四《釋訓》：「委委佗佗美也，釋曰：李巡曰：皆寬容之美也」，又元刊明修本《爾雅注疏》卷三《釋訓》：「李巡曰：寬容之美也」，可證確作「寬容之美」，《正字》、阮記皆誤也。

6. 頁六右　玼兮玼兮

按：「玼」，十行本、元十行本、李本（元）、劉本（元）、閩本、明監本、毛本、監圖本、纂圖本、岳本、五山本、日抄本、唐石經、白文本同；巾箱本作「玭」。阮記云：「唐石經、小字本、相臺本同，案：《釋文》云『玼音此』，引沈云『毛及呂忱並作「玼」解，王肅云「顏色衣服鮮明貌」，本或作「瑳」，此是後文「瑳兮」，王肅注「好美衣服絜白之貌」，若與此同，不容重出』，今

『檢王肅本，後不釋，不如沈所言也，然舊本皆前作「玼」，後作「瑳」字』。段玉裁云：玼一作瑳，後人乃分別二章、三章，今考陸氏之意，不以沈為然，但舊本皆爾，故不定為一字，《正義》本標起止『玼兮至如帝』，後章『瑳兮至媛也』，與《釋文》本同。《周禮·內司服》《釋文》云：玼音此，劉倉我反，本亦作『瑳』，與下『瑳』字，同倉我反。此玼、瑳一字之證。」盧記同。今檢敦煌殘卷斯七八九《君子偕老》作「玼」，伯二五二九作「瑳」，則其時確乎二本並行，無庸強分是非，阮記於此並未指明當作何字，則「玼」非誤字，不應於此加圈也。

7. 頁六左　揚且之皙也

按：「皙」，十行本、元十行本、李本（元）、劉本（元）、閩本、明監本、毛本、巾箱本、監圖本、纂圖本、岳本、日抄本、唐石經、白文本同；五山本作「晳」。阮記云：「小字本同，閩本同，明監本、毛本『晳』誤『皙』。」盧記同。今檢注疏諸本皆作「皙」，不知阮記所據明監本、毛本為何本。

8. 頁七右　由其瑱實如天

　　　　　今夫人何故淫亂而不瑱實不審諦

頁七左　然元命包云天之言瑱則此蓋亦為瑱取其瑱實也*

按：諸「瑱」，十行本、元十行本、李本（元）、劉本（嘉靖）、閩本、明監本、毛本、十行抄本皆同。阮記於上兩條皆無說，引「取其瑱實也」，云：「閩本、明監本、毛本『瑱』誤『瑱』，案：『瑱』字是也，依此，上二『瑱實』及『言瑱』、『為瑱』，凡四字，皆『瑱』之誤。」盧記下二條無說，引「由其瑱實如天」，云：「閩本、明監本、毛本『瑱』誤『瑱』，案：『瑱』字是也，依此，下『瑱實』及『言瑱』、『為瑱』，凡四字，並同」。阮本正文明為「由其瑱實如天」，而盧記卻引作「由其填實如天」，前後顯相矛盾，究其緣由，或因盧記徑取阮記，稍加改寫，遂不復與阮本前文細加核對，故致齟齬。諸本皆作「瑱實」，阮記卻云當作「填實」，不知何據，《正字》云「鎮」誤「瑱」，下『言鎮』、『為鎮』、『鎮實』並同」，浦鏜謂當作「鎮實」，又不知何據，皆為猜測之說，不可信據。

9. 頁七左　以類根配與傳同也

按：「根」，元十行本、李本（元）、劉本（嘉靖）同；十行本作「相」，閩

本、明監本、毛本、十行抄本同。阮記云:「閩本、明監本、毛本『根』作『相』,案:所改是也。」盧記同。「相配」為辭,「根配」不知何義,顯誤,宋刊十行本不誤,自元刊十行本始誤,而為元刊明修之李本、劉本所承,且阮本亦誤,可見四本之相近關係。阮記以為閩本等改作「相」,十行本原文如此,閩本或別有所承也。

10. 頁八右　以為媛助也

按:「媛」,十行本、元十行本、李本(元)、劉本(嘉靖)、閩本、明監本、毛本、巾箱本、纂圖本、五山本、日抄本同;監圖本作「援」,岳本同。阮記云:「小字本同,閩本、明監本、毛本同,相臺本『媛』作『援』,《考文》古本同。案:『援』字是也。《正義》引《爾雅》孫炎注云『君子之援助然』,是其證也。以『援』解『媛』,所謂詁訓之法,亦見《說文》『媛』字下。」盧記同。考《疏》文引箋語作「邦人所依倚以為援助」,可證當作「援」,阮記不直據《正義》引文而牽連旁涉,殊失精審之旨也。

11. 頁八左　褖者實褖衣也

按:「褖者」,十行本、元十行本、李本(元)、劉本(嘉靖)、閩本、明監本、毛本同,《要義》所引同。阮記云:「案:『褖者』當作『綠衣者』,見《綠衣·序》下《正義》,今《周禮》注作『褖』,亦誤字。」盧記同。《正字》云「『綠』誤『褖』,下脫『衣』字」,乃阮記所本。考此句《疏》文乃引《周禮·內司服》鄭注,《內司服》云:「掌王后之六服:褘衣、揄狄、闕狄、鞠衣、展衣、綠衣」,故鄭玄釋之云:「綠衣者,實作褖衣也」,作「綠」不作「綠」。此處孔《疏》引《內司服》云:「掌王后之六服:褘衣、揄翟、闕翟、鞠衣、展衣、褖衣」,則下文引鄭注,若作「綠衣者實褖衣」,此「綠衣者」顯然唐突,無著落也,若此處改為「綠衣者」,上文所引《內司服》之「褖衣」亦當一併改為「綠衣」,豈必然耶?或孔穎達所見本即如此,浦說、阮記,皆不可信從。

12. 頁九右　因名眉目曰揚

按:「目」,十行本、元十行本、李本(元)、劉本(嘉靖)、閩本、明監本、毛本、十行抄本皆同,《要義》所引亦同。阮記云:「案:浦鏜云『目疑衍字』,是也。」盧記同。浦鏜並無文獻依據,純屬推測,《要義》所引既同,則

原文似不誤。

13. 頁九右　　既名眉為揚目為清明

按：「明」，十行本、元十行本、李本（元）、劉本（嘉靖）、閩本、明監本、毛本、十行抄本皆同，《要義》所引亦同。阮記云：「案：浦鏜云『明疑衍字』，是也。」盧記同。浦鏜並無文獻依據，純屬推測，《要義》所引既同，則原文似不誤。

14. 頁九右　　此及猗嗟傳云揚廣

按：「廣」，十行本、元十行本、李本（元）、劉本（嘉靖）、閩本、明監本、毛本、十行抄本皆同。阮記云：「案：『廣』下，浦鏜云『脫揚字』，是也。」盧記同。檢彼《猗嗟》《傳》：「揚，廣揚」，則浦說是也。

15. 頁九左　　因顏色依為美女

按：「依為美女」，明監本、毛本同；十行本作「依為姜女」，元十行本、李本（元）、劉本（嘉靖）、閩本同。阮記云：「閩本、明監本、毛本同。案：『依』當作『已』，此說箋意，謂即使不言媛，而顏色已為美女，故媛當為援助也。」盧記同。《正字》云：「『依』下當脫『倚』字。」阮記云閩本作「依為美女」顯誤，浦鏜云「依」下闕「倚」字，阮記云「依」當作「已」，均乏確鑿之證。考十行本《疏》文云「因顏色依為姜女，故知邦人依之為援助」，乃解箋文「媛者，邦人所依倚，以為援助」，《疏》謂所依之人是為姜女，乃因其顏色之故，此即釋箋語「媛者」也，《傳》云「美女為媛」，故《疏》言及顏色也，因有美女之顏色故所依者為姜女，姜女即宣姜也，前《疏》云「鄭以言宣姜服飾容貌如是，故一邦之人依倚以為援助」，正可與此處前後相應，宋元十行本等皆不誤，浦鏜、阮記皆因昧於經義，而有此誤說也。

16. 頁九左　　作桑中詩者刺男女淫怨而相奔也

按：「怨」，十行本、元十行本、李本（元）、劉本（嘉靖）、閩本、明監本、毛本同；十行抄本作「忿」。阮記云：「案：浦鏜云『亂誤怨』，是也。」盧記同。淫怨，如何相奔，考本詩《序》云：「刺奔也，衛之公室淫亂，男女相奔」，則浦鏜所云或是，然十行抄本作「忿」，文義亦通也。

17. 頁十右　　期我於桑中

按：十行本、元十行本、李本（元）、劉本（嘉靖）、閩本、明監本、毛本皆同。阮記云：「案：十行本『期我於』，剜添者一字，是『我』字衍也，此但說期，不取我字。」盧記同。古書版刻，剜添者夥矣，豈皆為衍文？阮記之說，純屬猜測，不可信從。

18. **頁十右　由公惑淫亂**

按：「惑」，十行本、元十行本、李本（元）、劉本（嘉靖）、閩本、明監本、毛本、十行抄本皆同。阮記云：「案：浦鏜云『室誤惑』，是也。」盧記同。《疏》云「此惠公之時，兼云宣公者，以其言由公惑淫亂至於政散民流，則由化者遠矣」，此《疏》乃釋《序》箋「衛之公室淫亂，謂宣、惠之世」，而「以其言」之「其」則指本詩小《序》，《序》云「衛之公室淫亂，男女相奔，至於世族在位，相竊妻妾，期於幽遠，政散民流，而不可止」，因《序》有此言，可知「由公室淫亂至於政散民流」，化非一日，由來已久，故箋兼二公言之也。《疏》文大義如此，其「公室淫亂」正本《序》文之「公室淫亂」，浦說是也。

19. **頁十三右　建成市經無其事**

按：「成」，十行本、李本（元）同；元十行本作「城」，劉本（嘉靖）、閩本、明監本、毛本同。阮記無說，盧記補云：「案：『成』當作『城』。」考本詩《序》有云「文公徙居楚丘，始建城市而營宮室」，此句《疏》文乃謂《序》中所言「建城市」，在本詩經文中並無其事，又前《疏》明云「始建城，使民得安處」，則此處之「成」字必為「城」字之譌，當從元十行本，盧記是也。

20. **頁十三右　故直云城衛**

按：「城」，十行本、元十行本、李本（元）、劉本（嘉靖）、閩本、明監本同；毛本作「滅」，《要義》所引亦同。阮記無說，盧記補云：「案：『城』當作『滅』，即《序》『衛為狄所滅』也，形近之譌。」考《疏》云：「此《序》摠說衛事，故直云城衛，不必斥懿公，《載馳》見懿公死而戴公立，夫人之唁，戴公時，故言懿公為狄所滅。」「城衛」與懿公為狄人所滅有何關係，《疏》文前後句義矛盾，難以理解，而《序》云：「衛為狄所滅」，《疏》文所謂「直云」正謂此句《序》文，「直云滅衛」者，《疏》文意謂本詩《序》云滅衛而不及懿公，與《載馳》相異也，文義曉暢，前後相應，則作「滅」是也，《要義》所引亦可為證。盧氏補記多舉毛本為說，頗疑此校亦因見毛本作「滅」而發，

毛本改之是也，盧記是也。

21. 頁十三左　　民猶謂其處為滎澤其在縣東

按：「其在」，十行本、元十行本、李本（元）、劉本（嘉靖）、閩本、明監本、毛本同；《要義》所引作「在其」。阮記云：「案：浦鏜云『在其誤倒』，是也。」盧記同。此孔《疏》引《尚書·禹貢》鄭玄注，檢《四部叢刊》三編所收單疏本《尚書正義》引鄭云正作「在其」，則《要義》所引是也，浦說是也。

22. 頁十三左　　宋桓公逆諸河霄濟

按：「霄」，十行本、元十行本、李本（元）、劉本（嘉靖）、閩本、明監本、毛本同；《要義》所引作「宵」。阮記云：「案：浦鏜云『宵誤霄』，是也。考《沿革例》載杜昭二十年注霄從公故，字與此同，皆形近之譌。」盧記同。揆諸文義，顯當作「宵」，《要義》所引不誤，諸本皆誤，浦說是也。

23. 頁十四左　　其體與東壁連

按：「壁」，十行本、元十行本、李本（元）、劉本（嘉靖）、明監本、岳本同，《要義》所引亦同；閩本作「璧」、毛本同；巾箱本作「辟」，監圖本、纂圖本、五山本、日抄本同。阮記云：「相臺本同，小字本『壁』作『辟』，閩本、明監本、毛本『壁』誤『璧』。案：『辟』字是也，《釋文》『辟音壁』，《正義》云：由其體與東壁相成，『辟』、『壁』古今字，易而說之也，例如此耳，非《正義》本作『壁』也，考『壁』字古作『辟』，《左傳》『辟司徒』，是其證，《爾雅·釋文》云：辟本又作壁，此星有人居之角象，宜為壁。其說非也，《考文》古本作『壁』，采《正義》而誤，閩本以下，《正義》中『壁』皆誤『璧』。○按：《周禮》注，辟宿，字亦作辟，古多用辟。」盧記同。細審阮記所云，並未提出實據以證「壁」必為「辟」字之譌，今宋十行本、宋刊《要義》皆作「壁」，則注疏本系統當作「壁」，經注本系統作「辟」，用字不同，並行不悖，實例夥矣，不煩枚舉，阮記不可信從。又今檢明監本作「壁」，不作「璧」，阮記謂之與閩本、毛本同，或見《正字》云「『壁』，誤從『玉』，下同」，遂想當然爾，然《正字》所據之底本為明監本、毛本，行文所及，除明確說明外，或指監本、或指毛本，此處所云誤者，當指毛本，而非監本也，阮記誤信浦鏜而不檢核原書，疏漏甚矣。

24. 頁十四左　而作楚丘之居室

按：十行本、元十行本、李本（元）、劉本（嘉靖）、閩本、明監本、毛本、十行抄本皆同。阮記云：「案：『作』下脫『為』字，上文可證。」盧記同。考上《疏》云「以此時而作為楚丘之宮廟」，據此，不知何以證明下文必作「而作為楚丘之居室」，阮記求之過深，反失之鑿。

25. 頁十五右　疑在今東郡界今

按：「今」，十行本、元十行本、李本（元）、劉本（嘉靖）、十行抄本同；閩本作「中」，明監本、毛本同，《要義》所引同。阮記云：「閩本、明監本、毛本下『今』字作『中』。案：所改是也。」盧記同。《考文·補遺》古本亦同，然「在今東郡界今」不辭，揆諸文義，作「中」是也，《要義》所引亦可為證。阮本謂閩本等所改，據《要義》所引可知，宋本已如此，阮記誤也。

26. 頁十五右　北言定星昏中

按：「北」，李本（元）、劉本（嘉靖）、十行抄本同；十行本作「此」，元十行本、閩本、明監本、毛本同，《要義》所引同。阮記無說，盧記補云：「案：『北』當作『此』，形近之譌。」揆諸文義，顯當作「此」，細審十行本、元十行本之「此」字，似經後人描改，其本字當為「北」，則宋元刊十行本，皆誤為「北」也。

27. 頁十六左　卜云其吉終然允臧

按：「然」，十行本、元十行本、李本（元）、劉本（嘉靖）、閩本、巾箱本、監圖本、纂圖本、岳本、五山本、日抄本、唐石經同；明監本作「焉」，毛本、白文本同。阮記云：「唐石經、小字本、相臺本同，《考文》古本同，閩本同，明監本、毛本『然』誤『焉』，案：《正義》云『終然信善』，又云『何害終然允臧也』，皆可證。明監本、毛本，《正義》中，下『然』字亦誤『焉』。」盧記同。今檢敦煌殘卷斯七八九《定之方中》、伯二五二九《定之方中》皆作「然」，《讀詩記》卷五《定之方中》引經文亦作「然」，諸本大抵皆同，而宋刊白文本作「焉」，或為別本，明監本改作「焉」，或亦有所據。阮記既謂明監本、毛本誤改，則視底本不誤，不知阮本為何於此「然」字旁加圈，顯與其圈字體例相悖也。

28. 頁十六左　可謂有德音可以為大夫

按：十行本、元十行本、李本（元）、劉本（嘉靖）、閩本、明監本、毛本、巾箱本、監圖本、纂圖本、岳本、五山本、日抄本皆同。阮記云：「小字本、相臺本同，案：此定本、集注也，《正義》云：君子由能此上九者，故可為九德，乃可以列為大夫，定本、集注皆云『可謂有德音』，與俗本不同。依此，則《正義》本不如此也，但未有明文，今無可考，意必求之，或當是『可為九德』。」盧記同。據阮記所引，《正義》所見本之鄭箋乃所謂俗本也，傳世諸本之鄭箋乃與定本、集注本同，二本別行，豈必以俗本為是？且阮記已云「以意求之」，而得「可為九德」，則此四字乃其猜測之說，何見原文必誤，此四字必是也？阮本於此諸字加圈，殊無謂也。

29. 頁十七右　又出於陶丘北

按：「又」，元十行本、李本（元）、劉本（嘉靖）同；十行本作「東」，閩本、明監本、毛本、十行抄本同，《要義》所引亦同。阮記云：「閩本、明監本、毛本『又』作『東』，案：所改是也，《曹譜·正義》引作『東』。」盧記同。此《疏》文引《尚書·禹貢》，《禹貢》原文本作「東出於陶丘北」，則「東」字確不可易，元十行本始譌，元刊明修本兩種及阮本之底本皆承其誤，可見四者版本關係極為密切也。

30. 頁十八右　定本集注皆云可謂有德旨*

按：「旨」；十行本作「盲」，元十行本、李本（元）、劉本（嘉靖）同；閩本作「音」，明監本、毛本、十行抄本同。阮記引文「可謂有德音」，云：「閩本、明監本、毛本『盲』作『音』，案：所改是也。」盧記同。此「盲」字，據孔《疏》前後文，可知顯為「音」字之簡寫，或為抄本時代之遺跡，可謂由來已久，阮本重刊此經，將此「盲」字刻作「旨」，實屬誤認。

31. 頁十八左　以諸侯之牝三千已多*

按：「牝」，十行本、元十行本、李本（元）、劉本（嘉靖）、十行抄本同；閩本作「制」，明監本、毛本同。阮記云：「閩本、明監本、毛本『牝』作『制』，案：所改非也，『牝』當作『禮』，因『禮』作『礼』，形近而譌。」盧記無說。考原《疏》云「以諸侯之牝，三千已多，明不得獨牝有三千」，細玩之，可知前「牝」必誤，而作「制」似勝也。

32. 頁十九左　就校人職相覺甚矣

按：「矣」，十行本、元十行本、李本（元）、劉本（元）、閩本、明監本、毛本、十行抄本皆同。阮記云：「案：『矣』當作『異』，見《周禮‧校人》《疏》，山井鼎云：『覺』恐『較』誤，非也，盧文弨云：覺即較字，是也，詳見其《鍾山札記》。」盧記無說。揆諸文義，阮記是也。

卷三之二

1. 頁二左　孝經曰容止可觀無止韓詩止節無禮節也

按：阮記引文「孝經曰容止可觀」，云：「閩本、明監本、毛本，此下有注，小字本、相臺本無，《考文》古本同。案：山井鼎云：此亦《釋文》混入於注者也，考十行本下脫圓圍，山井鼎所云宋版上下相連者，即此，故閩本以下致誤也。」盧記同。又，盧記引文「韓詩止節」，補云：「毛本作『則雖居尊』。」考十行本本詩云「相鼠有齒，人而無止」，《傳》云「止，所止息也」，箋云「止，容止。《孝經》曰：容止可觀」，緊隨其後有一不規則小「o」，與後文隔開，又云「無止，《韓詩》：止，節，無禮節也」，前後區分，清楚明白。即便懷疑此「o」為後人所描摹添加，然檢《釋文》，出字「無止」，小注云：「毛：止，所止息也。鄭：止，容止也。《韓詩》：止，節，無禮節也。」又日抄本本詩鄭箋亦屆「容止可觀」而止，據此，亦可知「無止」為《釋文》標目，以下為《釋文》。巾箱本所引《釋文》率多刊落，不足為據，監圖本、纂圖本作「止，《韓詩》：止，節，無禮節也」，亦省去標目之「無」字，而未全錄《釋文》，與巾箱本相仿也。又，元十行本鄭箋「止，容止，《孝經》曰：容止可觀，無止，則雖居尊無礼為也」，後無《釋文》；李本（元）鄭箋作「止，容止，《孝經》曰：容止可觀，無止，則雖居尊無孔為也」，後無《釋文》；劉本（嘉靖）鄭箋作「止，容止，《孝經》曰：容止可觀，無止，則雖居尊無禮節也」，後無《釋文》；閩本鄭箋作「止，容止，《孝經》曰：容止可觀，無止□□□□無禮節也」，後無《釋文》，哈佛大學藏閩本同，日本內閣文庫藏閩本鄭箋作「止，容止，《孝經》曰：容止可觀，無止，《韓詩》：正節無禮節也」；明監本鄭箋作「止，容止，《孝經》曰：容止可觀，無止，則雖居尊無禮節也」，後無《釋文》，毛本同。可見此箋歷代注疏本竟舛亂如此，後人頗有訂正，如浦鏜《正字》云「箋『無止則雖居尊無禮節也』，案：此十字即係《釋文》『無止韓詩止節無禮節也』十字之誤，而屬入箋」，所言是也。山井鼎《考文》總

結云：「『無止則雖居尊無禮節也』，謹案：此亦《釋文》混入於註者也，古本此註止於『容止可觀』也，無此十字，宋板作『無止韓詩止節無禮節也』，上下相連，中間無圈矣。正德、嘉靖本從之，而闕『韓詩止節』四字；萬曆、崇禎本妄補『則雖居尊』四字，以相接續，而不知《釋文》錯入。」「則雖居尊」四字，元十行本、李本（元）、劉邦（嘉靖）已有，非監本、毛本所補，《考文》之說誤矣。綜上言之，阮本此處文字不誤，惟「無止」前闕「〇」，故無以隔斷前後，區分鄭箋、釋音也。

2. **頁四右**　有虞氏以為綏
　　　　　　綏以旄牛尾為之

按：兩「綏」，十行本、元十行本、李本（元）、劉本（嘉靖）、閩本、明監本、毛本、十行抄本皆同。阮記云：「案：『綏』當作『緌』，又『綏以旄牛尾為之』同，下文皆不誤，可證。」盧記同。《正字》云：「案：《明堂位》注，綏為『冠緌』之『緌』，與『緌』同，《周禮》注作『緌』，下『綏以旄牛尾為之』同。」則阮記似本浦鏜之說也。此二句皆孔《疏》引《周禮》鄭注，而檢宋單疏本《爾雅疏》，引《周禮》鄭注，作「有虞氏以為綏」、「綏以旄牛尾為之」，與此《疏》所引合，又宋刊本《讀詩記》卷五《干旄》，引《周禮》注，亦作「有虞氏以為綏」，據此，「綏」字不誤，「緌」乃別本也，《正字》、阮記皆不足取信。

3. **頁四右**　天子以下建旆之者

按：十行本、李本（元）、劉本（嘉靖）、閩本、十行抄本同；元十行本作「天子以下建旆旆者」，明監本、毛本同。阮記云：「閩本同，明監本、毛本『之』誤『旆』，案：此『之』字當在『建』字上，誤錯於此，下文『獨以為卿之建旆者』可證。」盧記「下文」作「下又」，餘同。揆諸文氣，阮記似是也。

4. **頁四左**　去其旒異於此

按：「此」，十行本、元十行本、李本（元）、劉本（嘉靖）同；閩本作「生」，明監本、毛本同。阮記云：「閩本、明監本、毛本『此』作『生』，案：所改是也。」盧記同。此句為孔《疏》引《周禮》鄭注，檢《夏采》鄭注：「王祀四郊，乘玉路，建大常，今以之復，去其旒，異之於生。」所謂異之於生者，與

王生前禮制有異也，作「此」顯誤，當作「生」也。

5. 頁五右　服氏云六人維王之太常

按：「服氏」，十行本、元十行本、李本（元）、劉本（嘉靖）、閩本、明監本、毛本、十行抄本皆同。阮記云：「案：『服』上，浦鏜云『脫節字』，是也。」盧記同。此句為孔《疏》徵引《周禮·夏官·節服氏》之文，「節」字不可闕，浦說是也。

6. 頁五左　則此名亦有大夫

按：「名」，十行本、元十行本、李本（元）、劉本（嘉靖）、閩本、明監本、毛本、十行抄本皆同。阮記云：「案：『名』當作『各』，形近之譌。」盧記同。《正字》云：「『名』，當『明』字誤。」考《疏》文云「上章朝臣言卿大夫，則此名亦有大夫，兼鄉、遂與州縣也」，所謂「名亦有大夫」，即亦有大夫之名之義，而「亦」字正指上章已有「大夫」，本章並有，故云「亦」也，本章之「大夫」，即前《疏》所云「周禮，州長，中大夫，天子之州長也」，此釋本章箋文「《周禮》，州里建旗，謂州長之屬」，故此「名」字不誤，《正字》、阮記皆因昧於經義，而妄加猜測也，不可信從。

7. 頁五左　五之者亦為五見之也

按：「亦為」，十行本、元十行本、李本（元）、劉本（嘉靖）、巾箱本、纂圖本、日抄本同；監圖本作「以為」；閩本作「亦謂」，明監本、毛本、岳本、五山本同，《要義》所引亦同。阮記云：「小字本同。相臺本『為』作『謂』，閩本、明監本、毛本同，案：『謂』字是也，《考文》一本『為謂』複出者，誤。」盧記同。本詩首章經文云「素絲紕之，良馬四之」，箋云「四之者，見之數也」；二章經文云「素絲組之，良馬五之」，閩本箋云「五之者，亦謂五見之也」，此處之「亦」，正據上章箋文而發也；三章經文云「素絲祝之，良馬六之」，箋云「六之者，亦謂六見之也」，以後況前，可知二章箋文確當作「亦謂」，且《要義》所引同，則當作「亦謂」，阮記是也。

8. 頁六右　互之聞也

按：十行本、元十行本、李本（元）、劉本（嘉靖）、閩本、明監本、毛本、十行抄本同；《要義》所引作「玄之聞也」。阮記云：「案：浦鏜云『元誤互』，是也。」盧記同。「互之聞也」不明所指，確應作「玄之聞也」，此「玄」

乃鄭玄自稱也。考孔《疏》云:「又,《異義》:『天子駕數,《易》《孟》《京》、《春秋公羊》說,天子駕六;《毛詩》說,天子至大夫同駕四,士駕二,《詩》云「四騵彭彭」,武王所乘,「龍旂承祀,六轡耳耳」,魯僖所乘,「四牡騑騑,周道倭遲」,大夫所乘。謹案:《禮・王度記》曰:天子駕六,諸侯與卿同駕四,大夫駕三,士駕二,庶人駕一,說與《易》、《春秋》同。』『互之聞也,《周禮・校人》「掌王馬之政」,「凡頒良馬而養乘之,乘馬一師四圉」,四馬為乘,此一圉者養一馬,而一師監之也。《尚書・顧命》「諸侯入應門」,「皆布乘黃朱」,言獻四黃馬朱鬣也。既實周天子駕六,《校人》則何不以馬與圉以六為數?《顧命》諸侯何以不獻六馬?《王度記》曰「大夫駕三」,經傳無所言,是自古無駕三之制也。』」自「異義」以下,皆孔《疏》所引許慎《五經異義》,自「互之聞也」以下,皆反駁《異義》天子駕六之說,實為鄭玄《駁五經異義》之文,此本無可疑,故當作「玄之聞也」,《要義》所引正作「玄」,可證,「互」字或因形近而譌。傳世注疏本皆誤,《正字》云「『玄』,誤『互』」,阮記是之,皆是。日本內閣文庫藏萬曆十七年刊明監本於「互」字處用紅筆特志之,並與頁眉寫有「玄」字,可稱卓識。

9. 頁八左　猶升丘采其蕘也

按:「其」,十行本、元十行本、李本(元)、劉本(元)、閩本、明監本、毛本同;巾箱本無,監圖本、纂圖本、岳本、五山本、日抄本同。阮記云:「小字本、相臺本,無『其』字,案:無者是也。」盧記同。注疏本有「其」字,經注本系統無「其」字,豈可據彼非此,阮記非也。

10. 頁九右　不知我宗國今人敗滅不與常同

按:「人」,十行本、元十行本、李本(元)、劉本(嘉靖)、閩本、明監本、毛本同;十行抄本作「日」。阮記云:「案:『人』當作『之』,形近之譌。」盧記同。《正字》云「『人』,疑『己』字誤。」細讀原文,作「人」確乎難以理解,十行抄本作「日」,則《疏》文作「今日敗滅不與常同」,文義曉暢,不知其抄自何本,然作「日」顯勝。

11. 頁十左　司諫注云以義正君曰規

按:「規」,十行本、元十行本、李本(元)、劉本(嘉靖)、閩本、明監本、毛本、十行抄本皆同。阮記云:「案:『規』當作『諫』,上引《沔水》箋

已說規，引此說諫也。」盧記同。檢《周禮·司諫》，鄭注云：「諫，猶正也，以道正人行」，孔《疏》所引雖與原文文字不合，但其意則相仿佛，正釋本詩《序》文「聽其規諫」之「規」、「諫」，前已引《沔水》鄭箋以釋「規」，此即引《司諫》鄭注以釋「諫」，故此「規」確應為「諫」字之譌，阮記是也。

12. 頁十左　　為公而云卿士而

按：「而」，十行本、元十行本、李本（元）、劉本（嘉靖）同；閩本作「者」，明監本、毛本、十行抄本同，《要義》所引亦同。阮記云：「閩本、明監本、毛本下『而』字作『者』，案：所改是也。」盧記同。揆諸文義，作「者」乃引出下文解釋「為公而云卿士」之因，若作「而」則全句義不可通，作「者」是也，《要義》所引可證。阮記以為閩本等改之，據《要義》，宋本已然，閩本或別有所承也。又十行抄本原作「者」，後被塗改作「而」，似讀此抄本者據宋元十行本以校改之也。

13. 頁十一右　　竹篇竹也

按：「篇」，十行本、元十行本、李本（元）、劉本（嘉靖）、閩本、明監本、毛本、阮本、纂圖本、五山本同；巾箱本作「萹」，監圖本、岳本、日抄本同。阮記云：「小字本、相臺本『篇』作『萹』。案：『萹』字是也。《正義》不誤，《釋文》『綠竹』下云：『竹萹竹也』，又『萹竹』：『本又作扁』，考《爾雅》、《說文》及其餘字書，無作『篇』者，閩本以下《正義》中盡誤『篇』，《釋文》亦有誤者，今訂正，見後考證。」盧記「萹竹本又作扁」作「萹竹本又作萹」，餘同。「萹」、「篇」當為別本之異，阮記可備一說也。

14. 頁十三右　　若非外土諸侯事王朝者

按：「事」，十行本、元十行本、李本（正德，板心有塗抹）、劉本（正德十二年）、閩本、明監本、毛本、十行抄本皆同，《要義》所引亦同。阮記云：「案：浦鏜云『事當仕字誤』，是也。」盧記無「是」字，餘同。此「事」字不誤，《尚書·康誥》「外事，汝陳時臬，司師茲殷，罰有倫」，孔《傳》云「言外土諸侯奉王事」，據此可知，原文之「事」字，乃外土諸侯奉王朝之事之義也，且《要義》所引亦作「事」，則浦說、阮記皆不可信從也。

15. 頁十三右　　倚重較分

按：「倚」，十行本、元十行本、李本（正德，板心有塗抹）同；劉本（正

德十二年）作「猗」，閩本、明監本、毛本、巾箱本、監圖本、纂圖本、岳本、五山本、日抄本、唐石經、白文本同。阮記云：「唐石經、小字本、相臺本『倚』作『猗』，閩本、明監本、毛本同。案：『猗』字是也。《釋文》：猗，於綺反，《正義》云『而此云猗重較兮』，《序》下《正義》云『猗重較兮是也』，皆其證，此經『猗』、『倚』假借，在作《傳》、箋時，人共通曉，故不更說。《車攻》『兩驂不猗』同，《節南山》『有實其猗』，《傳》『猗滿也』，箋『猗倚也』，因易《傳》，故說之，亦是謂猗、倚假借也。其此《正義》云『倚此重較之車兮』者，易『猗』字為『倚』字而說之，《正義》於古今字，例如此，與上下文直引經文者，不同例也。《考文》古本作『倚』，采《正義》而誤。《經義雜記》引《曲禮·正義》、《荀子》楊注、《文選》李注，皆作『倚』，疑從犬者譌，其說非也，又據《釋文》、《正義》、石經、《說文繫傳》、《羣經音辨》以為唐人雖多引作人旁，未若從犬者尤為信而可徵，得之矣。凡昔人引書，或改，或不改，非有成例，用之資證則可，若以為典要，則其失多矣。」盧記「其說非也」作「其記非也」，餘同。檢敦煌殘卷伯二五二九《淇奧》，作「猗」，斯二七二九《毛詩音·衛淇澳第五》，亦作「猗」，則阮記是也。

16. 頁十五右　俊好頎頎然*

按：「俊」，十行本、元十行本、李本（元）、劉本（元）、閩本、明監本、毛本、監圖本、纂圖本同；巾箱本作「佼」，岳本、五山本、日抄本同。阮記云：「小字本同，閩本、明監本、毛本同，相臺本『俊』作『佼』，案：『佼』字是也，《正義》、《釋文》皆可證，《考文》古本作『佼』，采《正義》、《釋文》。」盧記無說。《正字》云「『佼』，誤『俊』」，乃阮記所本。《正義》所見本作「佼」，或為別本，豈可據之以為箋文必當作「佼」，《正字》、阮記皆不可信從也。

17. 頁十五右　國君夫人翟衣而嫁今衣錦者

按：「翟衣」，十行本、元十行本、李本（元）、劉本（元）、閩本、明監本、毛本、巾箱本、監圖本、纂圖本、岳本、日抄本同；五山本作「衣翟衣」。阮記云：「小字本、相臺本同，閩本、明監本、毛本同，案：『翟衣』當作『衣翟』，《釋文》經『衣錦』下云『注夫人衣翟，今衣錦同』，是《釋文》本作『衣翟』也，《正義》云『當翟衣而嫁，今言錦衣非翟衣』，乃《正義》自為文，但說注意耳，不取與注相應也。其箋當亦是衣翟，不知者用《正義》文改注文，《考文》古本『夫人』下、『衣錦』下，共有『衣』字，采《正義》、《釋文》

又誤合之也。」盧記同。阮記所疑毫無依據，孔《疏》述箋云「又解國君夫人
當翟衣而嫁」，則其所見本作「翟衣」，且傳世諸本多作「翟衣」，又宋人李黃
《詩集解》卷七引作「鄭氏曰國君夫人翟衣而嫁」，宋人楊簡《慈湖詩傳》卷
五引鄭箋云「夫人翟衣而嫁」，則原文不誤，《釋文》所謂「注」者，豈必指鄭
箋？阮記所云，不可據信。

18. 頁十五左　孔世家云頎然而長

按：「孔世家」，十行本、元十行本、李本（元）、劉本（元）、閩本、明監
本、毛本皆同。阮記云：「案：『孔』下，浦鏜云『脫子字』，是也。」盧記同。
檢《史記・孔子世家》云：「幾然而長」，《集解》：「徐廣曰：《詩》云頎而長
兮」，則確脫「子」字，浦說是也。

19. 頁十六右　士昏禮云女次紂衣纁袡

按：「紂」，十行本、元十行本、李本（元）、劉本（嘉靖）、閩本、明監
本、毛本皆同，《要義》所引亦同。阮記云：「案：『紂』當作『純』，因改『純』
帛字，遂并此而誤。」盧記同。今檢《鄭風・丰》，宋刊單疏本《疏》文，亦
引「《士昏禮》云：女次紂衣纁袡」，作「紂」，不作「純」，則其所見《儀禮・
士昏禮》如此，不當據今本而擅改之也。

20. 頁十六右　蝤蠐蝎蟲也

按：十行本、元十行本、李本（元）、劉本（嘉靖）、閩本、明監本、毛
本、巾箱本、監圖本、纂圖本、岳本、五山本、日抄本皆同。阮記云：「小字
本、相臺本同，案：此《正義》本也，標起止云『蝤蠐蝎蟲』，又云『今定本
云蝤蠐蝎也，無蟲字，與《爾雅》合』，《釋文》『蝎也，音曷』，當以定本、《釋
文》為長。」盧記同。今傳世諸本皆有「蟲」字，宋刊《讀詩記》卷六《碩人》
引「毛氏曰」，作「蝤蠐蝎蟲也」，阮記謂無「蟲」字之定本為長，輕率無據，
不可信從。

21. 頁十六左　故禮記曰其頸五寸

按：「五」，十行本、元十行本、李本（元）、劉本（嘉靖）、閩本、明監
本、毛本、十行抄本皆同，《要義》所引亦同。阮記云：「案：浦鏜云『依《投
壺》文當七寸誤』，是也。」盧記同。《正字》云：「案《投壺》文，當『頸修
七寸』誤。」檢《禮記・玉藻》：「韠，下廣二尺，上廣一尺，長三尺，其頸五

寸」，則孔《疏》所引《禮記》，正指《玉藻》文，而非浦鏜所謂《投壺》文，浦氏只知其一不知其二，只知《投壺》不知《玉藻》，竟謂《疏》文有誤，諸本皆同，何誤之有，浦鏜妄斷甚矣，阮記是之，亦誤甚，汪記謂浦校非也，是也。

22. 頁十六左　　瓠犀瓠辦

按：十行本、元十行本、李本（元）、劉本（嘉靖）、閩本、明監本、毛本、巾箱本、監圖本、纂圖本、岳本、五山本、日抄本皆同，《要義》所引亦同。阮記云：「小字本、相臺本同，案：《正義》云『《釋草》云瓠棲辦也，今定本亦然』，謂無下『瓠』字也，《釋文》：瓠辦，補遍反，亦有，當以定本為長。」盧記同。今傳世諸本及《要義》所引皆有「瓠」字，宋刊《讀詩記》卷六《碩人》引「毛氏曰」，作「瓠犀瓠辦」，則阮記非也。

23. 頁十七右　　美目盼兮

按：「盼」，十行本、元十行本、李本（元）、劉本（元）、閩本、明監本、巾箱本、監圖本、纂圖本、五山本、日抄本、白文本同；唐石經作「盻」，毛本、岳本同。阮記云：「小字本、相臺本同，閩本、明監本同，唐石經『盼』作『盻』，毛本同，案：『盻』字是也。」盧記同。今檢敦煌殘卷伯二五二九《碩人》，作「美目盼兮」，斯二七二九《毛詩音・衛淇澳第五》，出字作「盼」，《釋文》出字亦作「盼兮」，則作「盼」為長，阮記非也。

24. 頁十八右　　清人云駟介麃麃傳曰盛貌與此同

按：「盛」，十行本、元十行本、李本（元）、劉本（元）、閩本、明監本、毛本皆同。阮記云：「案：浦鏜云『盛，《傳》作武』，是也，『與此同』者，謂《清人》之『麃麃』與此『鑣鑣』字同，非謂《傳》同訓盛也，不知者改之耳。」盧記同。若如阮記之說，孔《疏》引「《清人》駟介麃麃」即可，何須煩引「《傳》曰盛貌」，實孔《疏》作時，所見《清人》「駟介麃麃」句毛《傳》作「麃麃盛貌」，與今本異也，故於此特引之以相證。阮記所云，不可信從。

25. 頁十八右　　卿大夫朝者旦罷歸

按：「旦」，十行本、元十行本、李本（元）、劉本（元）、閩本、明監本、毛本皆同。阮記云：「案：浦鏜云『旦誤且，下同』，是也。」盧記云：「案：浦鏜云『旦誤且，下同』，是也。」此乃孔《疏》引《齊風・雞鳴》鄭箋，檢

之，正作「且」，浦說是也。阮記所謂「且誤旦」，顯誤，檢《正字》正作「且誤旦。」盧記改之是也，下《疏》「大夫旦罷歸」同誤。

26. 頁十八左　要事畢否大夫

按：「否」，十行本、元十行本、李本（元）、劉本（元）同；閩本作「否在」，明監本、毛本同。阮記云：「閩本、明監本、毛本『大夫』上有『在』字，案：所補是也。」盧記同。考閩本《疏》云「明非由於大夫，要事畢否在大夫」，揆諸文義，「在」字不可闕，阮記是也。

27. 頁十九左　則非曰國中之女

按：「曰」，十行本、元十行本、李本（元）、劉本（元）、閩本、明監本、毛本同；十行抄本作「凡」。阮記云：「案：浦鏜云『曰當目字誤』，是也。」盧記同。考本詩經文云「庶姜孽孽」，箋云「庶姜，謂姪娣」，十行抄本《疏》云「此為莊姜不見答而言，則非凡國中之女，故為姪娣」，「非凡」者「非謂平凡」也，意謂非為衛國平凡之女也，乃莊姜之姪娣，文義曉暢，不知其抄自何本，然作「凡」顯勝，浦鏜謂當作「目」，不知所據，純屬猜測也。

卷三之三

1. 頁一右　刺淫泆也

按：「泆」，十行本、元十行本、李本（元）、劉本（元）、閩本、明監本、毛本、巾箱本、監圖本、纂圖本、岳本、五山本、日抄本、唐石經、白文本皆同。阮記云：「案：《釋文》佚音逸，《正義》標起止云『至淫泆』，是《釋文》本、《正義》本皆作『佚』，唐石經改作『泆』者，非也。」盧記同。據阮記所云，《疏》文標起止作「至淫泆」，如何得出《正義》本作「佚」之結論？此處顯然有誤。檢十行本《疏》文標起止云「至淫佚」，李本（元）、劉本（元）同；閩本作「至淫泆」，明監本、毛本、十行抄本同。檢敦煌殘卷伯二五二九《毛詩·氓》作「佚」，斯二七二九《毛詩音·氓》云「泆，益栗」，則「泆」、「佚」乃別本之異也。

2. 頁一左　蚩蚩者敦厚之貌

按：「者」，十行本、元十行本、李本（元）、劉本（元）、閩本、明監本、毛本同；巾箱本無，監圖本、纂圖本、岳本、五山本、日抄本同，《要義》所

引亦同。阮記云：「小字本、相臺本無『者』字。案：有者衍也。」盧記同。似注疏本系統毛《傳》有「者」字，而經注本系統無，然檢《要義》所引亦無「者」字，則似當以無「者」為是。

3. 頁一左　非我以欲過子之期

按：「以」，十行本、元十行本、李本（元）、劉本（元）、閩本、明監本、毛本同；巾箱本作「心」，監圖本、纂圖本、岳本、五山本、日抄本同。阮記云：「小字本、相臺本『以』作『心』。案：『以』字誤也，《考文》古本『以』、『心』複出，亦誤。」盧記同。檢《讀詩記》卷六《氓》，引鄭氏曰作「心」，揆諸文義，顯當作「心」。又，山井鼎《考文》謂古本「非我以欲」之「欲」上有「心」字，考日本內閣文庫藏明監本於「欲」上右旁注「心」字，或山井鼎所見「心」字同為讀古本者所添於「欲」上，故致誤讀，阮記謂「《考文》古本『以』、『心』複出，亦誤」，似非實論。

4. 頁二右　遂人注云變民言也異內外也

按：「也」，十行本、元十行本、李本（元）、劉本（嘉靖）、閩本、明監本、毛本皆同。阮記云：「案：『也』，當作『眂』，《載芟·正義》引作『眂』，可證。」盧記同。《正字》云「『眂』，誤『也』」，此阮記所本。揆諸文義，浦說是也。

5. 頁三右　我以所有財遷徙就女也

按：「遷」，十行本、元十行本、李本（元）、劉本（嘉靖）、閩本、明監本、毛本同；巾箱本作「賄」，監圖本、纂圖本、岳本、五山本、日抄本同。阮記云：「小字本、相臺本『遷』作『賄』。案：「賄」字是也。」盧記同。本詩經文云「以爾車来，以我賄遷」，《傳》云「賄，財；遷，徙也」，故注疏本系統之鄭箋本《傳》釋經云「我以所有財遷徙就女也」，不知誤在何處，箋文之「遷」正本經文之「遷」，「徙」正本《傳》文之「徙」，先經後《傳》也；而經注本系統之鄭箋作「我以所有財賄徙就女也」，其「財」字乃本《傳》之「財」，「賄」字乃本經文之「賄」，先《傳》後經，實為混亂，故注疏本系統之鄭箋似較為可信，阮記非也。

6. 頁三左　而女思於男

按：「思」，十行本、元十行本、李本（元）、劉本（嘉靖）、閩本、明監

本、毛本同；十行抄本作「異」。阮記云：「案：浦鏜云『思當異字誤』，是也。」
盧記同。考十行抄本《疏》云：「耽雖士女所同，而女異於男，故言士之耽兮
尚可解說，女之耽兮則不可解說。」詳玩《疏》意，「同」、「異」正相對而言
也，作「異」是也，十行抄本簡寫作「異」，則其所抄底本或即作「異」，浦說
是也。

7. 頁四左　隕惰也

按：「惰」，十行本、李本（元）、劉本（元）、監圖本同；元十行本作「隋」，
閩本、明監本、毛本、巾箱本、纂圖本、岳本、日抄本同；五山本作「墮」。
阮記云：「小字本、相臺本『惰』作『隋』，閩本、明監本、毛本亦同。案：
『惰』是誤字，《考文》古本『隋』作『墜』，采《正義》『其葉黃而隕墜』而
誤也，『黃而隕墜』，《正義》取王肅述毛語為說耳，非《傳》作『墜』。」盧記
同。山井鼎《考文》謂古本作「墜」，阮記以為此因《正義》而誤，此說純屬
推測。十行本此「惰」右旁有標記「○」，本行頁眉寫有「墜」，則讀此書者以
為當作「墜」，元十行本之「隋」字左「阝」有描摹之跡，不知其原作何字，
又宋本《讀詩記》卷六《氓》云「毛氏曰：隕，墮也」，宋本《釋文》亦云「隋
也，字又作墮」；則此一字有「惰」、「隋」、「墜」、「墮」之異，為何必以作「隋」
者為是？存疑可也，阮記不可信從。

8. 頁四左　幃裳童容也

按：「幃」，十行本、元十行本、李本（元）、劉本（元）、閩本、明監本、
毛本、監圖本、纂圖本、日抄本同；巾箱本作「帷」，岳本、五山本同。阮記
云：「相臺本『幃』作『帷』，《考文》古本同。案：『帷』字是也，《經》、《傳》
皆是『維』字，箋當同。」盧記同。諸本多作「幃」，則鄭氏所見之本經文，
或與傳世本有異，阮記徑謂其非，不可信從。

9. 頁六右　泮坡也

按：「坡」，十行本、元十行本、李本（元）、劉本（元）、閩本、明監本、
毛本、巾箱本、岳本、五山本同；監圖本作「陂」，纂圖本、日抄本同。阮記
云：「相臺本同，閩本、明監本、毛本同，小字本『坡』作『陂』，案：《釋文》
云：坡，本亦作陂，考《正義》云『故以泮為陂，《澤陂》《傳》云：陂，澤障，
是也，箋以泮不訓為陂』，是其本作『陂』，標起止云『傳泮坡』當誤也。」盧

記同。檢宋本《讀詩記》卷六《氓》云：「毛氏曰：泮，坡也」，《釋文》出字作「坡」，且明言「一本作陂」，則兩種寫法本並行不悖，孔《疏》所見乃別本也，阮記必據之以「陂」字為是，不可信從。

10. 頁六左　則我而已焉哉

按：「而」，十行本、李本（元）、劉本（元）同；元十行本作「亦」，閩本、明監本、毛本、十行抄本同。阮記云：「閩本、明監本、毛本『而』作『亦』，案：所改是也。」盧記同。元十行本「亦」字乃後來描改，其原作何字，不得而知，閩本等所改，不知所據，阮記是之，亦屬猜測。

11. 頁七右　內則注云故髮結之

按：「故」，李本（元）、劉本（嘉靖）、閩本、明監本同；十行本作「收」，元十行本、毛本同，《要義》所引亦同。阮記云：「閩本、明監本同，毛本『故』作『收』，案：『收』字是也。」盧記同。《正字》云「『收』，監本誤『故』」，或為阮記所本。檢《禮記・內則》鄭注，「總角，收髮結之」，則作「收」字是也，十行本、元十行本、《要義》皆不誤，則「故」字後見，或因形近而譌。

12. 頁七右　變本言信

按：「言信」，十行本、元十行本、李本（元）、劉本（嘉靖）、閩本、明監本、毛本皆同。阮記云：「案：『言』當作『忘』，形近之譌。」盧記同。所謂「言信」，氓之所言誓信也，「變本言信」，即變棄前言誓信，原文不誤，阮記純屬猜測，不可信從。

13. 頁七左　言小水有流入大水合為二之道

按：「二」，元十行本、李本（元）、劉本（嘉靖）同；十行本作「一」，閩本、明監本、毛本、十行抄本同。阮記無說，盧記補云：「毛本『二』作『一』，案：『一』字是也」。揆諸文義，作「二」顯誤，十行本不誤，元十行本始作「二」，或因形近而譌。

14. 頁八左　無之亦下二句是也

按：「無之」，十行本、元十行本、李本（元）、劉本（嘉靖）、閩本、明監本、毛本同；十行抄本作「无礼」。阮記云：「案：浦鏜云『之當禮誤』，非也。此『無』字是『刺』之誤。」盧記同。無之，不合原句語境，似誤，而當作何

字，理應從原文語境考察判定。考《疏》文云「毛以為君子當柔潤溫良，自謂無知，今而不然，是為驕慢，故二章章首一句及第四句是也。下二句言有威儀，是無禮也。次二句言佩觿、佩韘，明雖幼而行成人之事，不當驕慢。鄭以為幼而行成人之事，當任用大臣，不當驕慢，上四句是也。無之，亦下二句是也。」「無之亦下二句是也」之「亦」究竟何義，乃判定問題之鎖鑰，細讀原文，此處之「亦」正與上文「下二句言有威儀是無禮也」相配，孔氏旨在說明「下二句言有威儀是無禮」此點鄭與毛同，故而用「亦」以區別於此前毛、鄭句意之異，明乎此，則不難判斷「無之」確如浦鏜《正字》所言，為「無禮」之譌，十行抄本原作「无礼」，後被磨改為「无之」，阮記不深察經疏，妄駁前說，誤甚！

15. 頁八左　恒蔓延於地

按：十行本、元十行本、李本（元）、劉本（嘉靖）、閩本、明監本、毛本、巾箱本、監圖本、纂圖本、岳本、五山本、日抄本皆同。阮記云：「小字本、相臺本同，案：此『延』字衍也，《釋文》云：恒蔓於地，本或作恒蔓莚於地者，後人輒加耳。考《正義》云『恒延蔓於地』，乃自為文，以『延蔓』說『蔓』，非其本箋有『延』字也，『延』在『蔓』上，亦其證矣，各本皆誤，當正之。」盧記同。本詩經文云「芄蘭之支」，《傳》云「興也，芄蘭，草也」，箋云「芄蘭柔弱，恒蔓延於地，有所依緣則起」。檢宋刊《太平御覽》卷九百九十五「百卉部二·芄蘭」，引《毛詩·芄蘭》「芄蘭之支」，小注云：「芄蘭，草也，柔弱，恒蔓延於地，有所依緣則起。」則約《傳》、箋而為之，據此，則宋初所見已如此，且傳世諸本皆作「蔓延」，故原文不誤，阮記穿鑿附會，終乏實據，不可信從也。

16. 頁十右　士喪禮曰玦用正玉棘若擇棘*

按：十行本、元十行本、李本（元）、閩本、明監本、毛本同；劉本（嘉靖）作「士喪禮曰玦用正王棘若擇棘」，《要義》所引同；十行抄本作「士喪礼曰玦用正玉若擇棘」。阮記云：「案：浦鏜云『王誤玉，檡誤擇』，以《儀禮》考之，浦校是也。」盧記同。《詩疏》所引其他文獻自成系統，與通行本文字或異，且「玉」「王」、「擇」「檡」從刻字字體的角度看，其差別可謂微乎其微，劉本及《要義》所引作「正王棘若擇棘」，「擇」同底本，而「王」同《儀禮》，亦可見其傳刻情況之複雜。

17. **頁十一右　前貧後富貴不去**

按：「貧」，十行本、元十行本、李本（元）、劉本（元）、閩本、明監本、毛本、十行抄本皆同。阮記云：「案：『貧』下，浦鏜云『脫賤字』，以《大戴禮》及《家語》考之，浦校是也。」盧記同。此處作「貧」，不作「貧賤」，或《疏》文簡括言之，浦鏜謂其為脫，豈必然耶？不可信從。

18. **頁十一右　春秋杞伯姬來婦**

按：「婦」，十行本、元十行本、李本（元）、劉本（元）同；閩本作「歸」，明監本、毛本同，《要義》所引亦同；十行抄本作「皈」。阮記無說，盧記補云：「『婦』當作『歸』。」來婦，不辭，考閩本《疏》文云「若犯餘六出，則去，故《雜記》有出夫人禮。又《春秋》杞伯姬來歸，及此宋桓夫人皆是也。」所謂「歸」，《左傳》莊公二十七年云：「凡諸侯之女，歸寧曰『來』，出曰『來歸』。」則此處作「來歸」正貼合《疏》文之義。又通檢《左傳》未見有犯六出而來歸之杞伯姬，而《春秋》經云「（成公）五年，春王正月，杞叔姬來歸」，杜注云「出也，《傳》在前年」，又《左傳》成公四年云「杞伯來朝，歸叔姬故也」，杜注云「將出叔姬，先脩禮朝魯，言其故」。據此，則《疏》文所謂「杞伯姬」似當作「杞叔姬」，然而無論「杞伯姬」亦或「杞叔姬」，此處顯當作「歸」，《要義》所引正可為證，盧記是也。十行抄本作「皈」，亦誤。

19. **頁十一左　伯兮四章章四句至不反**

按：「反」，十行本、元十行本、李本（元）、劉本（元）、閩本、明監本、毛本、十行抄本皆同。阮記云：「案：『反』下當有『焉』字，唐石經以下各本皆有此字也。」盧記同。此孔《疏》標起止，本詩《序》云「《伯兮》，刺時也，言君子行役，為王前驅，過時而不反焉」，因《序》末作「不反焉」，故阮記以為標起止之止，當取「不反焉」。其說看似合理，其實不然，不煩遠舉他例，本詩前篇為《河廣》，其《序》云「《河廣》，宋襄公母歸于衛，思而不止，故作是詩也」，孔《疏》標起止云「《河廣》二章章四句至是詩」，按照阮記校勘邏輯，此處當出按記云：「案：『詩』下當有『也』字。」不知為何《伯兮》出校記，而《河廣》否也，實則「也」、「焉」皆為句末語氣辭，並無實義，故孔《疏》標起止，往往省略之，類似情況，不勝枚舉，於此出校加圈，殊無謂也。

20. 頁十二左　戈秘六尺有六寸

按：「祕」，十行本、元十行本、李本（元）、劉本（嘉靖）、閩本、明監本、毛本同；十行抄本作「秘」，《要義》所引同。阮記云：「浦鏜云『秘誤祕』，是也。」盧記同。檢《周禮・考工記》云「戈秘六尺有六寸」，則當作「戈秘」無疑，十行抄本、《要義》所引可證，浦說是也。

21. 頁十三左　杲右老反*

按：「右」，元十行本、李本（元）、劉本（元）同；十行本作「古」，閩本、明監本、毛本、巾箱本、監圖本、纂圖本同。阮記、盧記皆無說。檢《釋文》，「杲杲，古老反」，則作「右」顯誤，作「古」是也，或因形近而譌。

22. 頁十四右　諼草令人忘憂

按：「忘憂」，十行本、元十行本、李本（元）、劉本（嘉靖）、閩本、明監本、毛本、監圖本、纂圖本、岳本、五山本、日抄本同，《要義》所引亦同；巾箱本作「志憂」。阮記云：「小字本、相臺本同，案：此當作『諼草令人善忘』……」盧記同。本詩云「焉得諼草」，《傳》云「諼草，令人忘憂」，考《疏》云「言我憂如此，何處得一忘憂之草」，又云：「《傳》本其意言『焉得諼草』，謂欲得令人善忘憂之草」，則揆諸文義，巾箱本之「志憂」，顯悖經義，「志」字或因與「忘」字形相近而譌。其餘諸本皆作「忘憂」，《要義》所引同，檢宋刊《讀詩記》卷六《伯兮》，「毛氏曰：諼草令人忘憂」，亦同，則原文不誤，阮記謂當作「諼草令人善忘」，純屬猜測，不可信從。

23. 頁十四左　房外內背名為堂也

按：「背」，十行本、元十行本、李本（元）同；劉本（嘉靖）作「皆」，閩本、明監本、毛本、十行抄本同，《要義》所引亦同。阮記云：「閩本、明監本、毛本『背』作『皆』。案：所改是也。」盧記同。背名，不辭，顯當作「皆」，以概外、內也，《要義》所引亦作「皆」，可證。阮記以為閩本等改之，據《要義》，宋本已然，閩本或別有所承也。

24. 頁十四左　所以育人民也

按：十行本、元十行本、李本（元）、劉本（嘉靖）、閩本、明監本、毛本、巾箱本、監圖本、纂圖本、岳本、五山本、日抄本、唐石經、白文本皆同，《要義》所引亦同。阮記云：「唐石經、小字本、相臺本同，案《正義》標

起止云『至人民』，又云『所以蕃育人民』，《釋文》云：所以育民人也，本或作蕃育者非。《正義》云『所以蕃育人民』，其本當有『蕃』字，但未有明文耳。『人民』以作『民人』為是……《考文》古本作『民人』，采《摽有梅》《傳》。」盧記同。今傳世注疏本、經注本、唐石經、白文本皆作「所以育人民也」，《正義》標起止亦云「至人民」，而其云「所以蕃育人民」，此乃增字敘述《序》文也，何得據此以證必當作「蕃育人民」？阮記又言「以作民人為是」，毫無依據，《要義》所引作「人民」，宋刊《讀詩記》卷六《有狐》所引亦作「人民」，則「所以育人民」乃後世傳播之主要版本，檢敦煌殘卷伯二五二九作「所以蕃育民人也」，此為別本也。

25. 頁十五右　厲深可厲之者

按：「者」，十行本、元十行本、李本（元）、劉本（嘉靖）同；閩本作「旁」，明監本、毛本、巾箱本、監圖本、纂圖本、岳本、日抄本同；五山本作「傍」。阮記云：「小字本、相臺本『者』作『旁』，閩本、明監本、毛本亦同，案：『旁』字是也，『者』是誤字，《考文》一本作『傍』，此誤采他《正義》所易之今字耳。」盧記同。宋元刊十行本作「者」，閩本以下作「旁」，或據經注本《傳》文而改也，阮記遽謂作「者」字誤，未見其必然也。

26. 頁十五左　其蓄散而死三月齊桓公與之繫馬三百

按：「死三月」，十行本、元十行本、李本（元）、劉本（嘉靖）同，《要義》所引同；十行抄本作「死三日」；閩本作「無三月」，明監本、毛本同。阮記云：「閩本、明監本、毛本『死』作『無』，案：今《齊語》作『其畜散而無育』，浦鏜云『育誤分為三月二字』，是也。」盧記同。揆諸文義，浦說是也。然《要義》所引亦作「死三月」，可知其誤由來已久，「死」譌「無」，「月」譌「日」，故有「無三月」、「死三日」之文，皆非也。

27. 頁十六右　琚佩玉名

按：「名」，十行本、元十行本、李本（元）、劉本（元）、閩本、明監本、毛本、巾箱本、監圖本、纂圖本、岳本、五山本、日抄本皆同。阮記云：「小字本、相臺本同，案：《釋文》『琚』下云：佩玉名，《正義》云『琚是玉名』，又云『《有女同車》云佩玉瓊琚，故知琚佩玉名』。段玉裁云：此《傳》『石』誤為『名』，久矣，佩玉石者，佩玉納閒之石也，雜佩謂之佩玉，有琚瑀以納

閒，琚瑀皆美石也，《鄭風·正義》《釋文》皆引《說文》『琚佩玉名』亦『石』
之誤，瓊為玉之美者，故引伸凡石之美者皆謂之瓊。」盧記同。今傳世本皆作
「名」，宋刊《讀詩記》卷六《木瓜》引毛氏曰「琚，佩玉名」，亦可為證。阮
記所引段說，洋洋灑灑，自說自話，然毫無依據，絕不可信。段玉裁校經往往
標新立異，好為奇說怪談，此其著例也。

28. 頁十六右　下傳云瓊瑤美石瓊玖玉名

按：「名」，十行本、元十行本、李本（元）、劉本（元）、閩本、明監本、
毛本、十行抄本皆同，《要義》所引同。阮記、盧記皆無說。此字不誤，阮本
於此加圈，誤矣。

29. 頁十六右　玖言玉名

按：「名」，十行本、元十行本、李本（元）、劉本（元）、閩本、明監本、
毛本、十行抄本皆同，《要義》所引同。阮記、盧記皆無說，此字不誤，阮本
於此加圈，誤矣。

30. 頁十六左　瓊瑤美玉

按：「玉」，十行本、元十行本、李本（元）、劉本（元）、閩本、明監本、
毛本、巾箱本、監圖本、纂圖本、岳本、五山本、日抄本皆同。阮記云：「小
字本、相臺本同，案：《釋文》『瑤』下云『美玉也』，《說文》云美石，《正義》
作『美石』見上，段玉裁云：《正義》是也，《說文》琚、珉、瑤皆石之美者，
玉爵、瑤爵為等差，在《周禮》、《禮記》。」盧記同。諸本皆同，《正義》所引
為別本也，豈可必以之為是，阮記不可信從。

31. 頁十六左　瓊玖玉名

按：「名」，十行本、元十行本、李本（元）、劉本（元）、閩本、明監本、
毛本、巾箱本、監圖本、纂圖本、岳本、五山本、日抄本皆同。阮記云：「小
字本、相臺本同，案：《釋文》『玖』下云：玉名，《字書》云『玉黑色』。段玉
裁云：此玉石之誤，《王風》《傳》玖石次玉者，《說文》玖石次玉，黑色者玉
石，見楊雄《蜀都賦》，《漢書·西域傳》師古曰：玉石，石之似玉者也，今考
《正義》本作『玉石』，見上。」盧記同。傳世諸本皆同，又宋刊《讀詩記》
卷六《木瓜》云「毛氏曰瓊玖玉名」，據此，原文不誤。段玉裁旁徵博引，卻
無視原書傳世版本，其說雖新，惜不可信。

32. 頁十七右　衛國十篇三十四章二百四句

　　按：「四」，十行本、元十行本、李本（元）、劉本（元）、閩本、明監本、
毛本、唐石經同；巾箱本作「三」，監圖本、纂圖本、岳本、五山本、日抄本、
白文本同。阮記云：「小字本同，閩本、明監本、毛本同，唐石經、相臺本『四』
作『三』，案：『四』字誤。」盧記同。今檢唐石經作「四」，阮記謂之作「三」，
不知其所據何本，今計之，自《淇奧》至《木瓜》，共二百三句，作「四」誤
也。

卷　四

卷四之一

1. 頁二右　　是殷頑民於成周也

按：「殷」，十行本、李本（元）、劉本（元）同；閩本作「遷殷」，明監本、毛本同，《要義》所引亦同。阮記云：「明監本、毛本『是』下有『遷』字，閩本剜入，案：所補是也。」盧記同。若無「遷」字，則「殷頑民於成周」無謂語，故有者是也，《要義》所引有「遷」字，正可為證，阮記謂閩本等補，據《要義》可知原文如此，閩本或別有所承也。

2. 頁二右　　是成王復還歸西都至於夷厲

按：十行本、李本（元）、劉本（元）、閩本、明監本同；毛本「至」上有「o」。阮記無說，盧記補云：「『至』上當有圈」。細繹原文，「至」上乃孔《疏》釋解鄭玄《王城譜》之語，「至」後為孔《疏》所引《譜》文，以前後通例言之，此處當以「o」字相隔，以為區別，此日本內閣文庫所藏明監本於「至」字前，朱筆添加「o」，或為讀此書人所注，可謂卓識也。盧記多言「毛本」如何，此處恰毛本不誤，則盧記或見毛本有「o」而言之也。又《正字》引文「是成王復還歸西都」，云：「下監本脫」，檢明監本下文不脫而俱在，則其所言未盡，疑當作「下監本脫『o』」也。

3. 頁三右　　周本紀云於是諸侯乃即申侯而其立

按：「其」，十行本、李本（元）、劉本（元）同；閩本作「共」，明監本、

毛本、十行抄本同。阮記無說，盧記補云：「毛本『其』作『共』。」檢《史記‧周本紀》，確作「共」，閩本等是也。

4. 頁三右　風雅之作本自有體猶而云貶之謂之風者言作為雅頌貶
　　　　　之而作風

按：十行本、李本（元）、劉本（元）、閩本、明監本、毛本同。阮記云：「案：『體』字句絕，『猶』字當在『貶之而作風』上，即『由』字也……」盧記同。此句文氣不順，故阮記有此懷疑，然檢《要義》所引，無「猶」字，全句作「風雅之作，本自有體，而云貶之謂之風者，言作為雅頌，貶之而作風」，句意明了，文辭通暢，當從《要義》所引也，則所謂「猶」字當在「貶之而作風」上之說，純屬推測，不可信從。

5. 頁五左　故為憂思無所愬也

按：「愬」，十行本、李本（元）、劉本（元）、閩本、明監本、毛本同。阮記云：「案：『愬』當作『訴』。《正義》作『訴』，上文可證。《傳》作『愬』，標起止可證，『愬』、『訴』古今字，《正義》所易也，此一字，不知者改耳，餘同此。」盧記同。此例校語牽強，純屬猜測，上文之「訴」，如何可正本句之「愬」，且通檢《毛詩正義》，《疏》文中「愬」字，可謂比比皆是，何有所謂古今字之別！阮記求之太深，過猶不及也。

6. 頁五左　李巡曰古詩人質

按：「詩」，十行本、李本（元）、劉本（元）、閩本、明監本、毛本同。阮記云：「案：『詩』當作『時』。《桑柔‧正義》引作『時』可證，今《爾雅疏》亦誤為『詩』。」盧記同。檢宋本《法苑珠林》卷四《日月篇‧地動部》「《爾雅》曰穹蒼蒼天也」條小注：「李巡曰：古時人質。」（上海古籍出版社一九九一年影印宋磧砂版大藏經本，頁三〇）正可為證，阮記是也。

7. 頁七左　遠離禍害巳不復更求道行*

按：「巳」，十行本、李本（元）、劉本（嘉靖）、閩本、明監本、毛本同；十行抄本作「而已」。阮記云：「案：『巳』上，浦鏜云『脫而字』，是也。」盧記無說。考本詩《序》云：「君子遭亂，相招為祿仕，全身遠害而已。」此句《疏》文乃釋《序》文，《疏》文之「而已」正本《序》文之「而已」，故「而」字不可闕，當從十行抄本，浦說、阮記皆是也。

8. 頁十一左　釋草云萑蓷*

按：十行本、李本（元）、劉本（元）、閩本、明監本、毛本同，《要義》所引亦同。阮記、盧記皆無說。檢《爾雅・釋草》云「萑，蓷」，郭注：「今茺蔚也，葉似荏。」則此處不誤，又阮本孔《疏》云「郭璞曰：今茺蔚也，葉似萑」，此「萑」字，十行本、李本（元）、劉本（元）、閩本、明監本、毛本同。阮記引文「葉似萑」，云：「案：浦鏜云『荏誤萑』，考《爾雅》注，是也。」盧記同。前引郭注作「荏」，「荏」、「萑」非一草，故郭璞云「葉似荏」以釋「萑」，若作「葉似萑」以釋「萑」，顯無此理。《要義》所引正作「荏」，可證此字確誤。阮本刊刻時，或據阮記以判定是否為必誤之處，再於刊板上加圈，董其事者，或見此處阮記已證「萑」字必誤，故決意加圈，然本應在「葉似萑」之「萑」旁加圈，卻誤在「萑蓷」之「萑」旁加圈，故致誤字無圈，而圈字無誤也。

9. 頁十一左　華注節間

按：「注」，李本（元）同；十行本作「生」，劉本（元）、閩本、明監本、毛本同，《要義》所引亦同。阮記無說，盧記補云：「『注』，當作『生』。」揆諸文義，顯當作「生」，《爾雅疏》亦引作「生」，可證，盧記是也。此例惟李本與阮本同誤，可見兩本之關係密切也。

10. 頁十一左　說文云菾綏也

按：「綏」，十行木、李本（元）、劉本（元）、閩本、明監本同；毛本作「薐」。阮記云：「閩本、明監本同，毛本『綏』作『薐』，案：皆誤也，浦鏜云『矮』，是也。」盧記同。作「綏」者，乃孔《疏》所見也，豈可輕言其誤，浦說、阮記不可信從也。

11. 頁十二右　深淺為厚薄

按：「厚薄」，十行本、李本（元）、劉本（元）、閩本、明監本、毛本、巾箱本、監圖本、纂圖本同；岳本作「薄厚」，五山本、日抄本同。阮記云：「小字本同，閩本、明監本、毛本同，相臺本『厚薄』作『薄厚』。案：『薄厚』是也。《正義》中『薄厚』字凡四見，又標起止云『至薄厚』，皆其證，閩本以下并標起止亦改而倒之，誤甚。」盧記同。「厚薄」、「薄厚」當為別本之異，阮記必決是非，不可信據。

12. 頁十二右　　箋雛之薄厚

按：「之」，十行本、李本（元）、劉本（元）同；閩本作「之至」，明監本、毛本、十行抄本同。阮記無說，盧記補云：「『雛之』下當有『至』字」。此《疏》文標起止，以其通例言之，「至」字不可少，盧記是也。

13. 頁十二左　　國危役賦不息

按：「危」，十行本、李本（元）、劉本（元）、閩本、明監本、毛本、十行抄本同。阮記云：「案：『危』當作『內』，以六字為一句。」盧記同。阮記此說，顯為猜測，毫無依據，不可信從，謝記以為「國危」當作一讀，阮記改「危」為「內」不知何據，是也。

14. 頁十二左　　是諸侯背也

按：「背」，十行本、李本（元）、劉本（元）同；閩本作「背叛」，明監本、毛本、十行抄本同，《要義》所引亦同。阮記云：「明監本、毛本『背』下有『叛』字，閩本剜入。案：所補是也。」盧記惟「明監本毛本」作「明監本毛本同」，餘同。諸侯背也，不辭，顯當作「背叛」，《要義》所引可證，阮記謂閩本剜入，據《要義》其原文如此，閩本或別有所承也。

15. 頁十二左　　序云君子不樂其生之由

按：「云」，十行本、李本（元）、劉本（元）、閩本、明監本、毛本、十行抄本同。阮記云：「案：『云』當作『言』，形近之譌。」盧記同。阮記此說，顯為猜測，毫無依據，不可信從。

16. 頁十三右　　庶幾服寐而無動耳

按：「服」，十行本、李本（元）、劉本（元）、閩本、明監本、毛本、十行抄本同。阮記無說，盧記補云：「毛本『服』作『於』。」今檢日本日本東京大學東洋文化研究所藏汲古閣本、哈佛大學圖書館藏汲古閣本，皆作「庶幾服寐而無動耳。」盧記謂毛本「服」作「於」，不知其所據何本。又盧記此條引文另行起首空一字格，按照盧記體例，乃為《傳》、箋出校時引文之行款，而此句為孔《疏》，依照通例，應另行起首空兩字格引文，據此，盧記豈以「庶幾服寐而無動耳」為《傳》、箋哉？令人匪夷所思也。

17. 頁十三右　易云庶幸也

按：「云」，十行本、李本（元）、劉本（元）、閩本、明監本、毛本同。阮記無說，盧記補云：「案：『云』當作『注』，形近之譌。」《正字》云「『易』下，當脫『繫辭注』三字」，阮記似本之而改寫，或是也。

18. 頁十三左　造偽也

按：「偽」，十行本、李本（元）、劉本（元）、閩本、明監本、毛本同；巾箱本作「為」，監圖本、纂圖本、岳本、五山本、日抄本同。阮記云：「小字本、相臺本『偽』作『為』，《考文》古本同。案：『為』字是也。〇按：古『為』、『偽』通用，如『人之為言』，亦作『人之偽言』，《左傳》『為』多訓『偽』。」盧記同。注疏本系統作「偽」，經注本系統作「為」，乃別本之異，阮記按語是也。謝記以為「為」古多作「偽」，蓋出於人者，古皆謂之「偽」，荀子云人性惡其善者偽也，毛氏為荀子弟子，說「為」為「偽」，正其師法。此亦牽強猜測之言也。

19. 頁十四左　亦無顧眷我之意

按：「顧眷」，十行本、李本（元）、劉本（元）、閩本、明監本、毛本、巾箱本、監圖本、纂圖本、岳本、五山本、日抄本皆同。阮記云：「小字本『顧眷』作『眷顧』，案：『眷顧』是也，又見《碩鼠》箋。」盧記同。今檢傳世諸本皆作「顧眷」，阮記所見所謂小字本作「眷顧」，當為別本，豈可據之以改眾本，阮記武斷甚矣。

20. 頁十五右　王又無母恩

按：十行本、李本（元）、劉本（元）、閩本、明監本、毛本、巾箱本、監圖本、纂圖本、岳本、五山本、日抄本皆同。阮記云：「小字本、相臺本同，案：《釋文》云：王又無母恩也，一本作『王后』。《正義》云『定本及諸本「又」作「后」，義亦通』，考此文當屬箋，今脫去句首『箋云』二字，遂屬之《傳》，非也，《正義》標起止云『箋王又無母恩』，是其證，且『又』者繫前之辭，所以又上箋無恩於我也，《傳》未有無恩之文，安得云『又』哉，各本皆誤，當依《正義》正之……」盧記同。阮記是也。

21. 頁十五右　渭水湝也

按:「溓」,十行本作「隒」,閩本、明監本、毛本、巾箱本、監圖本、纂圖本、岳本、五山本、日抄本同;李本(元)作「廉」,劉本(元)同。阮記云:「小字本、相臺本『溓』作『隒』,閩本、明監本、毛本亦同,案:此非,《釋文》所云《詩》本又作水旁兼者也,乃《釋文》溓清也誤涉耳,《正義》標起止以下及各本皆作『隒』,可證。」盧記同。唯阮本作「溓」,十行本及經注諸本皆作「隒」,考十行本《疏》文云「隒是山岸,溓是水岸,故云水隒」,既為山岸,小山為阜,故從阜,左阝為阜,則作「隒」是也。

22. 頁十五右　不行者蓋衍字

按:「行」,十行本、李本(元)、劉本(元)、閩本、明監本、毛本、十行抄本同。阮記云:「案:浦鏜云『行衍字』,是也,《爾雅疏》即取此,正無『行』字。」盧記同。檢《爾雅·釋丘》云「夷上洒下不漘」,郭璞注:「厓上平坦而下水深者為漘,不,發聲。」郭璞以為「不」為發聲詞,不表意,《爾雅疏》引孫炎云「平上陗下故名漘,『不』者蓋衍字」,孫炎以為「不」為衍文,孔《疏》所引正是孫說,則「行」字確為衍文,浦說是也。殿本即無「行」字,所改是也。

23. 頁十六右　釋草云蕭荻

按:「荻」,十行本、李本(元)、劉本(元)、閩本、明監本、毛本同;十行抄本作「萩」,《要義》所引同。阮記云:「案:浦鏜云『萩誤荻,下同』,考《爾雅·釋文》,浦挍是也,餘同此。」盧記同。檢《爾雅·釋草》正作「蕭萩」,單疏本《爾雅疏·釋草》云:「蕭萩,釋曰:李巡曰萩一名蕭,陸璣云:今人所謂萩蒿者是也。」十行抄本、《要義》所引皆作「萩」,則作「萩」實無可疑,十行本作「荻」,或因形近而譌。阮記云「考《爾雅釋文》,浦挍是也」,《爾雅》篇內何曾有《釋文》?此處「釋文」顯當作「釋草」,盧記照抄不辨,亦誤。殿記云:「臣宗萬按:『荻』字宜作『萩』,音秋。《說文》云:萩,蕭也;襄公十八年《左傳》:秦周伐雍門之萩;是也。《爾雅·釋草》文字誤作『荻』,故《疏》仍其訛,荻,葵也,非蕭也。」所辨甚是,然謂《疏》仍其訛則似誤,據《要義》所引,《疏》本不誤,十行抄本作「萩」,亦可為證,或是十行本刊刻時致誤,亦未可知。

24. 頁十六右　王氏云取蕭

按：「王氏」，十行本、李本（元）、劉本（元）、閩本、明監本、毛本皆同，《要義》所引亦同。阮記云：「案：『王氏』當作『生民』，形近之譌，《蓼蕭·正義》可證。」盧記同。《疏》文云「王氏云：『「取蕭祭脂」，是蕭所以供祭祀也。』」阮說不確，其證有二。其一，《要義》所引正作「王氏云」，則宋時魏了翁所見本如此，原文不誤。其二，宋本《讀詩記》卷二十六《生民》「誕我祀如何」節「於是或取蕭以祭脂」條，引「王氏云：『「取蕭祭脂」，則宗廟之祭升臭也。』」此處之「王氏」絕不可能為「生民」之譌，乃因此處本說《生民》之詩，何能再引《生民》？則宋人亦見說詩之「王氏」。通檢《毛詩正義》，行文多次提及「王氏」，所指皆為王肅，則此處之「王氏」或即為王肅。

25. 頁十六左　　如焭草之色ｏ然乘大車

按：「ｏ」，十行本、李本（元）、劉本（元）、閩本、明監本、毛本皆同。阮記云：「案：『ｏ』當衍。」盧記同。《正字》引文「如焭草之色」，云：「下衍『ｏ』」，乃阮記所本。此句本為《疏》文，而插入「ｏ」，顯誤，浦說是也，殿本無，所改是也。

26. 頁十八右　　毳畫虎雉謂宗彝也

按：「雉」，十行本、李本（元）、劉本（嘉靖）、閩本、明監本、毛本皆同。阮記云：「案：浦鏜云『蜼誤雉』，是也。」盧記同。此《疏》引《周禮·司服》鄭注，其云「毳畫虎蜼，謂宗彝也」，則浦說是也，殿本作「蜼」，所改是也。

27. 頁十八左　　周禮雖今葬

按：「今」，十行本、李本（元）、劉本（嘉靖）同；閩本作「合」，明監本、毛本同，《要義》所引亦同。阮記無說，盧記補云：「毛本『今』作『合』，案：『合』字是也。」揆諸文義，顯當作「合」，《要義》所引正可為證，不惟毛本，閩本已然也。

28. 頁十九左　　將其來施施

按：十行本（此頁抄補）、李本（元）、劉本（元）、閩本、明監本、毛本、巾箱本、監圖本、纂圖本、岳本、五山本、日抄本、唐石經、白文本皆同。阮

記云：「案：《釋文》云：施施，如字，《正義》標起止云：丘中至施施。考《顏氏家訓》引《傳》及箋云：《韓詩》亦重為施施，河北《毛詩》皆云施施，江南舊本悉單為施，俗遂是之，恐有少誤。然則，今《毛詩》、《釋文》、《正義》及各本皆作『施施』者，或由顏說定之也，《經義雜記》以為經文一字，《傳》、箋重文，引《邶·谷風》『有洸有潰』，《傳》：洸洸武也，潰潰怒也，箋：君子洸洸然潰潰然無溫潤之色等，證之，其說是也。」盧記同。檢敦煌殘卷伯二五二九《毛詩故訓傳·丘中有麻》經文，作「其將來施=」，則傳世諸本及敦煌殘卷皆疊「施」字，阮記遠引《家訓》，近徵《雜記》，看似博雅，實無理據，猜測之詞，豈可信乎！

29. 頁十九左　故知劉氏大夫氏也*

按：「劉」，李本（元）、劉本（元）、閩本、明監本同；十行本（此頁抄補）作「雷」，毛本、十行抄本同。阮記、盧記皆無說，考《疏》：云「下云『彼雷之子』，與《易》稱顏氏之子，其文相類，故知雷氏大夫氏也。」作「劉」顯誤，作「雷」是也。此字加圈，而阮記、盧記皆無說，顯屬脫漏。

卷四之二

1. 頁一左　又云為幽王大司徒

按：「又云」，十行本、李本（元）、劉本（元）、閩本、明監本、毛本同；單疏本無「云」字，十行抄本同，《要義》所引亦同。阮記云：「閩本、明監本、毛本同，案：此不誤，浦鏜云『衍云字』，非也，《譜》以上說京兆鄭縣，以下說河南新鄭，故以『又云』為更端之辭。山井鼎《考文》載永懷堂板『又云』作『桓公』，出於臆改，其板自是俗書，無足論者，盧文弨亦取改此文，失之矣。」盧記同。此段為《鄭譜》，上文「初宣王封母弟友於宗周畿內咸林之地，是為鄭桓公，今京兆鄭縣是其都也」，則為周幽王大司徒者鄭桓公也，若有「云」字，則不知主語為誰，前後顯然軒輊難通，故當從單疏本等，以無「又」字者為是，浦說是也，阮記非之，誤甚。十行抄本原文無「云」字，後又與其右旁補寫「云」字，或為後來據他本校補，誤矣。

2. 頁一左　禍難及巳也史伯曰

　　　　　　　謂境多阨塞若克二邑
頁二右　　東遷是其事也卒取史伯所云
頁三右　　鄭意與賈說異武公又作卿士

　　按：此四條，阮記、盧記皆無說，細繹其標註位置，「禍難及己也」為孔
《疏》，「史伯曰」則為《鄭譜》；「謂境多阨塞」為孔《疏》，「若克二邑」則為
《鄭譜》；「東遷是其事也」為孔《疏》，「卒取史伯所云」則為《鄭譜》；「鄭意
與賈說異」為孔《疏》，「武公又作卿士」則為《鄭譜》；則除第一條稍有偏差，
此四處加圈，均意在隔斷前後，區別《疏》、《譜》，而阮記、盧記竟皆無說，
使人不明所以，疏漏甚矣。

　　3.　頁二右　　桓公臣善

　　按：「臣」，十行本、李本（元）、劉本（元）、閩本、明監本、毛本同；單
疏本作「曰」，十行抄本同，《要義》所引亦同。阮記云：「案：山井鼎云：《史
記》『臣』作『曰』，是也。」盧記同。此處「臣」字，顯為「曰」字之誤，或
因形近而譌，阮記是也。

　　4.　頁三左　　是突前篡之箋

　　按：「箋」，十行本、李本（元）、劉本（元）同；單疏本作「初」，閩本、
明監本、毛本、十行抄本同，《要義》所引亦同。阮記云：「閩本、明監本、毛
本『箋』作『初』，案：皆非也，當作『事』，上下文可證。」盧記同。「前篡
之箋」，不知所云，「前篡之初」，語意曉暢，謂其前次篡位之初時也，阮記謂
當作「事」，純屬推測，不可信從。

　　5.　頁三左　　宜是初田事也

　　按：「田」，十行本、李本（元）、劉本（元）、閩本、明監本同；單疏本作
「年」，毛本、十行抄本同，《要義》所引亦同。阮記云：「閩本、明監本同，
毛本『田』作『年』，案：皆非也，當作『日』，形近之譌。」盧記同。「初田
事也」，不知所云，考《疏》云「《褰裳》思見正，言突篡國之事，是突前篡之
初，國人欲以鄰國正之，《春秋》之義，君雖篡弒而立，已列於會則成為君。
案：突以桓十一年篡，十二年公會鄭伯盟於武父，自是以後，頻列於會，則
成為鄭君，國人不應思大國之見正，《褰裳》宜是初年事也。」此段《疏》文
乃釋《褰裳》詩義，實為國人欲鄰國以正公子突之篡，然據《春秋》之義，一

且篡位之人得以位列諸侯盟會，則已成國君，不當反之，故此詩作時，定非突與盟會之後，應是其篡之初，故國人欲正之且不違《春秋》之義也。《疏》義如此，作「年」是也。《正字》云「『年』，監本誤『田』，是也，阮記之說顯誤。

6. 頁五右　在天子宮

按：十行本、李本（元）、劉本（元）同；閩本作「在天子之宮」，明監本、毛本、巾箱本、監圖本、纂圖本、岳本、五山本、日抄本皆同。阮記云：「小字本、相臺本『宮』上有『之』字，明監本、毛本同，閩本剜入，《考文》一本同。案：有者是也。」盧記同。此乃箋文，檢宋本《周禮疏》卷三《宮正》賈《疏》云「詩云：適子之館兮，鄭云：卿士所之之館，在天子之宮中」（北京圖書館出版社二〇〇三年影印國家圖書館藏宋兩浙東路茶鹽司刻宋元遞修本），有「之」字；元刊本《漢制考》卷四《詩》云「適子之館兮，箋卿士所之之館，在天子之宮，如今之諸廬也」（北京圖書館出版社二〇〇六年影印國家圖書館藏元至元六年慶元路儒學刻本），亦有「之」字，據此，有者似是也。

7. 頁五右　而言予為子授者

按：「子」，十行本、李本（元）、劉本（元）、閩本、明監本、毛本同；單疏本作「予」，十行抄本同。阮記云：「案：浦鏜云『予譌子』，是也。」盧記同。本詩經文云「緇衣之宜兮敝，予又改為兮；適子之館兮還，予授子之粲兮」，此「予為」、「予授」正本經文也，作「予」是也，當從單疏本等，浦說是也。

8. 頁五右　然非民所能改受之也

按：「受」，十行本、李本（元）、劉本（元）、閩本、明監本、毛本同；單疏本作「授」，十行抄本同，《要義》所引亦同。阮記云：「案：浦鏜云『授譌受』，是也。」盧記同。單疏本《疏》文云：「采祿王之所授，衣服王之所賜，而言『予為』、『予授』者，其意願王為然，非民所能『改』、『授』之也。」此釋經文，考本詩經文云「緇衣之宜兮敝，予又改為兮；適子之館兮還，予授子之粲兮」，據毛《傳》，粲者，餐也，采祿也，其與衣服皆王所賜之物，而經云「予為」、「予授」者，孔《疏》以為此乃發願望王能行之，然「改為」、「授子」實非民所能也，則此處之「改」、「授」皆引經文以為說，則作「受」誤

矣，作「授」是也，當從單疏本等，浦說是也。

9. 頁五右　又再染以黑乃成緅

按：單疏本、十行本、李本（元）、劉本（元）、閩本、明監本、毛本皆同，《要義》所引亦同。阮記云：「案：『乃』上，浦鏜云『脫則為緅又復再染以黑九字』，考《周禮》注是也，此以黑複出而脫去。」盧記同。單疏本，及傳世注疏本，並《要義》所引皆同，則孔《疏》原文本如此，浦鏜據《周禮》鄭注以正孔《疏》，殊無謂也，阮記是之，亦誤，繆記以為單疏本亦脫，不可信從。

10. 頁五右　此緅衣卿士冠禮所云

按：「卿」，十行本、李本（元）、劉本（元）、閩本、明監本、毛本同；單疏本作「即」，《要義》所引亦同。阮記云：「浦鏜云『即誤卿』。是也。」盧記同。揆諸文義，作「卿」顯誤，當作「即」也，浦說是也。

11. 頁五左　而經云緇衣周緇衣卿士所服也

按：「周」，十行本、李本（元）、劉本（元）同；單疏本作「則」，閩本、明監本、毛本同，《要義》所引亦同。阮記云：「閩本、明監本、毛本『周』作『則』，案：所改非也，『周』當作『明』，形近之譌。」盧記同。揆諸文義，作「則」是也，作「周」則不知何義，阮記之說，純屬推測，顯誤。

12. 頁八右　四牡傳云杞枸檵

按：「檵」，十行本、李本（元）、劉本（元）、閩本、明監本、毛本同；單疏本作「檵」。阮記云：「案：考彼《傳》及《爾雅》皆是『檵』字，此『檵』字當誤。」盧記同。《正字》云「『檵』，誤從『糸』旁」，乃阮記所本。杞者從木，豈可從糸，單疏本正作「檵」，可證，浦說是也，殿本改作「檵」，是也。

13. 頁八右　不請公子呂矣

按：「矣」，單疏本、十行本、李本（元）、劉本（元）、閩本、明監本、毛本皆同，《要義》所引亦同。阮記云：「案：浦鏜云『矣或然字之誤，屬下』，是也。」盧記同。《正字》云「『矣』，疑衍，或『然』字之誤」，今單疏本、傳世諸注疏本及《要義》所引皆同，則原《疏》不誤，浦鏜妄疑，阮記是之，皆誤也。

14. 頁八右　懷與安實敗名病大事

按：「敗名」，單疏本、十行本、李本（元）、劉本（元）、閩本、明監本、毛本同。阮記云：「案：『敗名』二字當衍，此引《晉語》『實病大事』，或記《左傳》『敗名』於傍，遂誤入，《皇皇者華》《正義》引『實病大事』，不誤。」盧記同。《正字》云：「『敗名』二字，出《左傳》；『病』，《國語》作『疢』。」今單疏本及傳世諸注疏本皆同，則原《疏》不誤，阮記似據浦說，妄疑也，繆記以為涉《左傳》而衍「敗名」二字，並誤也。

15. 頁八左　檀彊靭之木

按：「靭」，十行本、李本（元）、劉本（元）、閩本、明監本、毛本同；巾箱本作「忍」，監圖本、纂圖本、岳本、五山本、日抄本同。阮記云：「小字本、相臺本『靭』作『忍』……是此《傳》本作『忍』字，因《正義》自用『靭』字，不知者乃取以改也……」盧記同。《疏》文云「故云彊靭之木」，單疏本同，則注疏本系統作「靭」，經注本系統作「忍」，二者互為別本，阮記必以作「忍」為是，誤也。

16. 頁八左　依字木旁作刃

按：「木」，十行本、李本（元）、劉本（元）、閩本、明監本、毛本、監圖本、纂圖本皆同；巾箱本作「韋」。阮記無說，盧記補云：「『木』，當作『韋』。」《正字》云「『木』，疑『韋』字誤」，盧記似本之。宋本《釋文》亦作「木」，則陸元朗原文作「木」，巾箱本見《傳》作「靭」遂望文生義，妄改《釋文》「木」為「韋」，誤矣，盧記亦誤。

17. 頁八左　駁馬梓檽

按：「檽」，十行本、李本（元）、劉本（元）、十行抄本同；單疏本作「榆」，閩本、明監本、毛本同。阮記云：「案：『榆』字是也，《晨風‧正義》引作『榆』。」盧記同。阮記是也。

18. 頁十左　然則藪非一

按：十行本、李本（元）、劉本（元）、閩本、明監本、毛本同；單疏本作「然則藪澤非一」，十行抄本同。阮記云：「閩本、明監本、毛本同，案：『則』當作『澤』，上下文可證。」盧記同。藪、澤聯袂，方能非一，若是單作藪，何能有「非一」之說？又下《疏》文皆「藪澤」聯稱，則此處當作「藪澤非一」，無可疑也。阮校似覺文義不通，遂意「則」作「澤」，以補其闕，而不知

原文實脫「澤」字也，當從單疏本等。

19. 頁十一右　欲疾則走欲止則往

按：「往」，十行本、李本（元）、劉本（嘉靖）、閩本、毛本同；單疏本作「住」，明監本、十行抄本同，《要義》所引亦同。阮記云：「案：浦鏜云『住誤往』，是也。」盧記同。「走」與「住」，相對而言，若作「欲止則往」，則不知何義，作「住」是也，當從單疏本等，浦說是也。

20. 頁十二左　禦狄於竟

按：十行本同；單疏本作「禦狄於境」，閩本、明監本、毛本同；李本（正德，板心有塗抹）作「禦利於竟」、劉本（正德十二年）同。阮記引文「禦狄于竟」，云：「閩本、明監本、毛本『竟』作『境』，下言『禦狄於境』同。案：所改是也，《序》作『竟』，《正義》作『境』，下文皆可證。『竟』、『境』古今字，易而說之也，《考文》古本《序》亦作『境』，誤，采《正義》所易之今字。」盧記引文「禦狄于竟」，惟「禦狄於境」作「禦狄于境」，餘同。單疏本作「境」，阮記謂閩本等改，誤也，又以古今字說之，亦是強作解人也。阮本原文作「禦狄於竟」，而阮記引作「禦狄于竟」，二者有異，而盧記引文亦作「禦狄于竟」，顯與阮本前文失照，又改阮記「禦狄於境」為「禦狄于境」，可謂錯謬頻仍也。

21. 頁十三右　乃使四馬被馳駈教遊

按：「被」，十行本、李本（元）、劉本（元）同；單疏本作「被甲」，閩本、明監本、毛本、十行抄本同。阮記云：「明監本、毛本『被』下有『甲』字，閩本剜入，案：所補是也。」盧記同。若無「甲」字，則四馬所被為何物？顯有脫文，「甲」字不可闕，當從單疏本等。細視閩本，「甲」字非剜入，阮記謬矣。

22. 頁十四右　中軍為將也

按：十行本、閩本、明監本、毛本同；劉本（正德十二年）作「中軍為中也」；巾箱本作「中軍謂將也」，監圖本、纂圖本、岳本、五山本、日抄本同，《要義》所引亦同；李本（正德，板心有塗抹）漫漶。阮記云：「小字本、相臺本『為』作『謂』，《考文》古本同。案：『謂』字是也。《釋文》以『謂將』作音，可證。」盧記同。《正字》云「『謂』，誤『為』」，阮記似本之。考本詩

經文云「左旋右抽，中軍作好」，巾箱本箋云「左右人，謂御者，右，車右也，中軍謂將也」，「左右人謂御者」、「中軍謂將也」，前後句義相仿，辭氣相承，則作「謂」是也，《要義》所引亦作「謂」，《讀詩記》卷八云：「鄭氏曰：左謂御者，右車右也，中軍謂將也」，皆可為證，浦說是也。劉本作「中軍為中也」，顯誤。

23. 頁十四左　注云右陽也

按：「右」，十行本、李本（正德，板心有塗抹）、劉本（正德十二年）、閩本、明監本、毛本同；單疏本作「左」，十行抄本同，《要義》所引亦同。阮記云：「案：浦鏜云『左誤右』，是也。」盧記同。考單疏本《疏》文云「《少儀》云『軍尚左』，注云：『左，陽也，陽主生，將軍有廟勝之策，左將軍為上，貴不敗績』。」揆諸文義，前後皆言尚「左」，無由作「右陽」也，作「左」是也，當從單疏本等，浦說是也。

24. 頁十四左　鄭兵緩為右*

按：十行本、李本（正德，板心有塗抹）、劉本（正德十二年）、閩本、明監本、毛本同；單疏本作「鄭丘緩為右」，《要義》所引亦同。阮記云：「案：山井鼎云『兵當作丘』，是也。」盧記無說。《正字》云：「『丘』，誤『兵』。」檢《左傳》成公二年正作「鄭丘緩」，作「丘」是也，當從單疏本等，浦說是也。

卷四之三

1. 頁二右　亦謂朝夕賢臣具此三德

按：「夕」，十行本、李本（元）、劉本（元）同；單疏本作「多」，閩本、明監本、毛本同。阮記無說，盧記補云：「『夕』，當作『多』。」朝夕賢臣，不辭，「夕」字顯為「多」字之譌，盧記是也。十行抄本此字描改作「夕」，原作何字不可知，然描改者所據乃十行本或元刊明修十行本似無可疑。

2. 頁二左　寔市坎反

按：十行本、李本（元）、劉本（元）、閩本、明監本、毛本、巾箱本、監圖本、纂圖本皆同。阮記云：「通志堂本、盧本同，案：《六經正誤》云：市坎反，作『市』誤，非也，毛居正多用其時等子以繩尺隋唐間切韻，故其書之所

謂音辨者，皆不得陸氏之理，此不悉論也。」盧記補云：「案：《釋文校勘》：『市』當作『市』。」《正字》云：「毛氏居正云『市坎切』，作『市』誤。」檢《釋文》作「市坎切」，則浦鏜所云，難以徵信也，阮記是也。

3. 頁三右　說文摻字山音反聲訓為斂也

按：「山音反」，十行本、李本（元）、劉本（元）同；閩本作「參此音反」，明監本、毛本同；單疏本作「參山音反」，《要義》所引同。阮記云：「閩本、明監本、毛本『字』下有『參』字。案：所補是也。『山音反』三字，當雙行細書，即為『參』字作音也。閩本、明監本、毛本『山』誤『此』。」盧記同。阮記所云甚是，「山音反」，為《疏》文隨文小注以釋音，作大字非也，單疏、《要義》所引可證，而其謂「參」字為閩本等所補則非也，單疏本等已然，閩本或別有所承。

4. 頁三右　操字杲此遙反聲訓為奉也

按：「此遙反」，十行本、李本（元）、劉本（元）、閩本、明監本、毛本同；單疏本作「此遙反」，《要義》所引同。阮記云：「案：『此遙反』三字，當雙行細書，即為『杲』字作音也。此『杲』聲與上『參』聲，皆二字連文。」盧記同。單疏、《要義》所引可證，阮記是也。

5. 頁三右　箋德謂至德也

按：「也」，十行本、李木（元）、劉本（元）同；單疏本作「者」，閩本、明監本、毛本同。阮記云：「閩本、明監本、毛本『也』作『者』。案：所改是也。」盧記同。此標起止，考箋文云「德謂士大夫賓客有德者」，則標起止當自「德謂」至「德者」，作「也」顯誤，當從單疏本，阮記以為閩本等改之，單疏本原文如此，閩本或別有所承也。

6. 頁五右　說文云珩佩上玉也璜圭璧也

按：「圭」，十行本、李本（元）、劉本（嘉靖）同；單疏本作「半」，閩本、明監本、毛本、十行抄本同，《要義》所引亦同。阮記無說，盧記補云：「《說文》，『圭』作『半』，案：『半』字是也。」檢《說文》、《說文繫傳》皆作璜「半璧也」，十行本所附《釋文》亦云「璜音黃，半璧曰璜」，則作「圭」顯誤，作「半」是也，當從單疏本等，盧記是也。

7. **頁五右** 玉藻云佩玉有衡牙

按:「衡」,十行本、李本（元）同;單疏本作「衝」,劉本（嘉靖）、閩本、明監本、毛本、十行抄本同,《要義》所引亦同。阮記無說,盧記補云:「《禮記》,『衡』作『衝』。」阮本孔《疏》下文皆作「衝牙」,則作「衡」顯誤,作「衝」是也,當從單疏本等,盧記是也。

8. **頁五左** 此章非是異國耳

按:「非」,十行本、李本（元）、劉本（嘉靖）同;單疏本作「必」,閩本、明監本、毛本同。阮記云:「閩本、明監本、毛本『非』作『必』,案:所改非也,『非』當作『自』。」盧記同。單疏本《疏》文云「此篇所陳,非言古士獨說外來賓客,但上章不言外來賓客,有國內賓客,此章必是異國耳」,意謂此篇《女曰雞鳴》所陳之事,並非敘述了古之賢士單單悅樂外來之賓客,本國賓客亦燕樂之,此與上《疏》「此朝廷之士,與賓客燕樂,同國、異國,其義亦同」,前後呼應,既然有同國、異國,上章不言來,則非外來,自為國內賓客,此章經文云「知子之來之」,言「來」,必是異國賓客也,上《疏》云「至此章言『來』,送之與別,故以異國稱之」,故若作「非是異國」,則文義齟齬,前後矛盾,作「非」顯誤,當從單疏本作「必」,阮記誤也。

9. **頁七右** 雍始生厲公

按:「雍始」,十行本、李本（元）、劉本（嘉靖）、閩本、明監本、毛本同;單疏本作「雍姞」。阮記云:「案:浦鏜云『姞誤始』,考《左傳》,是也。」盧記同。檢《左傳》桓公十一年,正作「雍姞」,與單疏本同,浦說是也。

10. **頁七左** 佩有琚瑀

按:十行本、李本（元）、劉本（嘉靖）、閩本、明監本、毛本、巾箱本、監圖本、纂圖本、岳本、五山本、日抄本皆同。阮記云:「案:《女曰雞鳴》《正義》引此《傳》作『玖』……作『玖』者是也。」盧記同。本詩經文云「將翱將翔,佩玉瓊琚」,《傳》云「佩有琚瑀,所以納間」,檢單疏本《女曰雞鳴》《疏》文作:「下《傳》亦云:佩有琚瑀,所以納間」,正與本《傳》相合,阮記謂《女曰雞鳴》《正義》引作「玖」,所據誤本,不可信從。

11. **頁七左** 堳音細字書作堳

按:「堳」,十行本、李本（元）、劉本（嘉靖）、閩本、明監本、毛本、

巾箱本、監圖本、纂圖本皆同。阮記云：「通志堂本、盧本同，案：盧文弨云疑作『塓』，『墇』當是別體耳，小字本所附作『塓』，乃字有壞而改之。」盧記補云：「《釋文校勘》：『塓』作『墇』，『墇』是『塓』之別體，小字本作『塓』，乃字有壞而改之。」《正字》云「『塓』，通志堂本作『墇』」，今檢《釋文》作「塓」，與諸本同，則浦說、阮記似皆無據也。

12. 頁八右　箋云不忘者後世傳其道德也

按：「其道」，十行本、李本（元）、劉本（嘉靖）、閩本、明監本、毛本同；巾箱本作「道其」，監圖本、纂圖本、岳本、五山本、日抄本同。阮記云：「小字本、相臺本『其道』作『道其』，《考文》古本同。案『道』字在『其』上者是也。《釋文》以『傳道』作音可證。」盧記同。注疏本系統作「其道」，經注本系統作「道其」，互為別本，阮記非也。

13. 頁八右　荷華扶渠也其華菡萏*

按：十行本、李本（元）、劉本（嘉靖）、閩本、明監本、毛本、巾箱本、監圖本、纂圖本、岳本、五山本、日抄本皆同，《要義》所引亦同。阮記云：「小字本、相臺本同，案：『荷』下『華』字衍也，《傳》分說經『荷華』二字，用《爾雅》文，不應『華』字又錯見『荷』字解中，《正義》云『荷扶渠，其華菡萏，《釋草》文』，正無『荷』下『華』字，是其本不誤。○按：非誤衍也，說見《鄭風·清人》。」盧記同。今傳世諸本皆作「荷華扶渠」，《要義》所引亦同，則《傳》義不誤。《爾雅·釋草》作「荷扶渠，其華菡萏」，毛《傳》作「荷華扶渠，其華菡萏」，二者並不矛盾，《傳》本《爾雅》，非必同《爾雅》，檢宋本《讀詩記》卷八《山有扶蘇》，引毛氏曰「荷華扶渠也，其華菡萏」，亦可為證。又，阮本於「其華」之「華」右旁加圈，與阮記所指無涉，故應於「荷華」之「華」右旁加圈，原圈誤置。

14. 頁八右　萏本又作欿又作莟

按：十行本、李本（元）、劉本（嘉靖）、閩本、明監本、纂圖本同；毛本作「萏本作欿又作莟」；巾箱本作「萏本又作欿」，監圖本同。阮記云：「通志堂本同，盧本『欿』作『歓』，下『莟』字作『菡』，云『歓』舊作『欿』，據《澤陂·音義》改，『菡』舊作『莟』，據《爾雅·音義》改，案：所改是也，《集韻》四十八感，載『菡』、『萏』、『窞』、『歓』四形可證。」盧記同。《正

字》云「『歘』，案《澤陂》詩《音義》，當『歘』字誤，下『菡』字，毛本作『含』，當『萏』或『蘭』誤，見《爾雅‧音義》」，阮記似本之。檢《釋文》出字「菡」，小注云「本又作歘，又作『萏』」，「菡」又作「萏」，顯然矛盾，浦說或然也。

15. 頁八左　所美非矣故刺之

按：「非矣」，十行本、李本（元）、劉本（嘉靖）同；單疏本作「非美」，閩本、明監本、毛本、十行抄本同。阮記云：「閩本、明監本、毛本『矣』作『美』，案：所改是也……」盧記同。考《序》云「所美非美」，《疏》文本之也，則作「美」是也，當從單疏本等，阮記謂閩本等所改，單疏本已然，閩本或別有所承。

16. 頁八左　荷扶蕖其其華菡萏釋草文

按：「其其」，十行本、李本（元）同；單疏本作「其」，劉本（嘉靖）、閩本、明監本、毛本、十行抄本同，《要義》所引亦同。阮記無說，盧記補云：「衍一『其』字。」其其，不辭，細查十行本此葉，前「其」字為行末一字，後「其」為另行起首一字，意寫文上板者或有疏忽，忘記前行末尾已書「其」字，又復書「其」字為此行之首，遂孳衍文，當從單疏本等，盧記是也。

17. 頁九右　醜人之至意同

按：「醜」，十行本、李本（元）、劉本（元）同；單疏本作「箋」，閩本、明監本、毛本、十行抄本同。阮記無說，盧記補云：「毛本『醜』作『箋』，案：『箋』字是也。」此標起止，本釋鄭箋，據《疏》文通例，顯當作「箋」，作「醜」顯誤，當從單疏本等，盧記是也。

18. 頁九右　山有喬松
喬松在山上

按：兩「喬」，十行本、李本（元）、劉本（元）、五山本、日抄本同；閩本作「橋」，明監本、毛本、巾箱本、監圖本、纂圖本、岳本同，《要義》所引亦同。阮記云：「唐石經、小字本、相臺本『喬』作『橋』，閩本、明監本、毛本亦同，案：『橋』字是也……」盧記同。「山有喬松」，唐石經、白文本作「橋」，敦煌殘卷伯二五二九《山有扶蘇》作「橋」，斯二七二九《毛詩音‧鄭續衣第七》作「橋」，《釋文》出字「有橋」，小注云「本亦作『喬』」，則「橋」、「喬」

互為別本，豈可必以作「橋」者為是，阮記非也。

19. 頁九左　是龍紅一草而列名*

按：「列」，十行本、李本（元）、劉本（元）同；單疏本作「別」，閩本、明監本、毛本、十行抄本同。阮記、盧記皆無說。一草而別名，辭意曉暢，雖本為一草當名稱有別耳，若作一草而列名，則不知所云，作「別」是也，當從單疏本等。

20. 頁九左　正義曰此章直名龍耳

案：「章」，十行本、李本（元）、劉本（元）、閩本、明監本、毛本同；單疏本作「草」。阮記云：「案：浦鏜云『草誤章』，是也。」盧記同。本詩經文云「山有喬松，隰有游龍」，箋云「游龍，放縱也」，單疏本《疏》文云「此草直名龍耳，而言游龍，知謂枝葉放縱也」，《疏》述箋義，此草本名龍，而經文稱之為「游龍」者，箋以其枝條放縱，如出游之龍也，則作「章」顯誤，作「草」是也，當從單疏本，浦說是也。

21. 頁九左　不應言橋游也

按：「橋游」，十行本、李本（元）、劉本（元）、閩本、明監本、毛本同，《要義》所引亦同；單疏本作「槁游」。阮記云：「凡《正義》說箋者，例用『槁』，十行本多未誤，唯『不應言槁游也』，一字誤作『橋』耳。」盧記同。此處作「槁游」，乃與前後文義相配，請以《疏》文證之，單疏本《疏》文云「箋以作者若取山木隰草為喻，則當指言松龍而已，不應言槁游也，今松言槁而龍云游，明取槁游為義，山上之木言枯槁，隰中之草言放縱，明槁松喻無恩於大臣，游龍喻聽恣於小臣」，所謂「槁」，即槁松也，鄭所見經文作「山有槁松」，《釋文》大字「有橋」下小注云「本亦作『喬』，毛作『橋』，其驕反，王云高也；鄭作『槁』，苦老反，枯槁也」，《疏》文釋箋，故云「松言槁」、「山上之木枯槁」、「槁松喻無恩於大臣」，此「槁松」與「游龍」相對，即「槁」與「游」相對，「槁」者枯槁喻無恩，「游」者放縱喻聽恣，則「槁游」文雖相連而義正相反，若作「橋游」則不知所云，且「橋」非鄭意，《釋文》可證，此段《疏》文前後皆作「槁游」亦可為證，作「橋」非也，作「槁」是也，當從單疏本。阮記是也。

22. 頁十右　下篇言昭公有狂狡之志

按：「狂狡」，十行本、李本（元）、劉本（元）、閩本、明監本、毛本同；單疏本作「壯狡」，十行抄本同，《要義》所引亦同。阮記云：「案：『狂』當作『壯』，形近之譌。」盧記同。此處所謂「下篇」乃指下《狡童》詩，其首章首句云「彼狡童兮，不與我言兮」，毛《傳》云「昭公有壯狡之志」，此《疏》所言正本之，故作「壯狡」是也，當從單疏本等，阮記是也。

23. 頁十左　和者當汝臣

按：十行本、李本（元）、劉本（元）同；單疏本作「和者當是汝臣」字，閩本、明監本、毛本同。阮記云：「閩本、明監本、毛本『當』下有『是』字，案：所補是也。」盧記同。「和者當是」與前《疏》「倡者當是」相應，有「是」者是也，阮記以為閩本等所補，單疏本原文如此，閩本或別有所承也。

24. 頁十二右　桓十五年經書鄭伯突出奔蔡鄭世子忽復思於鄭是
　　　　　　　忽入而突出也

按：「思」，十行本、李本（元）、劉本（元）同；單疏本作「歸」，閩本、明監本、毛本同，《要義》所引亦同。阮記無說，盧記補云：「『思』，當作『歸』。」復思，不知何義，且此「復歸」與上下文俱合，正謂「忽入」也，檢《左傳》桓公十五年經文作「復歸」，則「歸」是也，當從單疏本等，盧記是也。

25. 頁十二左　齊晉宋衛後之荊楚

按：「宋衛」，十行本、李本（元）、劉本（元）、閩本、明監本、毛本、巾箱本、監圖本、纂圖本、岳本、五山本、日抄本皆同。阮記云：「小字本、相臺本同，案：此定本也，《正義》云『齊晉本是諸夏大國，與鄭境接連，楚則遠在荊州，是南夷大國』，下文云『其實大國，非獨齊晉，他人非獨荊楚也，定本云：先嚮齊晉宋衛，後之荊楚也，義亦通』，是《正義》本當無『宋衛』二字，今《正義》作『齊晉宋衛諸夏大國』者，誤，下文又云『而云告齊晉宋衛』者，此承定本之下，因引《春秋》經有宋公、衛侯遂並說，義亦通耳，與上文不同。」盧記同。阮記洋洋灑灑，然與此處圈字實無涉也，有「宋衛」二字自是定本，或與《正義》所見本有異，實屬正常，原文不誤。

26. 頁十三右　可知此子不斥大國之君者

按：「可知」，十行本、李本（元）、劉本（嘉靖）、閩本、明監本、毛本

同；單疏本作「何知」，十行抄本同。阮記云：「案：浦鏜云『可當何字誤』，是也。」盧記同。「可知」者，陳述語氣也，詳玩此段《疏》文，乃自問自答，云「何知……者」，乃自問，下文解釋「此子不斥大國之君」之因，乃自答，故作「何」是也，當從單疏本等，浦說是也。

27. 頁十三右　齊晉宋是諸夏大國

按：「宋是」，十行本、李本（元）、劉本（嘉靖）同；單疏本作「宋衛」，閩本、明監本、毛本、十行抄本同。阮記云：「閩本、明監本、毛本『是』作『衛』，案：此非也，『宋』當作『本』，詳見上。」盧記同。此《疏》釋箋，箋云「先鄉齊晉宋衛後之荊楚」，且後《疏》多言「齊晉宋衛」，作「是」顯非，作「衛」是也，當從單疏本等，阮記誤也。

28. 頁十三右　故箋舉以為言見子與他人之異有其實大國非獨齊晉他人非獨荊楚也

按：「異有」，十行本、李本（元）、劉本（嘉靖）同；單疏本作「異耳」，閩本、明監本、毛本、十行抄本同。阮記無說，盧記補云：「毛本『有』作『耳』。」揆諸文義，「有」字顯為「耳」字之譌，當從單疏本等。

卷四之四

1. 頁一右　婦之黨為婚兄弟之黨為姻兄弟

按：「之黨」，十行本、李本（元）、劉本（元）、十行抄本同；單疏本作「壻之黨」，閩本、明監本、毛本同，《要義》所引亦同。阮記云：「閩本、明監本、毛本『之』上有『壻』字，案：所補是也。」盧記同。此《疏》引《爾雅·釋親》，檢《爾雅》有「壻」，無之則文氣不通，句義難曉也。單疏、《要義》所引正可為證，阮記以為閩本等所補，單疏本、《要義》所引皆如此，閩本或別有所承也。

2. 頁一左　近附如之近

按：「如」，十行本、李本（元）、劉本（元）同；閩本作「近」，明監本、毛本、巾箱本、監圖本、纂圖本同。阮記、盧記皆無說。附如之近，不知何義，檢《釋文》「近邊，附近之近」，則「如」字顯為「近」字之譌，當從巾箱本等。

3. 頁二左　而人之服不殊裳

按：「而」，十行本、李本（元）、劉本（元）同；單疏本作「婦」，閩本、明監本、毛本同，《要義》所引亦同。阮記、盧記皆無說。考《邶風‧綠衣》詩「綠兮衣兮，綠衣黃裳」，箋云「婦人之服不殊衣裳，上下同色」，此即《疏》所本，作「而」顯誤，當從單疏本等。

4. 頁三右　二者俱是淫風故名曰為刺也

按：「名曰」，十行本、李本（元）、劉本（元）、閩本、明監本、毛本同；單疏本作「各自」。阮記云：「案：『名曰』當作『各自』，形近之譌。」盧記同。《正字》云：「『名』，當『皆』字誤。」「各自」與「二者俱是」相對而言，若作「名曰」，則「為刺」二字必為引文，今檢《序》文惟有「刺亂」，無「為刺」，故當從單疏本作「各自」，阮記是也，浦說誤也。

5. 頁三右　男女之際近而易則如東門之墠

按：「而易」，十行本、李本（元）、劉本（元）、閩本、明監本、毛本、巾箱本、監圖本、纂圖本、岳本、五山本、日抄本皆同，《要義》所引亦同。阮記云：「案：《正義》云『阪云遠而難，則墠當云近而易，不言而易，可知而省文也』，是《傳》本無『而易』二字，《釋文》於下『易越』始云，以豉反，下同，當是亦無此二字也，各本皆衍。」盧記同。今檢單疏本云：「故云『男女之際，近而易，則如東門之墠』」，據此孔《疏》所見本與傳世諸本同，阮記謂各本皆衍，誤甚。

6. 頁三右　則茹藘在阪

按：「則」，十行本、李本（元）、劉本（元）、閩本、明監本、毛本、監圖本、纂圖本同；巾箱本作「則如」，岳本、五山本、日抄本同，《要義》所引亦同。阮記云：「相臺本『則』下有『如』字，《考文》古本同，小字本作『以』，案：有『如』字者是也。」盧記同。毛《傳》云「男女之際，近而易，則如東門之墠；遠而難，則如茹藘在阪」，「近而易」對「遠而難」，「則如東門之墠」對「則如茹藘在阪」，若闕「如」字，則辭氣不昶、前後失照也，又下《疏》文云「故云『男女之際，近而易，則如東門之墠；遠而難，則如茹藘在阪』也」，乃引《傳》文，故「如」字不可闕，阮記是也。

7. **頁四右　壇阪可以喻難耳**

按：「難」，十行本、李本（元）、劉本（元）同；單疏本作「難易」，閩本、明監本、毛本同。阮記云：「閩本、明監本、毛本『難』下有『易』字，案：所補是也。」盧記同。壇喻易，阪喻難，壇阪喻難易，「易」字豈可闕也，當從單疏本等。阮記以為閩本等改之，單疏本原文如此，閩本或別有所承也。

8. **頁四左　故知以禮為送近**

按：「送」，李本（元）、劉本（元）同；單疏本作「遠」，十行本、閩本、明監本、毛本同。阮記無說，盧記補云：「毛本『送』作『遠』，案：『遠』字是也。」送近，不辭，揆諸文義，作「遠」是也，當從單疏本等，盧記是也。

9. **頁四左　鄭以為女乎男迎己之辭**

按：「乎」，十行本、李本（元）、劉本（元）同；單疏本作「呼」，閩本、明監本、毛本、十行抄本同。阮記無說，盧記補云：「『乎』當作『呼』。」「呼男迎己」者，呼喚男子來迎己也，揆諸文義，「乎」字顯誤，作「呼」是也，當從單疏本等，盧記是也。

10. **頁五右　正義曰言風雨且雨寒涼***

按：「雨」，十行本、李本（元）、劉本（元）同；單疏本作「而」，閩本、明監本、毛本、十行抄本同。阮記無說，盧記引文「言風雨且雨」，補云：「毛本作『風而且雨』。」風雨且雨，不辭，此《疏》釋《傳》，詩云「風雨淒淒」，《傳》云「風且雨，淒淒然」，則《疏》文所謂「風而且雨」，正本之也，則作「而」是也，當從單疏本等。盧記引文「言風雨且雨」，又云毛本作「風而且雨」，似毛本無「言」字，檢毛本有「言」字，盧記疏矣。

11. **頁五左　鄭國謂學為校言可以校正道藝**

按：「校」，十行本、李本（元）、劉本（元）、閩本、明監本、巾箱本、監圖本、纂圖本、岳本、五山本、日抄本同，《要義》所引亦同：毛本作「挍」。阮記云：「案：《釋文》上云：學校，戶孝反，下云：以挍正，音教，是學校字當從木，挍正字當從扌，《五經文字》手部云：挍，經典及《釋文》或以為比挍字，案：字書無文，此挍字即張參所云也，各本挍正字從木，誤……」盧記「挍」多誤作「校」，餘同。今傳世諸本，除毛本，皆作「校」，檢《釋文》，出字「學校」，注云「戶孝反」，出字「以校正」，注云「音教」，阮記強分校、

按，不知古人重音不重字，誤矣，汪記謂毛本作「按」乃因避明熹宗諱，謝記亦謂毛本有所避，或是。

12. 頁五左　鄭國衰亂不脩校學者分散

按：「校」，十行本、李本（元）、劉本（元）同；單疏本作「學校」，閩本、明監本、毛本、十行抄本同，《要義》所引亦同。阮記云：「閩本、明監本、毛本『校』上有『學』字，案：所補是也。」盧記同。不修校，不辭，此《疏》乃釋《序》，《序》云「刺學校廢也，亂世則學校不修焉」，則無「學」字者顯誤，有者是也，當從單疏本等。阮記以為閩本等所補，單疏本原文如此，閩本或別有所承也。

13. 頁六右　可以校正道藝

按：「校」，單疏本、十行本、李本（元）、劉本（元）、閩本、明監本同；毛本作「按」。阮記、盧記皆無說。毛本所改非也，詳上文考證。

14. 頁六左　李巡曰衣皆衣領之襟

按：「皆」，十行本、李本（元）、劉本（元）、閩本、明監本、毛本同，《要義》所引亦同；單疏本作「眥」。阮記云：「案：浦鏜云『眥誤皆』，考《爾雅》，是也。段玉裁云：作『皆』不誤，皆猶交也，衣皆謂衣領衣之交處也，此當是李巡本，獨得之，他本作『眥』，不可解，乃字之誤耳。」盧記同。檢《爾雅·釋器》「衣眥謂之襟」，則作「眥」是也，當從單疏本，浦說是也，段說強為彌縫，實大謬不然也。汪記云此條校記本顧廣圻所定，其後撰《文選考異》，持論相反，是亦知段說之非，或是。

15. 頁七右　不來者言不一來也*

按：十行本、李本（元）、劉本（元）、閩本、明監本、毛本、巾箱本、監圖本、纂圖本、岳本、五山本、日抄本皆同。阮記、盧記皆無說，不知為何於「來」字旁加圈。

16. 頁七右　傳不來者*

按：單疏本、十行本、李本（元）、劉本（元）、閩本、明監本、毛本、十行抄本同。阮記、盧記皆無說，不知為何於「來」字旁加圈。

17. 頁八右　汝無信他人之言被他人之言實欺誑於汝

按：「被」，十行本、李本（元）、劉本（元）同；單疏本作「彼」，閩本、明監本、毛本同。阮記云：「閩本、明監本、毛本『被』作『彼』，案：所改是也。」盧記同。被他人之言，不知何義，揆諸文氣，作「彼」是也，當從單疏本等。阮記以為閩本等改之，單疏本原文如此，閩本或別有所承也。

18. 頁九右　齊人殺子亹而轘高渠彌

按：「轘」，十行本、李本（元）、劉本（元）、閩本、明監本、毛本同；單疏本作「轘」，十行抄本同，《要義》所引亦同。阮記云：「案：浦鏜云『轘誤轘』，是也。」盧記同。考《左傳》桓公十八年「七月戊戌，齊人殺子亹而轘高渠彌」，杜注「車裂曰轘」，《釋文》：「轘音患」，則作「轘」是也，當從單疏本等，浦說是也。

19. 頁九右　箋云縞衣綦巾所為作者之妻服也

按：十行本、李本（元）、劉本（元）、閩本、明監本、毛本、巾箱本、監圖本、纂圖本、岳本、五山本、日抄本皆同。阮記云：「案：此『所』字上，當有『己』字，《正義》當本云『故言：縞衣綦巾己所為作者之妻服也，己謂詩人自己』，今《正義》脫去『所』上『己』字耳，不然此箋更無『己』字，其『己謂詩人自己』者，安所指乎，《考文》古本有己字，采《正義》而得之者也。」盧記同。阮記似有理據，然傳世本箋文皆無「己」字，又，檢單疏本作「故言：縞衣綦巾所為作者之妻服也」，所引箋文亦無「己」字，則存疑可也。

20. 頁九左　言鄭國之人有棄其妻自言出其東門之外

按：「妻」，十行本、李本（元）、劉本（元）同；單疏本作「妻者」，閩本、明監本、毛本、十行抄本同。阮記云：「閩本、明監本『妻』下有『者』字，案：所補是也。」盧記同。無「者」字，則文氣不足，有「者」是也，當從單疏本等。阮記以為閩本等所補，單疏本原文如此，閩本或別有所承也。

21. 頁十右　故言縞衣綦巾所為作者之妻服也

按：單疏本、十行本、李本（元）、劉本（嘉靖）、閩本、明監本、毛本、十行抄本同。阮記、盧記皆無說，此處不誤，參上文考證。

22. 頁十左　周頌以薅荼蓼即委菜也

按：「菜」，十行本、李本（元）、劉本（嘉靖）同；單疏本作「葉」，閩本、明監本、毛本、十行抄本同，《要義》所引亦同。阮記云：「閩本、明監本、毛本『菜』作『葉』，案：所改是也。」盧記同。檢《爾雅·釋草》「蒤，委葉」，注云「詩云：以茠蒤蓼」，則作「葉」是也，當從單疏本等。阮記以為閩本等改之，單疏本原文如此，閩本或別有所承也。

23. 頁十一左　下章首二句是也

按：「下」，單疏本、十行本、李本（元）、劉本（嘉靖）、閩本、明監本、毛本、十行抄本同。阮記云：「案：浦鏜云『二誤下』，是也。」盧記同。諸本皆同，下章者，此下二章之義，原文不誤，浦說不可信從。

24. 頁十一左　野中有蔓延之草

按：「蔓延」，單疏本、十行本、李本（元）、劉本（嘉靖）、閩本、明監本、毛本、十行抄本皆同。阮記云：「案：『蔓延』當倒，下文可證。」盧記同。今單疏本及傳世諸本皆作「蔓延」，阮說又無實據，不可信從。

25. 頁十一左　由天有隕落之露溥溥然露潤之兮

按：「露」，十行本、李本（元）、劉本（嘉靖）、十行抄本同；單疏本作「霑」，閩本、明監本、毛本同。阮記無說，盧記補云：「毛本『露』作『霑』」。露潤，不辭，顯當從單疏本作「霑」，此「露」似涉上文之「露」而譌。

26. 頁十二右　鄭以仲春為媒月

按：「媒」，十行本、李本（元）、劉本（元）、閩本、明監本、毛本同；單疏本作「婚」，十行抄本同。阮記云：「案：浦鏜云『婚誤媒』，是也。」盧記同。考單疏本《疏》文云：「鄭以仲春為婚月，故引以證，此為記時，言民思此時而會者，為此時是婚月故也。」此《疏》釋箋，箋云「蔓草而有露，謂仲春之時，草始生，霜為露也。《周禮》：仲春之月，令會男女之無夫家者」，則所謂此時，仲春之時也，「此時是婚月」，則「仲春為婚月」也，作「婚」是也，當從單疏本等，浦說是也。

27. 頁十二右　士與合會溱洧之上

按：「與」，十行本、李本（元）、劉本（元）同；閩本作「與女」，明監

本、毛本、巾箱本、監圖本、纂圖本、日抄本同。阮記云:「小字本、相臺本『與』下有『女』字,明監本、毛本同。閩本剜入。案:此脫也。」盧記同。無「女」字不成辭,有者是也。

卷　五

卷五之一

1. 頁一右　季蒯因之

按：「蒯」，十行本、李本（元）、劉本（元）、閩本、明監本、毛本、十行抄本同；單疏本作「蕆」；《要義》所引作「前」。阮記云：「案：山井鼎云『蒯當作蕆』，物觀云『宋板下季蒯作季蕆』，是也。」盧記同。《正字》云：「『蕆』，誤『蒯』，下同。」此《疏》引《左傳》，檢昭公二十年，正作「季蕆」，當從單疏本，浦說是也。《要義》所引作「前」，似因與「蕆」形近而譌。

2. 頁一右　先祖世為四岳

按：「世」，單疏本、十行本、李本（元）、劉本（元）、閩本、明監本、毛本、十行抄本同，《要義》所引亦同。阮記云：「案：浦鏜云『嘗誤世』，是也，《崧高‧正義》引作『嘗』，是其證。」盧記同。單疏本、諸注疏本及《要義》所引皆與阮本同，則作「世」不誤也，浦說不可信從。

3. 頁一左　武王伐紂師尚父堪君多難

按：「堪君多難」，單疏本、十行本、李本（元）、劉本（元）、閩本、明監本、毛本、十行抄本同，《要義》所引亦同。阮記云：「閩本、毛本同，明監本『堪』作『甚』，案：皆誤也，考《文王‧正義》引作『謀計居多』，此當與彼同。」盧記同。《正字》云「下衍『難』字，『居』誤『君』，『謀』監本誤『甚』，毛本誤『堪』」，乃阮記所本。單疏本、諸注疏本及《要義》所

引皆與阮本同，則「堪君多難」，不誤也。又，今檢日本內閣文庫藏明監本作「堪」，不作「甚」，不知浦鏜所見為何本。

4. 頁二右　自武公九年屬王之奔止自胡公之所殺為十八年

按：「止自」，單疏本、十行本、李本（元）、劉本（元）、閩本、明監本、毛本、十行抄本同；《要義》所引作「上自」。阮記云：「盧文弨云『止自當作上距』，是也。」盧記同。據《史記·齊太公世家》，齊胡公立九年而為哀公同母少弟山所殺，山自立，是為獻公，獻公立九年卒，其子武公壽立，是胡公被殺至武公九年，正為十八年，則孔《疏》唯作「上自胡公之所殺」，方契文義，故作「上」是也，唯《要義》所引不誤，正可為證，單疏本等皆誤，「止」或因與「上」形近而譌，阮記引盧說以為當作「上距」，意是而文非。

5. 頁二左　此周公致太平制禮所定故云敷土

按：「土」，單疏本、十行本、李本（元）、劉本（元）、閩本、明監本、毛本、十行抄本同，《要義》所引亦同。阮記云：「案：『土』當作『定』，此說《譜》『敷定九畿』。」盧記同。單疏本、諸注疏本及《要義》所引皆與阮本同，則作「敷土」不誤，阮記所云，並無旁證，存疑可也。

6. 頁二左　故禹貢注云甸服此周為王畿

按：「此」，單疏本、十行本、李本（元）、劉本（元）、閩本、明監本、毛本、十行抄本同，《要義》所引亦同。阮記云：「案：『此』當作『比』，形近之譌。」盧記同。宋元諸刊本，及單疏本、《要義》所引皆與阮本同，則作「此」不誤，「甸服此周」，即「此甸服於周」之義，阮記誤也。

7. 頁二左　成王周公封東至海

按：單疏本、十行本、李本（元）、劉本（元）、閩本、明監本、毛本、十行抄本同，《要義》所引亦同。阮記云：「案：浦鏜云『至「非奄君名也」，疑在下成王節《疏》內，錯誤在此』，是也，當以此『成王』起接『管仲之言也』下，凡移百九十三字。」盧記同。細繹孔《疏》上下文，此節本釋《齊譜》「周公致太平，敷定九畿，復夏禹之舊制」，而下節《譜》文作「成王用周公之法，制廣大邦國之境，而齊受上公之地，更方五百里，其封域東至于海，西至于河，南至于穆陵，北至于無棣」，則《疏》文自「成王周公封東至海」至「非奄君名也」，當屬下節，方合體例，然宋元諸本、單疏本、十行抄本皆同，《正

義》摘引次序亦同，故並無切實版本依據，存疑可也。

8. 頁二左　南至穆陵齊雖侯爵以大功同上公封也且齊武王時地方
百里未得薄姑至周公成王時薄姑氏與四國作亂成王滅
之以封師尚父是齊於成王之世乃得薄姑之地若然臨淄
薄姑非一邑也齊之所封在於臨淄而晏子云薄姑因之者
以齊之封疆并得薄姑之地舉其國境所及明共處齊地薄
姑者是諸侯之號其人居齊地因號其所居之地為薄姑氏
後與四國作亂謂管蔡商奄則奄外更有薄姑非奄居之名
而尚書傳云奄君薄姑故注云或疑為薄姑齊地非奄君名
也*

按：此條甚為特殊，整段圈字字數奇多，且阮記、盧記於此段二十七處圈字無一出校，詳繹之，有句讀之嫌，而無標記之義，參考上條，可知此段阮記本以為當移至下節，或其意在於此，然與圈字通例顯然乖違，可謂舛亂殊甚。

9. 頁三左　書傳之文不言孝王者有大罪去國

按：單疏本、十行本、李本（元）、劉本（元）、閩本、明監本、毛本、十行抄本同。阮記云：「案：此當作『不言孝王身有大罪于國』，皆形近之譌，《譜序・正義》無『身』字，『于國』作『惡』，彼文多不與此同也。」盧記同。孔《疏》原文，文從字順，並無齟齬，且單疏本、諸注疏本皆同，阮說一無所據，純屬猜測。

10. 頁三左　詩人作到

按：「到」，十行本、李本（元）、劉本（元）、閩本、明監本、毛本同；單疏本作「刺」。阮記云：「山井鼎云『到當作刺』，是也。」盧記同。《正字》云：「『刺』，誤『到』。」詩人作到，不知何義，檢《史記・周本紀》云「懿王之時，王室遂衰，詩人作刺」，則作「刺」是也，當從單疏本，浦說是也。

11. 頁四右　昭暫若此

按：「暫」，十行本、李本（元）、劉本（元）、閩本、明監本、毛本、十行抄本同；單疏本作「晢」；殿本作「晳」，庫本同。阮記云：「山井鼎云『暫恐

晢誤』。」盧記同。《正字》云：「『暫』，當『晢』字誤。」昭暫，不知何義，昭與晢皆明瞭之義，晢、晢微異可通，殿本改作「晢」字，是也。阮記引山井鼎《考文》疑問之說，而並未判定是非，亦屬存疑，而於此加圈，實有違其有誤加圈之通例也。

12. 頁四左　故夫人與戒君子

按：「故」，單疏本、十行本、李本（元）、劉本（元）、閩本、明監本、毛本同。阮記云：「案：『故』當作『無』。」盧記同。諸本皆同，孔《疏》不誤，阮記猜測無據，不可信從。

13. 頁四左　故陳人君早朝

按：「人君」，單疏本、十行本、李本（元）、劉本（元）、閩本、明監本、毛本同。阮記云：「案：『人君』當作『夫人』，見第二章《正義》。」盧記同。諸本皆同，孔《疏》不誤，檢本詩第二章孔《疏》，並無「夫人早朝」之文，惟云「東方明，夫人朝君」，阮記猜測無據，不可信從。

14. 頁四左　皆陳與夫相警相成之事也

按：單疏本、十行本、李本（元）、劉本（元）、閩本、明監本、毛本同。阮記云：「案：『陳』當作『是』，以上《正義》各本譌舛，不可讀，今訂正。」盧記同。諸本皆同，孔《疏》不誤，阮記猜測無據，不可信從。

15. 頁四左　雞鳴思賢妃也至蒼蠅之聲

按：十行本、李本（元）、劉本（元）、閩本、明監本、毛本同；單疏本作「雞既至之聲」。阮記云：「案：此標起止有誤，《序》有《疏》，已在上矣，『雞鳴思賢妃也』六字，不當更見於此，依其常例，但取經首、末二字而已，當云『雞既至之聲』。」盧記無說。此處乃標經文起止，此段《疏》文所釋者乃經文「雞既鳴矣，朝既盈矣，匪雞則鳴，蒼蠅之聲」，則標起止當作「『雞既』至『之聲』」，此無疑也。十行本作「雞鳴思賢妃也至蒼蠅之聲」者，乃誤將《小敘》「《雞鳴》思賢妃也，哀公荒淫怠慢，故陳賢妃貞女夙夜警戒相成之道焉」，視為此段《疏》文所釋之範疇，故標其起「雞鳴思賢妃也」，然前此《疏》文已釋《小序》，不當於此再述，故十行本及其以下諸本皆誤，當從單疏本，阮記是也。

16. 頁六右　　當復褖衣

按：「復」，十行本、李本（元）、劉本（元）同；單疏本作「服」，閩本、明監本、毛本、十行抄本同，《要義》所引亦同。阮記無說，盧記補云：「毛本『復』作『服』。」當復褖衣，不知何義，揆諸文義，作「服」是也，當從單疏本等。

17. 頁七左　　併驅而逐禽獸

按：「禽」，十行本、李本（元）、劉本（元）、閩本、明監本、毛本同，《要義》所引亦同；巾箱本作「二」，監圖本、纂圖本、岳本、五山本、日抄本同。阮記云：「小字本、相臺本『禽』作『二』。案：『二』字是也，『禽』字誤。」盧記同。注疏本系統作「禽獸」，經注本系統作「二獸」，互為別本也。考本詩經文云「並驅從兩肩兮」，《傳》云「獸三歲曰肩」，未及禽鳥，則作「逐二獸」似勝，然未見其必也。

18. 頁八右　　舍人曰狼牝名獲牝狼

按：「牝狼」，十行本作「牡狼」，李本（元）、劉本（元）同；單疏本作「牝名狼」，閩本、明監本、毛本、十行抄本同，《要義》所引亦同。阮記云：「閩本、明監本、毛本『牝』下有『名』字。案：所補是也。」盧記同。牝狼，不辭，「牡名獲」、「牝名狼」前後相配，「名」字不可闕，當從單疏本等，檢《爾雅疏》與單疏本同，亦可為證，阮記是也。

19. 頁八左　　謂所以懸瑱者

按：「懸」，十行本、李本（元）、劉本（元）、閩本、明監本、毛本、五山本同；巾箱本作「縣」，監圖本、纂圖本、岳本、日抄本同。阮記云：「閩本、明監本、毛本同，小字本、相臺本『懸』作『縣』，案：『縣』字是也，《釋文》云：以縣，音元，下文《正義》本當亦是『縣』字，其自為文，乃用『懸』字，『縣』、『懸』古今字易而說之之例也，不知者，乃以《正義》所易改箋。」盧記惟「古今字易而說之之例也」作「古今易字而說之也」，餘同。大抵注疏本系統作「懸」，經注本系統作「縣」，互為別本，阮記不可從也。

20. 頁八左　　人君以玉為

按：「為」，十行本、李本（元）、劉本（元）、閩本、明監本、毛本同；巾

箱本作「為之」，監圖本、纂圖本、岳本、五山本、日抄本同。阮記云：「小字本、相臺本『為』下有『之』字，《考文》古本同。案：有者是也。」盧記同。無「之」字，則句意不足，宋陳祥道編《禮書》卷五「士瑱」條注引鄭箋，正作「人君以玉為之」（北京圖書館出版社二〇〇六年影印國家圖書館藏元至正七年福州路儒學刻明修本），則有「之」字者是也。

21. 頁九右　楚語稱曰公子張

按：「曰」，十行本、李本（元）、劉本（嘉靖）、閩本、毛本同；單疏本作「白」，明監本、十行抄本同，《要義》所引亦同。阮記云：「案：『曰』當作『白』，形近之譌。」盧記同。考《國語·楚語上》云「靈王虐，白公子張驟諫」，韋昭注：「子張，楚大夫白公也。」則作「白」是也，當從單疏本等，阮記是也。詳辨明監本之「白」字，似係讀此書者於「曰」字上，加添一筆而成「白」，則明監本亦誤。

22. 頁九右　士婚禮壻親迎

按：「婚」，單疏本、十行本、李本（元）、劉本（嘉靖）同；閩本作「昏」，明監本、毛本、十行抄本同，《要義》所引亦同。阮記云：「閩本、明監本、毛本『婚』作『昏』，案：所改是也，餘同此。」盧記同。《儀禮》有《士昏禮》，則當作「昏」，阮記以為閩本等改之，《要義》所引已作「昏」，閩本或別有所承也。下文「婚禮女立于房中」、「下婚禮婦至夫家」，二「婚」字右旁皆加圈，而無阮記、盧記說明，此條阮記云「餘同此」，似為其所發也。

23. 頁九右　至於女嫁主人揖

按：「嫁」，十行本、李本（元）同；單疏本作「家」，劉本（嘉靖）、閩本、明監本、毛本、十行抄本同，《要義》所引亦同。阮記無說，盧記補云：「毛本『嫁』作『家』。」揆諸文義，作「嫁」顯誤，作「家」是也，當從單疏本等，劉本「家」字偏於一邊，似剔去「女」旁也。

24. 頁十左　考工記玉人云天子用金則公侯以下皆玉石雜

按：「金」，十行本、李本（元）、劉本（嘉靖）、閩本、明監本、毛本同；單疏本作「全」。阮記云：「案：浦鏜云『全誤金』，是也。」盧記同。檢《周禮·考工記·玉人》「天子用全」，則作「全」是也，當從單疏本，浦說是也。

25. 頁十一右　　有姝姝美好之子

按：「姝姝」，十行本、李本（元）、劉本（嘉靖）、巾箱本、監圖本、纂圖本、日抄本同；閩本作「姝然」，明監本、毛本、岳本同，《要義》所引亦同；五山本作「姝」。阮記云：「小字本同，相臺本亦同，《考文》古本亦同，閩本、明監本、毛本『姝姝』作『姝然』，案：此當是『有姝姝然美好之子』《靜女‧正義》所引可證也，今此《正義》兩言『姝然』，其『毛以為』下一『姝然』不誤，以《傳》本不重此字也，其『鄭以為』下本是與箋文同作『姝姝然』，因上有『姝然』，遂誤脫之也，閩本以下，用以改箋，非也，各本亦脫去『然』字。」盧記同。考《疏》文云「言彼姝然美好之子，來在我之室兮」，據此，則作「姝然美好之子」似勝也。阮記據《靜女‧正義》以為當作「姝姝然美好之子」，而「閩本以下，用以改箋，非也，各本亦脫去『然』字」，此皆臆說，《要義》所引已作「姝然」，何閩本所改之有？阮本孔《疏》下文「今有彼姝然美好之子」，於「姝」旁圈字，而阮記、盧記皆無說，則或因此處阮記所云而圈之也，單疏本作「姝然」，而非阮記所云之「姝姝然」，則阮記之誤，又可知也。

26. 頁十二右　　傳月盛至門

按：「門」，十行本、李本（元）、劉本（元）、閩本、明監本、毛本同；單疏本作「門內」，十行抄本同。阮記云：「案：『門』下當有『內』字。」盧記同。此《疏》乃釋《傳》，毛《傳》末云「閨，門內也」，其標起止，應作「門內」，當從單疏本等，阮記是也。

27. 頁十二左　　故夏官序云挈壺氏下士六人注云挈讀如挈髮之挈壺盛水器也

按：「挈髮之挈」，十行本、李本（元）、劉本（元）、閩本、明監本、毛本同；單疏本作「絜髮之絜」，十行抄本同。阮記云：「案：下二『挈』字，浦鏜云『絜誤挈』，考《周禮》注，是也。」盧記同。「挈讀如挈」，顯然不通，檢《周禮‧夏官序‧挈壺氏》鄭注正作「絜髮之絜」，作「絜」是也，當從單疏本等，浦說是也。

28. 頁十三右　　故言朝之正法羣臣別色始入東方未明當起也

按：「當」，十行本、李本（元）、劉本（嘉靖）、閩本、明監本、毛本同；

單疏本作「未當」，十行抄本同。阮記云：「案：『當』上脫去一『未』字。」盧記同。此句《疏》文釋箋，箋云「挈壺氏失漏刻之節，東方未明而以為明，故羣臣促遽，顛倒衣裳，羣臣之朝，別色始入」，考前《疏》云：「以挈壺氏失漏刻之節，每於東方未明而為已明，告君使之早起，羣臣當以失晚，復恐後期，故於東方未明之時，急促惶遽，不暇整理衣服，故顛倒著衣裳而朝君，此則失於侵早。」則東方未明之時非群臣上朝之時，朝之正法，別色群臣方入，故「東方未明，未當起也」，「未」字絕不可闕，若作「東方未明，當起也」，而箋云「羣臣之朝，別色始入」，豈非自相矛盾，故當從單疏本等，阮記是也。

29. 頁十三左　瞿為良士貌故傳云瞿瞿然顧禮義

按：「瞿」，單疏本、十行本、李本（元）、劉本（嘉靖）、閩本、明監本、毛本、十行抄本同。阮記云：「案：『瞿』當作『因』。」盧記同。原文文義曉暢，諸本皆同，阮記無據生疑，純屬猜測，孫記謂「瞿」不必改「因」，阮校誤，甚是。

30. 頁十三四左　夙早釋注文

按：「注」，十行本、李本（元）、劉本（嘉靖）、閩本、明監本、毛本同；單疏本作「詁」。阮記云：「案：山井鼎云『注當作詁』，是也。」盧記同。《正字》云：「『詁』，誤『注』。」《爾雅》何來《釋注》篇，作「注」顯誤，浦說是也。

卷五之二

1. 頁一左　公使公子彭生乘公公薨於車

按：「乘公公薨」，單疏本、十行本、元十行本、李本（元）、劉本（元）、閩本、明監本、毛本、十行抄本同。阮記、盧記皆無說。阮本於此句「公」字旁加圈，頗令人費解。阮記引《序》箋「襄公使公子彭生乘公」，云：「小字本、相臺本同，案：《釋文》云：彭生乘，繩證反，一本作『彭生乘公』，乘則依字讀。《正義》本今無可考，段玉裁云：《左傳》古本當是『使公子彭生乘』為句，『公薨於車』為句，俗本增一『公』字耳，『乘』謂同車也。」盧記同。阮本似據阮記，疑《疏》文衍「公」字，故加圈也，然此段說，別無所據，《釋文》所云，蓋指鄭箋，非謂孔《疏》，單疏本及諸注疏本皆無異文，則「公」

非衍文，明矣。

2. **頁二右**　以左傳於會禚之下書姦也於會防之正言齊志也

按：「正」，十行本、元十行本、李本（元）、劉本（元）、閩本、明監本、毛本同；單疏本作「下」，十行抄本同。阮記云：「案：浦鏜云『下誤正』，是也。」盧記同。前云「會禚之下書姦也」，後云「會防之下言齊志也」，前後相對，若作「正」字，則不知所云，當從單疏本等，浦說是也。

3. **頁四右**　奇天數矣獨舉五而言明五必有象

按：「奇天數矣」，十行本、元十行本、李本（元）、劉本（元）、閩本、明監本、毛本皆同；單疏本作「奇數多矣」，《要義》所引同。阮記云：「案：『天』當作『大』，形近之譌也，『奇大數矣』者，謂奇之數，不止於五也。」盧記同。考單疏本《疏》文云「奇數多矣，獨舉五而言，明五必有象，故以喻文姜與姪娣、傅姆五人俱是婦人，不宜以襄公往而雙之」，意謂奇數不惟有五，三、七、九，皆是奇數，奇數可取者多矣，而獨舉五而言者，因以五可喻文姜等五人，此五為奇數，故襄公不宜再至文姜處而為六人之偶數。文義曉暢，毫無滯澀，當從單疏本。若作「奇天數矣」，則不知葛屨與天數有何關係。《正字》於此處云「疑」，明其有疑，阮記之說則純屬猜測，反不如浦鏜闕疑之審也，汪記亦以為不當作「大」，是也。

4. **頁四右**　云其數奇以經有五兩故以五人解之

按：「云」，單疏本、十行本、元十行本、李本（元）、劉本（元）、閩本、明監本、毛本、十行抄本皆同。阮記云：「案：『云』當作『六』，形近之譌也，『六其數奇』者，謂從五人而六之，則五人失其數奇也，此《正義》各本譌舛不可讀，今訂正。○按：此必有脫誤，或作『耦其奇數』。」盧記同。此處《疏》文乃釋鄭箋，本詩經文云「葛屨五兩」，箋云「五人為奇」，「云其數奇」，即「云奇」也，正謂箋云「五人為奇」之「奇」，其數為奇，不云三人為奇，七人為奇，九人為奇，而以五言者，乃因經文有「五兩」之說也，文義明白，何疑之有，單疏本亦作「云其數奇」，可證此處孔《疏》不誤，阮記所云，純屬猜測，不可信從，繆記謂其牽強，是也。

5. **頁四左**　襄公止復文姜耳

按：「復」，十行本、元十行本、李本（元）、劉本（元）、閩本、明監本、

毛本同；單疏本作「淫」。阮記云：「案：浦鐘云『從誤復』，是也。」盧記同。止復文姜，不知何謂，揆諸文義，作「淫」是也，當從單疏本。十行本譌作「復」者，或因經文「曷又從止」，箋云「文姜既用此道，嫁於魯侯，襄公何復送而從之，為淫泆之行」，故《正字》云「『從』，誤『復』」，實誤矣，阮記是之，亦誤。

6. 頁五右　又非魯桓

按：「又」，十行本、元十行本、李本（元）、劉本（元）、閩本、明監本、毛本、巾箱本、監圖本、纂圖本、岳本、五山本、日抄本皆同。阮記云：「小字本、相臺本同，閩本、明監本、毛本同，案：此『又』字衍也，下章箋始云『又非魯桓』，『又』者，又此箋也，《正義》於此章云責魯桓，於下章云又責魯桓，一無一有，極為明晰。」盧記同。諸本皆同，存疑可也。

7. 頁六左　忉忉憂勞也言無德而求諸侯

按：「言」，十行本、元十行本、李本（元）、劉本（元）、閩本、明監本、毛本同；巾箱本作「箋云言」，監圖本、纂圖本、岳本、五山本、日抄本同。阮記云：「小字本、相臺本『言』上有『箋云』，《考文》古本有，亦同。案：有者是也。」盧記同。注疏本無此二字，而經注本有，互為別本也，阮記以有者為是，豈必然耶？

8. 頁七右　突耳加冠為成人也

按：「耳」，十行本、元十行本、李本（元）、劉本（元）、閩本、明監本、毛本、巾箱本、監圖本、纂圖本、岳本、五山本、日抄本皆同，《要義》所引亦同。阮記、盧記皆無說，下文多處於「耳」旁加圈，皆無說明，令人費解。而阮記引經文「突而弁兮」，云：「按：箋作『突爾』，猶突然也，俗本作『耳』，乃大誤，凡云『爾』者，猶言如此也。」盧記同。阮記所引按語云箋作「突爾」，不知其所據何本，今參校眾本及《要義》所引無一例外，皆作「突耳」，又單疏本引之，亦云「箋言突耳加冠為成人」，阮記按語謂之為俗本，又云大誤，真不知誤從何來，所言謬甚。

9. 頁八右　孟子謂梁惠王曰

按：「謂」，單疏本、元十行本、十行本、李本（元）、劉本（嘉靖）、閩本、明監本、毛本、十行抄本皆同。阮記云：「案：『謂』字當衍。」盧記同。

孔《疏》下文所引，雖本《孟子‧梁惠王下》，然實孟子對齊宣王之語，故殿本改為「孟子謂齊宣王曰」，阮記以為「謂」乃衍文，或是。

10. 頁八右　舉忺忺然有喜色

按：「舉忺忺」，十行本、元十行本、李本（元）同；劉本（嘉靖）作「舉欣欣」，閩本、明監本、毛本同；單疏本作「舉首忻忻」，十行抄本同。阮記引文「舉忺忺然有喜色」，云：「閩本、明監本、毛本『忺忺』作『欣欣』，案：所改非也，當是本作『忻忻』，不與今《孟子》同，故誤如此。」盧記惟「本作忻忻」作「本作忺忺」，餘同。阮記引作「忺忺」，而云「本作忻忻」，「忻忻」不知從何而來，顯然前後矛盾，盧記改為「本作忺忺」，是也。檢《孟子‧梁惠王下》作「舉欣欣然」，《釋文‧莊子音義中》「舉滅」條小注：「舉，皆也」，此處舉字，若作「皆」解，則不當作「舉首忻忻然」，單疏本、十行抄本似誤。

11. 頁八右　箋云鬈讀當為權權勇壯也

按：「權權」，十行本、元十行本、李本（元）、劉本（嘉靖）、閩本、明監本、毛本、巾箱本、監圖本、纂圖本、岳本、五山本、日抄本皆同。阮記云：「小字本、相臺本同，案：《詩經小學》云：《五經文字》『權』字注云從手作攉，古拳握字可知，鄭箋從手，不從木，與《說文》引《國語》『捲勇』，《小雅》『拳勇』字同，今字書佚此字，僅存於張參之書《吳都賦》『覽將帥之權勇』，善曰：《毛詩》無拳無勇，拳與攉同，俗刻《文選》譌誤，不可讀。」盧記同。諸本皆同，原文不誤，阮記所引段說，毫無版本依據，不可信從。

12. 頁九左　正義曰鰥魚子釋魚文李巡曰凡魚之子總名鯤也*

按：「鰥」「鯤」，單疏本、十行本、元十行本、李本（元）、劉本（嘉靖）、閩本、明監本、毛本、十行抄本皆同，《要義》所引亦同。阮記云：「案：『鰥』當作『鯤』，下引李巡注可證，又下云『鯤鰥字異』亦可證。」盧記同。此《疏》乃引箋釋之，本詩經文云「敝笱在梁，其魚魴鰥」，《傳》云「興也，鰥，大魚」，箋云「鰥，魚子也」，皆作「鰥」，又孔《疏》標起止作「箋鰥魚至婉順」，可證箋文作「鰥魚子」，此絕無可疑，則孔《疏》引之，作「鰥魚子」，又何疑之有？此其證一。又《疏》云：「鰥，魚子，《釋魚》文，李巡曰：凡魚之子總名鯤也。鯤、鰥字異，蓋古字通用，或鄭本作『鯤』也。」

意阮記撰者見《疏》引李巡云「凡魚之子總名鯤」，又今本《爾雅‧釋魚》作「鯤魚子」，遂逆推上文「鯤魚子《釋魚》文」之「鯤魚子」乃引《爾雅》，故認定「鯤」為「鯤」之譌，若果如其推論，則孔《疏》當作「《釋魚》云：鯤，魚子，箋作『鯤魚子』，鯤、鯤字異，蓋古今通用，或鄭本作『鯤』也」。何煩再引李巡注，此其證二。孔《疏》先引箋文「鯤魚子」，乃明其本《爾雅‧釋魚》，這是解經通例，繼而又引李巡云云，正是意在引出「鯤」字，以與此處鄭箋之「鯤」字對比，既有矛盾，又解釋云「鯤、鯤字異，蓋古字通用，或鄭本作『鯤』也」，若如阮記所云，《疏》作「鯤，魚子，《釋魚》文，李巡曰：凡魚之子總名鯤也」，皆言「鯤」，試問下文「鯤鯤字異」之「鯤」何處而來，《正義》本不附經注而單行，讀者僅見標起止之「箋鯤魚」，何由得知箋文作「鯤魚子」，又何由得知此處「鯤鯤字異」之「鯤」正指箋文「鯤魚子」之「鯤」，下文「鄭本作『鯤』」，更令人無法理解也，故原文必作「鯤魚子釋魚文」，此其證三。今檢單疏本、傳世注疏本及《要義》所引皆作「鯤魚子」，此其證四。四證如此，則阮記之說，不可信從也。又，阮本於「李巡曰凡魚之子總名鯤也」之「鯤」旁加圈，而阮記、盧記皆無說，而阮記引文「或鄭本作鯤也」，云：「案：『鯤』當作『鯤』，謂或鄭之《爾雅》作『鯤』字也，此與上『鯤魚子』，『鯤』、『鯤』互易而誤如此。」盧記同。據此，頗疑阮本應於「或鄭本作鯤也」之「鯤」旁加圈，因同是「鯤」字，遂誤在上。此處「鄭本」，似有兩解，一為「鄭玄所見《爾雅》之本」之義，阮記正持此說，意謂鄭玄所見《爾雅‧釋魚》之本作「鯤」，與今本作「鯤」者異，則「鄭本作鯤」當為「鄭本作鯤」之譌，衡之辭義，似亦有理，惜無所據，阮記可備一說；一為「鄭玄所見經文之本」之義，檢《小雅‧吉日》「獸之所同，麀鹿麌麌」，鄭箋「麌，牡曰麌，麌復麌，言多也」，《疏》文云「此『麌』不破字，則鄭本亦作『麌』也」，「鄭本」正指鄭玄所見《吉日》經文也，以彼況此，可知孔《疏》意謂鄭玄所見《敝笱》經文或作「其魚魴鯤」，因此「鯤」字，遂引《爾雅‧釋魚》「鯤魚子」釋經，故箋云「鯤魚子」，敦煌殘卷伯二五二九《齊風‧敝笱》經文正作「其魚魴鯤」，孔《疏》所疑，亦有依據也，後人傳抄，或因所見經文作「其魚魴鯤」，遂並改箋文作「鯤魚子」，以符經文之「鯤」字，此孔《疏》「或鄭本作『鯤』」之義也，下《疏》又引《國語‧魯語》云「是亦以鯤為魚子也」，以證其猜測，繼而又云：「毛以鯤為大魚，鄭以鯤為魚子」，改箋「鯤」為「鯤」，乃順其猜測為說也，今單疏

本、注疏本及《要義》所引皆作「或鄭本作鯤」，無有作「鰥」者，可證孔《疏》原文不誤，其義當如上文所推測也。

13. 頁九左　　魚禁鯤鮞

按：單疏本、十行本、元十行本、李本（元）、劉本（嘉靖）、閩本、明監本、毛本、十行抄本同，《要義》所引亦同。阮記云：「案：『鮞』，當作『鮞』，即『魶』之別體字，今《國語》作『魶』，此從『而』者，亦如『陋』作『隔』，『輀』作『輀』也。」盧記同。今檢單疏本、注疏本及《要義》所引皆作「鮞」，阮記所疑，毫無依據，猜測之說也。

14. 頁十右　　箋以一鰥若大魚則強苟亦不能制不當以弊敗為喻*

按：「以一鰥」，十行本、元十行本、李本（元）、劉本（嘉靖）、閩本、明監本、毛本同；單疏本作「以鰥」，十行抄本同，《要義》所引亦同。阮記云：「案：『一』當作『魴』，刊時字壞而如此。」盧記無說。此處若作「箋以一鰥」，顯然有礙文義，故《正字》云「『一』，疑『為』字誤」，據單疏本、十行抄本及《要義》所引，實本無「一」字也，浦說所疑、阮記所言，皆為猜測。

15. 頁十右　　且魴鯤非極大之魚*

按：「鯤」，單疏本、十行本、元十行本、李本（元）、劉本（嘉靖）、閩本、明監本、毛本、十行抄本同，《要義》所引與同。阮記云：「案：『鯤』當作『既』，形近之譌。」盧記無說。《正字》云：「『鯤』，當『鰥』字誤。」考《疏》文曰：「且魴鯤非極大之魚，與鰥不類，故易《傳》以為小魚易制」，此正與上文「毛以鰥為大魚，鄭以鯤為魚子，而與魴相配，則魴之為魚，中魚也」相應，意謂魴乃中魚，鯤為魚子即小魚，而鰥則為大魚，故有「魴鯤非極大之魚」之說，「鯤」字不誤，單疏本、諸注疏本及《要義》所引可證，浦說、阮記皆非也。

16. 頁十左　　今其上下相充也

按：「今」，十行本、元十行本、李本（元）、劉本（嘉靖）、閩本、明監本、毛本同；單疏本作「令」，十行抄本同。阮記云：「案：浦鏜云『今當令字誤』，是也。」盧記同。揆諸文義，作「令」是也，當從單疏本等，浦說是也。

17. 頁十左　義亦同也o唯唯維癸反沈養水反韓詩作遺遺言不能制
也*

按：十行本、李本（元）、劉本（嘉靖）、閩本、明監本、毛本同；單疏本
作「義亦同也」，無此下文字。阮記云：「案：山井鼎云『《釋文》混在《疏》
中，當改正也』，是也。」盧記同。《正字》云：「一十九字係《音義》，當在上
箋下，誤入《疏》。」檢十行本、元十行本、李本、劉本、閩本、明監本、毛
本，「義亦同也」後，皆有「o」以隔斷，單疏本《疏》文則至「義亦同也」而
止，又檢《釋文》，「唯唯維癸反」以下皆為《釋文》，則「o」乃區別前後不同
也，按照常例，《釋文》當在箋文之後，而不當在《疏》文之後，有此特例，
或因合刻者將《疏》文插入附釋音經注本時，偶有疏忽，錯入鄭箋、《釋文》
之間，遂致誤如此也。

18. 頁十一右　簟方文蓆也

按：「蓆」，十行本、元十行本、李本（元）、劉本（元）、閩本、毛本、巾
箱本、監圖本、五山本同，《要義》所引亦同；明監本作「席」，監圖本、岳
本、日抄本同。阮記云：「閩本、明監本、毛本同，小字本、相臺本『蓆』作
『席』，案：『席』字是也，『蓆』大也，在《緇衣》，非此之用，但俗體有加
『草』者耳。」盧記同。此為毛《傳》，考孔《疏》云「簟字從竹，用竹為席，
其文必方，故云『方文蓆』也」，則其所見《傳》文亦作「蓆」，則作「蓆」似
勝，阮記所云可備一說也，細查此明監本之「席」字，上「艹」頭似被抹去，
故阮記謂之亦作「蓆」，不誤也。

19. 頁十一左　釋器云輿革前謂之鞎
李巡曰輿革前謂輿前以革為車飾曰鞎
郭璞曰鞎以韋靶車軾也

按：三「鞎」，十行本、元十行本、李本（元）、劉本（元）、閩本、明監
本、毛本同；單疏本作「鞃」，《要義》所引同；十行抄本作「鞟」。阮記云：
「案：浦鏜云『鞃誤鞎，下同』，是也。」盧記同。既「以革為車飾」，自然從
「革」作「鞃」，作「鞎」顯誤，檢《爾雅·釋器》正作「鞃」，則當從單疏本，
浦說是也。

20. 頁十二右　彼文革飾後戶謂之蔽則茀蔽異矣

按：十行本、元十行本、李本（元）、劉本（元）、閩本、明監本、毛本同；「之」字後，單疏本有「茀竹飾後戶謂之」七字，十行抄本同，《要義》所引亦同。阮記云：「案：盧文弨云：當云『革飾後戶謂之茀竹飾後戶謂之蔽』，脫七字。是也，上文可證，複出而誤耳。」盧記同。所謂「彼文」，殆指前《疏》所引郭璞之說，「郭璞曰：鞎以韋靶車軾也，茀以韋靶後戶也，又云：竹前謂之禦，後謂之蔽」，此即所謂「革飾後戶謂之茀，竹飾後戶謂之蔽」，此七字豈可闕哉！當從單疏本等，阮記是也。

21. 頁十二左　上言發夕謂初夜即行此言闍明謂侵明而行與上古
　　　　　　文相通也

按：「古」，十行本、元十行本、李本（元）、劉本（元）、閩本、明監本、毛本同；單疏本作「互」，十行抄本同，《要義》所引亦同。阮記云：「案：『古』當作『句』，形近之譌。」盧記同。《正字》云：「『古』，疑衍字。」「互文相通」，乃成語，揆諸文義，作「互」是也，當從單疏本等，浦說、阮記皆為猜測之辭，不可信從。

22. 頁十三左　然而美者

按：「然」，十行本、元十行本、李本（元）、劉本（元）、閩本、明監本、毛本同；單疏本作「抑然」。阮記云：「案：『然』上浦鏜云『脫抑字』，是也。」盧記同。然而美者，不辭，考本詩經文「抑若揚兮」，《傳》云「抑，美色」，《疏》據《傳》釋經，故作「抑然而美者」，「抑」字豈可闕也，當從單疏本，浦說是也。

23. 頁十三左　口之喑咀

按：「咀」，單疏本、十行本、元十行本、李本（元）、劉本（元）、閩本、明監本、毛本同；十行抄本作「咽」。阮記云：「案：『咀』當作『啞』，形近之譌，『喑啞』見《史記‧淮陰侯列傳》《索隱》，亦作『噁』，見《集解》。」盧記同。單疏本及諸注疏本皆作「喑咀」，阮記之說，純屬猜測也，十行抄本作「喑咽」，不知所據何本。

24. 頁十四右　今之吏步則趨疾行也

按：「吏」，單疏本、十行本、元十行本、李本（元）、劉本（元）同；閩

本作「捷」，明監本、毛本同。阮記云：「閩本、明監本、毛本『吏』作『捷』，是也。」盧記同。閩本等改「吏」為「捷」不知依據為何，單疏本作「吏」，宋元刊十行本同，則原文當不誤，汪記謂吏步是也，甚是。

25. 頁十四右　士一正*

按：「一」，十行本、元十行本、李本（元）、劉本（元）、閩本、明監本、毛本、監圖本、岳本、五山本、日抄本同；巾箱本作「二」，纂圖本同。阮記云：「小字本、相臺本同，案：此定本也，《正義》本當是『大夫二正士二正』，《正義》『……今定本云大夫二正士一正，誤耳』，各本皆沿定本之誤。」盧記無說。孔《疏》所見之本，與定本有別，「一」、「二」錯出，本屬正常，阮記謂定本必誤，豈必然耶？

26. 頁十四左　尾於正鵠之事

按：「尾」，元十行本、李本（元）、劉本（元）同；單疏本作「毛」，十行本、閩本、明監本、毛本、十行抄本同，《要義》所引亦同。阮記無說，盧記補云：「毛本『尾』作『毛』。」尾於，不辭，考單疏本《疏》文云「毛於正鵠之事，唯此言『二尺曰正』耳，既無明說，可以同之鄭」，毛、鄭相對而言，作「毛」是也，當從單疏本等，「尾」字或因與「毛」形近而譌。

27. 頁十四左　未學者之所及

按：「未」，十行本、元十行本、李本（元）、劉本（元）、閩本、明監本、毛本、十行抄本同；單疏本作「末」，《要義》所引同。阮記云：「案：浦鏜云『未當末字誤』，是也。」盧記同。此句乃孔《疏》引孫毓語，其云：「姊妹之子曰甥，謂吾舅者，吾謂之甥，此《爾雅》之明義，未學者之所及，豈毛公之博物，王氏之通識，而當亂於此哉。」既為未學，如何可及，顯當作「末學」，意謂稱我舅者，我稱其為甥，如此簡單的道理，《爾雅》亦有明文記載，即便是學識極差、名列於末的學者也明白，毛公、王肅豈能混淆而不知，作「末」是也，當從單疏本，「未」、「末」極易混淆，浦說是也。

28. 頁十五右　夏官射人以射法治射義

按：「義」，十行本、元十行本、李本（元）、劉本（元）、閩本、明監本、毛本同；單疏本作「儀」，十行抄本同。阮記云：「案：浦鏜云『儀誤義』，是也。」盧記同。檢《周禮‧夏官‧射人》正作「射儀」，乃禮儀儀式之謂也，

作「儀」是也，當從單疏本等，浦說是也。

29. 頁十五右　儀禮大射禮者諸侯射禮

按：「禮」，單疏本、十行本、閩本、明監本、毛本同，《要義》所引亦同；元十行本作「礼」，李本（元）、劉本（元）、十行抄本同。阮記、盧記皆無說，不知為何於此字加圈。

30. 頁十五左　司衣掌大射之禮云設其鵠

按：「司衣」，十行本、元十行本、李本（元）、劉本（元）、閩本、明監本、毛本同；單疏本作「司裘」，十行抄本同，《要義》所引亦同。阮記云：「案：浦鏜云『裘誤衣』，是也。」盧記同。檢《周禮·天官·司裘》云「王大射則共虎侯、熊侯、豹侯，設其鵠」，則此處當作「司裘」，明矣，當從單疏本等，浦說是也。

31. 頁十五左　有正者無鵠者無正則正與鵠大小同矣

按：「無鵠」，十行本、元十行本、李本（元）、劉本（元）、閩本、明監本、毛本同；單疏本作「無鵠有鵠」，十行抄本同，《要義》所引亦同。阮記云：「案：浦鏜云『無鵠下當脫有鵠二字』，是也。」盧記同。有正者無鵠，有鵠者無正，此為對語，若作「有正者無鵠者無正」，則不知所云，當從單疏本等，浦說是也。

32. 頁十六左　齊國十一篇二十四章

按：「二十」，十行本、元十行本、李本（元）、劉本（元）、閩本、明監本同；毛本作「三十」，巾箱本、監圖本、纂圖本、岳本、五山本、日抄本、白文本同；唐石經作「卅」。阮記云：「唐石經，『二十』作『卅』，小字本、相臺本作『三十』，毛本同，案：『三十』是也，閩本、明監本，亦誤作『二十』。」盧記無說。今計之，自《雞鳴》至《猗嗟》，凡十一篇三十四章也，《讀詩記》卷亦作「三十」，敦煌殘卷伯二六六九云「齊國十有一篇卅四章百卌三句」，則當作「三十」，阮記是也。

卷五之三

1. 頁一左　故言周以封同姓子其封域南枕河曲*

按：「同姓子」，十行本、元十行本、李本（元）、劉本（元）、閩本、明監

本、毛本、十行抄本同；單疏本作「同姓」，無「子」字。阮記云：「案：『子』當作『云』，形近之譌。」盧記同。《正字》云：「『焉』，誤『子』。」此句《疏》文釋鄭《譜》，譜云「周以封同姓焉」，《釋文》引《詩譜》亦作「周以封同姓」，故《疏》引之云「故言周以封同姓」，無「子」字是也，當從單疏本，浦說、阮記皆為猜測之辭，不可信從。又，「其封域」，十行本、元十行本、李本、劉本同；閩本「其」字前有「○」，明監本、毛本、十行抄本同；單疏本於此處留有空格，以區別《譜》、《疏》，阮記無說，盧記引文「其封域」，補云：「案：『其』上當『○』。」依照通例，阮本此處當如閩本等有「○」，盧記是也。

2. 頁一左　故知北涉汾水昔舜耕於歷山

按：十行本、元十行本、李本（元）、劉本（元）同；閩本「昔」字前有「○」，明監本、毛本、十行抄本同。阮記無說，盧記補云：「案：『昔』上當『○』。」單疏本於此處留有空格，以區別《譜》、《疏》，依照通例，阮本此處當如閩本等有「○」。盧記是也。

3. 頁二右　或父祖或子孫不可知凡

按：「凡」，十行本、元十行本、李本（元）、劉本（元）、閩本、明監本、毛本同；單疏本作「也」，十行抄本同，《要義》所引亦同。阮記云：「案：浦鐋云『凡當作也字誤』，是也。」盧記同。知凡，不知何義，作「也」是也，當從單疏本等，浦說是也。又《正字》云「『凡』，當『也』字誤」，阮記引其說增一「作」字，辭氣滯澀，遂涉語病，適為畫蛇添足者也。

4. 頁二右　則為明主止

按：「止」，十行本、元十行本、李本（元）、劉本（元）同；單疏本作「也」，閩本、明監本、毛本、十行抄本同，《要義》所引亦同。阮記云：「閩本、明監本、毛本『止』作『也』，案：皆誤也，『止』當作『但』，字之壞耳。」盧記同。明主止，不知何義，揆諸文義，作「也」是也，當從單疏本等，阮記之說，純屬猜測，豈可信據。

5. 頁二左　人君不知其非反覆僉惡褊急

按：「覆」，十行本、元十行本、李本（元）、劉本（元）閩本、明監本、毛本同；單疏本作「復」，十行抄本同，《要義》所引亦同。阮記云：「案：浦鐋云『覆當復字誤』，是也。」盧記同。「反復」者，反而復又之義，乃遞進

語，「反覆」者，反之相覆，乃轉折語，《疏》云「地陿民稠，耕稼無所，衣食不給，機巧易生，人君不知其非，反覆儉嗇褊急」，意謂地少人多已致機巧易生，人君不知其非，反而變本加厲，儉嗇褊急，乃遞進語意，故作「復」是也，當從單疏本等，浦說是也。

6. 頁二左　機巧趨利者章上四句是也

按：「者」，十行本、元十行本、李本（元）、劉本（元）、閩本、明監本、毛本同；單疏本作「首」，十行抄本同。阮記云：「案：『者』當作『首』，形近之譌。」盧記同。本詩首章上四句云「糾糾葛屨，可以履霜，摻摻女手，可以縫裳」，此正所謂「機巧趨利」也，若無「首」字，則不知「章上四句」何指，作「首」是也，當從單疏本等，阮記是也。

7. 頁二左　三月之婦不可縫裳亦是趨利之士也
　　頁三右　摻摻然未成婦之女手魏俗利其士
　　頁三左　則當家士盡為

按：三「士」，十行本、元十行本、李本（元）、劉本（元）同；單疏本皆作「事」，閩本、明監本、毛本、十行抄本同。阮記云：「閩本、明監本、毛本『士』作『事』，案：所改是也，篇內同。」盧記同。此三句所言為事，非指人，則作「事」是也，當從單疏本等，阮記是也。

8. 頁二左　以下園有桃及陟岵序皆云國小而迫日以侵削故箋採下
　　　　　　章而言其刺之意

按：「採」，十行本、元十行本、李本（元）、劉本（元）、閩本、明監本、毛本同；單疏本作「探」，十行抄本同。阮記云：「案：浦鏜云『採當探字誤』，是也。」盧記同。此句《疏》文釋箋，箋注《序》云：「儉嗇而無德，是其所以見侵削」，本詩《序》云「刺褊也，魏地陿隘，其民機巧趨利，其君儉嗇褊急，而無德以將之」，未言「日見侵削」，而《園有桃》序云「日以侵削」，《陟岵》序云「國迫而數侵削」，故箋探後而言前，此所謂「箋探下章而言其刺之意」也。「探下」為《疏》文常語，如《王風・丘中有麻》《疏》云「《傳》探下章而解之」，《魏風・十畝之間》《疏》云「《傳》探下章之意」，《秦風・蒹葭》《疏》云「探下章之意以為說也」，《小雅・魚藻》《疏》云「故探下而總之」等等，則作「探」是也，當從單疏本等，浦說是也。

9. 頁二左　要襓也

按：十行本、元十行本、李本（元）、劉本（元）、閩本、明監本、毛本、巾箱本、監圖本、纂圖本、岳本、五山本、日抄本皆同，《要義》所引亦同。阮記云：「段玉裁云：古本當作『要要也』，謂此要字即衣之要也，衣之要見於《喪服》、《士喪禮》、《玉藻》、《深衣》諸篇文字，無作『襓』者，以本字為訓，此《易傳》『蒙者蒙也』、『比者比也』、『剝者剝也』，《說文》『巳巳也』，《北風》《傳》『虛虛也』之例，淺人不能通故，故《北風》與此二《傳》皆妄改。」盧記同。今傳世各本及《要義》所引無作「要要也」者，又單疏本標起止引作「傳要襓」，下文又引《傳》「故云要襓也」，作「襓」是也，段氏率多類此之說，絕不可信，阮本據之圈字，可謂以譌傳譌者也。

10. 頁二左　襋領也

按：十行本、元十行本、李本（元）、劉本（元）、閩本、明監本、毛本、巾箱本、監圖本、纂圖本、岳本、五山本、日抄本皆同，《要義》所引亦同。阮記云：「小字本、相臺本同，案：『領』上當有『衣』字，《釋文》『襋』下云：衣領也，《正義》云：『要是裳襓，則襋為衣領，《說文》亦云：襋，衣領也』，考此可見《釋文》、《正義》二本，此《傳》皆有『衣』字，《正義》『亦』者即亦《傳》也，《說文》『襋』下引《詩》此句是正用《傳》文，《傳》上云：『要襓也』，以上經已見『裳』字，故不復言『裳襓』也，此《傳》云『襋衣領也』，以經更無『衣』字，故須言『衣』以顯之也，各本脫『衣』字，失《傳》旨矣，當正之。○案：襓、領皆統於衣，不得分襓屬裳，領屬衣，《正義》云：襓為裳襓，此語陋甚，是未考《儀禮》、《禮記》衣服之制。」盧記同。《釋文》釋音訓字，乃《釋文》之解也，其並未言明《傳》云衣領也，如何據之以證《傳》？單疏本《疏》文云「要是裳襓則襋為衣領」，此其增字釋經通例，襓增裳，則領增衣，前後相對，如何反證《傳》文前無「裳」，而後有「衣」？阮記案語遂極力彌縫，惜不可信，今傳世各本及《要義》所引皆無「衣」字，敦煌殘卷伯二六六九《葛屨》作「襋領也」，亦無「衣」字，足證阮記之非也。

11. 頁三右　少儀云國家靡幣君子不履絲屨

按：「幣」，十行本、元十行本、李本（元）、劉本（元）、閩本、毛本同；明監本作「敝」，殿本同；單疏本作「獘」，《要義》所引同，十行抄本作「弊」。阮記云：「閩本、明監本、毛本同，案：『幣』，當作『弊』，形近之譌。」盧記

同。考《禮記・少儀》作「國家靡敝」，鄭注云「靡敝，賦稅匝也」，《禮記正義》云：「靡謂侈靡，敝謂凋敝，由君遣作侈靡，賦稅煩急，則物凋敝。」據此，當作「敝」，獘、敝相通，作「幣」非也。《正字》云「『敝』，誤『幣』」，雖《禮記》原文作「敝」，然此處似當從單疏、《要義》作「獘」為勝，阮記謂明監本同作「幣」，今日本內閣文庫藏本作「敝」，不知阮記所據何本。

12. 頁三左　雖復與禪同

按：「復」，十行本、元十行本、李本（元）、劉本（元）、閩本、明監本、毛本同；單疏本作「複」。阮記云：「案：浦鏜云『複誤復』，考《儀禮》《釋文》，浦挍是也。」盧記同。浦校與單疏本正合，所言是也。

13. 頁三左　要是裳裡則襯為衣領說文亦云襰衣領也

按：「襯」，十行本、元十行本、李本（元）、劉本（元）、閩本、明監本、毛本同；單疏本作「襰」，十行抄本同。阮記云：「案：『襯』當作『襰』。」盧記同。《正字》云「『襰』，誤『襯』」，此為阮記所本。此句《疏》文釋《傳》，《傳》云「要，裡也；襰，領也」，又《疏》云「《說文》亦云襰衣領也」，由此「亦」字，可知前文必作「襰」也，當從單疏本等，阮記是也。

14. 頁四左　其采莫之士則非公路之禮也

按：「士」，元十行本、劉本（元）同；十行本作「土」；閩本作「事」，明監本、毛本、巾箱本、監圖本、纂圖本、岳本、日抄本同。阮記云：「小字本、相臺本『士』作『事』，閩本、明監本、毛本同。案：『事』字是也，『士』乃誤字，其誤與《葛屨》《正義》內同，當時寫書人，往往以『士』代『事』，此絕不可通，閩本以下閒仍之，亦誤。」盧記同。此箋文，考《疏》文據箋釋經云「美雖無度，其采莫之事殊異於公路」，可證箋文作「事」，又敦煌殘卷伯二六六九《汾沮洳》作「采莫之事」，《讀詩記》卷十《汾沮洳》引箋作「采莫之事」，皆可為證，則阮記是也，十行本之「土」字乃由「士」轉誤，可謂錯上加錯也。

15. 頁六右　園有桃其實之殽

按：「殽」，十行本、元十行本、李本（元）、劉本（元）、閩本、明監本、毛本同；巾箱本作「食」，監圖本、纂圖本、岳本、五山本、日抄本同。阮記云：「小字本、相臺本『殽』作『食』，案：『食』字是也，此《傳》以『食』

解『殽』，非複舉經文，《正義》說箋，云『明食桃為殽』，正用《傳》。」盧記同。檢敦煌殘卷伯二六六九《園有桃》作「其實之食」，則注疏本系統作「殽」，經注本系統作「食」，互為別本，阮記所云不足為據，豈必然耶？

16. 頁六右　不我知者

按：十行本、元十行本、李本（元）、劉本（元）、監圖本、日抄本、唐石經、白文本同；閩本作「不知我者」，明監本、毛本、巾箱本、纂圖本、岳本、五山本同。阮記云：「唐石經、小字本同，相臺本作『不知我者』，閩本、明監本、毛本同，案：相臺本非也，箋倒經作『不知我者』，《正義》依之耳，不可據以改經，下章同。」盧記同。檢敦煌殘卷伯二六六九《園有桃》作「我不者知」，伯二五二九《園有桃》作「我不知者」，據此，其文字舛亂，由來已久，阮記必欲定於一尊，不可信從。

17. 頁六左　箋云知是則眾臣無知我憂所為也

按：「知」，十行本、元十行本、李本（元）、劉本（元）、閩本、明監本、毛本同；巾箱本作「如」，監圖本、纂圖本、岳本、五山本、日抄本同。阮記云：「小字本、相臺本『知』作『如』，《考文》古本同。案：『如』是也。」盧記同。《正字》云：「『如是』，誤『知是』。」揆諸文義，作「如」是也，檢敦煌殘卷伯二六六九《園有桃》正作「如是」，則浦說、阮記皆是也。

18. 頁六左　十一而稅下富上尊是稅三不得薄也

按：「三」，十行本、元十行本、李本（元）、劉本（元）、閩本、明監本、毛本同；單疏本作「斂」，十行抄本同，《要義》所引亦同；殿本作「之」，庫本同。阮記云：「案：『三』當作『一』。」盧記同。《正字》云：「『三』，疑『十』字誤。」稅三不得薄，不知何義，揆諸原文，此句乃謂稅賦有常，不當減免太多，應該維持在十一而稅的水平，故當從單疏本等作「稅斂」，殿本作「稅之」，乃會意而改，義是而字誤。浦說、阮記皆為猜測之見，不可信從也。

19. 頁六左　今魏君不取於民唯食園桃而已非徒薄於十故刺之

按：「十」，十行本、李本（元）、劉本（元）、閩本、明監本、毛本同；單疏本作「十一」，元十行本、十行抄本同，《要義》所引亦同。阮記云：「案：『十』當作『一』。」盧記同。薄於十，不辭，薄於十一，薄於十一之稅也，「一」字豈可闕之！當從單疏本等，阮記誤也。

20. 頁七左　猶司寇亡役諸司空則為司空所役

按：「亡」，十行本、元十行本、李本（元）、劉本（元）、閩本、明監本、毛本同；單疏本作「云」，十行抄本同。阮記云：「案：『亡』當作『云』，形近之譌。」盧記同。「役諸司空」，為《周禮·司寇》文，則作「云」是也，當從單疏本等，阮記是也。

21. 頁八右　箋云止者謂在軍事作部列時

按：「止」，十行本、元十行本、李本（元）、劉本（元）、閩本、巾箱本、監圖本、纂圖本、岳本同，《要義》所引亦同；明監本作「上」，毛本、五山本、日抄本同。阮記云：「小字本、相臺本同，閩本同，明監本、毛本『止』作『上』，案：『上』字是也，《正義》云：若至軍中，在部列之上，又說箋云：此變言上，又云明在軍上，為部分行列時也，標起止云箋上者，皆可證，山井鼎云『按《疏》作上為是』。」盧記同。考本詩云「上慎旃哉，猶來無止」，《疏》文釋之云：「又言：若至軍中，在部列之上，當慎之哉，可來乃來，無止軍事而來，若止軍事，當有刑誅。故深戒之。」據此，則「謂在軍事作部列時」顯為「上」字之義，檢敦煌殘卷伯二六六九《陟岵》箋文，正作「上」，則阮記是也。

22. 頁九右　周禮上地家百畝中地家二百畝下地家三百畝又云遂上地有菜五十畝其廢易相通皆二百畝也

按：「云遂上地有菜」，十行本、元十行本、李本（元）、劉本（元）、閩本、明監本、毛本同；單疏本作「六遂上地有菜」，《要義》所引同。阮記云：「案：浦鏜云『菜譌菜』，是也。」盧記同。六遂者，據《周禮·司徒》鄭注引「鄭司農云：百里內為六鄉，外為六遂」，《疏》云「百里外為六遂，以其遂人掌六遂，案：《遂人》職云：掌邦之野，郊外曰野，故知百里外為六遂」，又《周禮·遂人》《疏》引先鄭云：「六遂之內，上地有菜五十畮」，據此，當從單疏本等，孫記以為「云」當作「六」，是也，浦鏜只知其一不知其二也。

23. 頁十左　徑言徑涎也

按：「涎」，單疏本、十行本、元十行本、李本（元）、劉本（元）、閩本、明監本、毛本、十行抄本皆同。阮記云：「案：『涎』當作『㳂』，形近之譌，《爾雅·釋文》可證。」盧記同。此《疏》引《爾雅·釋水》郭璞注，今檢《釋

水》「直波為徑」，郭注云「言徑涏」，與孔《疏》所引合，阮記之謬，不待辨而明矣。

24. 頁十一右　今江東通呼貉為**狫狫**

按：「狫狫」，十行本、元十行本、李本（元）、劉本（元）、閩本、明監本、毛本同；單疏本作「狫狫」。阮記云：「案：浦鏜云『狫狫誤狫狫』，引證《爾雅·釋文》狫烏朗反，狫山吏反，是也。」盧記同。檢《爾雅·釋獸》郭注作「狫狫」，則「狫狫」是也，當從單疏本，浦說是也。

25. 頁十一右　釋天云東獵為狩宵田為獠

按：「狩」，單疏本同，《要義》所引亦同；十行本作「獸」，元十行本、李本（元）、劉本（元）、閩本、明監本、毛本同。阮記、盧記皆無說。檢《爾雅·釋天》作「東獵為狩」，則當作「狩」，阮本是也，「獸」字或因音通而譌。

26. 頁十二右　入其門則無人焉

按：單疏本、十行本、元十行本、李本（元）、劉本（元）、閩本、明監本、毛本、十行抄本皆同。阮記云：「案：此《公羊》本作『則無人焉門者』，何休注可證，《正義》所引亦然，不知者誤去上下『門者』二字耳，今《公羊》『焉』字誤在『門』字下，更非。」盧記同。今傳世諸本皆同，乃孔《疏》所見本也，阮記謂其誤，純屬猜測，不可信從。

27. 頁十二右　鄭以為魚食殽則非傳所云熟食也

按：「魚食殽」，十行本、元十行本、李本（元）、劉本（元）、閩本、明監本、毛本同；單疏本作「魚殽謂以魚食殽」，十行抄本同，《要義》所引亦同。阮記云：「案：『食』當作『殽之』二字。」盧記同。《正字》云：「『魚食』，字疑誤倒。」此句《疏》文釋箋，箋云「殽讀如魚殽之殽」，則此處之殽，鄭認為乃魚殽也，而非毛《傳》所云：「熟食曰殽」，揆諸文義，當從單疏本等，阮本《疏》云「鄭以為魚食殽」，而箋文無「魚食殽」之語，顯誤，浦說、阮記皆為猜測之見，不可信從。

28. 頁十二右　不得與不素殽相配

按：「殽」，單疏本、十行本、元十行本、李本（元）、劉本（元）、閩本、明監本、毛本、十行抄本皆同，《要義》所引亦同。阮記云：「案：浦鏜云『殽

當餐字誤』，是也。」盧記同。今單疏本、傳世注疏本及《要義》所引皆作「殄」，
本詩經文亦云「不素殄兮」，則原文不誤，浦說非也。

29. 頁十二左　　曾無教令恩德來顧睠我

按：「顧睠」，十行本、元十行本、李本（元）、劉本（元）、閩本、明監
本、毛本、巾箱本、監圖本、纂圖本、岳、日抄本同；五山本作「睠顧」。
阮記云：「案：依《正義》當作『睠顧』，各本皆誤倒也。」盧記同。考箋文云
「我事女三歲矣，曾無教令恩德來顧睠我」，《疏》文云「我三歲以來事汝矣，
曾無於我之處肯以教令恩德睠顧我也」，孔《疏》並未明引鄭箋，僅敘述箋義
時言「睠顧」，豈可據此遂謂傳世諸本箋文皆誤，檢敦煌殘卷伯二六六九《碩
鼠》正作「顧睠」，阮記之說，草率殊甚，大謬不然。

30. 頁十二左　　關西呼鼩音瞿鼠

按：「鼩音瞿」，十行本、元十行本、李本（元）、劉本（元）、閩本、明監
本、毛本、十行抄本同；單疏本作「鼩音瞿」；《要義》所引作「鼩」，無「音瞿」
二字。阮記云：「案：『呼』至『瞿』十行本剜添者一字，必『音瞿』二字初刻
旁行細書而兩字相並，後改入正文，故如此耳。山井鼎云：鼠字當在鼩下，非
也，《爾雅·釋文》作鼩將䓊反，引沈旋作鼩音求于反，此同沈也。○按：『音
瞿』二字郭語也，非《疏》家語。」盧記同。考此《疏》文引《爾雅》郭注，
檢《爾雅·釋獸》「鼫鼠」，郭注云：「形大如鼠，頭似兔，尾有毛，青黃色，
好在田中食粟豆，關西呼為鼩鼠，見《廣雅》，音瞿。」則「音瞿」二字乃為
《疏》時所引，故單疏本細書二字於「鼩」之下，若《疏》文直引郭注原文，
當有「見廣雅」諸字，段玉裁謂「非《疏》家語」，易致歧義也。

31. 頁十三右　　地官小司徒及卿大夫職皆云三年則大比

按：「卿」，十行本、元十行本、李本（元）、劉本（元）、閩本、明監本、
毛本同；單疏本作「鄉」，《要義》所引同。阮記云：「案：浦鏜云『鄉誤卿』，
是也。」盧記同。檢《周禮·地官》「鄉大夫之職……三年則大比」，故應作
「鄉」，當從單疏本等，浦說是也。

32. 頁十三左　　誰之永號

按：十行本、元十行本、李本（元）、劉本（元）、閩本、明監本、毛本、
巾箱本、監圖本、纂圖本、岳本、五山本、日抄本、唐石經、白文本皆同。阮

記云：「唐石經、小字本、相臺本同，案：《釋文》云：詠，本亦作永，同音詠，歌也。《正義》本是永字，此箋云：永歌也，乃讀永為詠，不改其字者，以為假借也，《正義》本為長，《釋文》本作詠，當是因箋並改經字，《考文》古本作『詠』，采《釋文》耳。」盧記同。依照阮本圈字體例，誤則加圈，此處阮記以為當作「永」，阮本作「永」，何誤之有，於此加圈，實自破體例也。檢敦煌殘卷伯二六六九《碩鼠》作「誰之詠號」，伯二五二九《碩鼠》亦作「誰之詠號」，《考文》古本正與之合，《釋文》本作「詠」不作「詠」，《考文》古本如何採之，阮記之說誤也。又，「永」、「詠」，乃別本之異，豈是非之分也。

33. 頁十三左　言往釋皆歌號喜樂得所

按：「釋」，元十行本、李本（元）、劉本（元）、閩本、明監本、毛本同；單疏本作「者」，十行抄本同；十行本漫漶，塗抹為「者」字。阮記云：「十行本『釋』字剜，案：此誤也，『釋』當作『矣』，首章《正義》云：言往矣，將去汝，『往矣』二字本箋，此亦同，物觀《考文・補遺》所載作『者』，就彼所見本而言也。」盧記同。《正字》云：「『釋』，當『則』字誤。」物觀既云作「者」，自當有所據，阮記不從《考文・補遺》，而自為猜測，不可信從！單疏本、十行抄本作「者」，十行本塗抹亦為「者」，皆與物觀所見本同，則作「者」是也，浦說、阮記皆誤也，汪記謂：「『往者』是也，上『往矣』設言已將往也，此言人之往者皆歌號得所，故已將往也。」是也。細察元十行本，「往釋」二字在行右，同行之左相同位置恰好是《疏文》「正義曰之往釋詁文」之「往釋」二字，李本、劉本同，頗疑刻者見行左作「往釋」遂將行右刻為「往釋」，而為閩本等所承。

34. 頁十三左　樂記及關雎矣皆云永歌之

按：「矣」，元十行本、李本（元）、劉本（元）、閩本、明監本、毛本同；單疏本作「序」，十行抄本同；十行本漫漶磨滅。阮記云：「十行本『矣』字剜，案：此誤也，『矣』當作『序』，十行本欲剜上文『往矣』之『矣』，誤入於此，山井鼎云：宋板磨滅，就彼所見本而言也。」盧記同。《正字》云「『序』，誤『矣』」，乃阮記所本。《關雎・序》云：「嗟嘆之不足故永歌之」，則作「序」是也，當從單疏本等，浦說是也。

卷　六

卷六之一

1. 頁一左　以與叔虞曰以此封君

按：「君」，單疏本、十行本、元十行本、李本（元）、劉本（元）、明監本、毛本、十行抄本同；閩本作「若」。阮記云：「閩本、明監本、毛本同。案：浦鏜云『若誤君』，是也。」盧記同。此句乃孔《疏》引用《史記·晉世家》，諸本作「君」，或有所據，浦鏜遽以為誤，有武斷之嫌。又，閩本之「若」，似「君」字闕去最上一橫，則其亦作「君」矣，與阮記所見本合。

2. 頁一左　地名晉陽是也南有晉水

按：「也」，單疏本、十行本、元十行本、李本（元）、劉本（元）、閩本、明監本、毛本、十行抄本皆同，《要義》所引亦同。阮記云：「案：『也』字當作『地』，壞去『土』傍耳。」盧記同。阮記毫無實據，純屬猜測，今單疏本等皆同，《要義》所引亦同，可知原文不誤。

3. 頁一左　恒山在故縣上曲陽西北

按：「縣」，單疏本、十行本、元十行本、李本（元）、劉本（元）、閩本、明監本、毛本、十行抄本皆同，《要義》所引亦同。阮記云：「案：『縣』當作『郡』。」盧記同。《正字》云「『常山』，誤『故縣』」，或為阮記所本。此句孔《疏》乃引述班固《漢書·地理志》，檢《漢志》常山郡有上曲陽縣，小注云「恒山北谷在西北」，此處之「故縣」正指上曲陽縣，「縣」字前置，乃《疏》

文書法，下《疏》復引《漢志》，云：「太岳在河東故縣嶢東」，與此處之「故縣」用法相同，單疏本、諸本皆同，《要義》所引亦同，浦說、阮記皆為無據猜測，絕不可從。

4. 頁二右　堯典云帝曰咨四岳湯湯洪水方害下民其咨

按：「害」，十行本、元十行本、李本（元）、劉本（元）、閩本、明監本、毛本、十行抄本同；單疏本作「割」同。阮記云：「浦鏜云『割誤害』，非也，此不與今《尚書》同耳，古害、割同字，《思文》《正義》引作『割』，或後人改之。〇按此以訓詁字代其本字，非所見《尚書》有異本也。」盧記同。檢《尚書・堯典》，正作「割」，孔《傳》：「割，害也」，作「割」是也，當從單疏本，浦說是也，阮記強為彌縫，不可信從。

5. 頁二右　皋陶謨云禹曰洪水滔天予乘四載隨山刊木既稷播奏庶艱食鮮食

按：「既」，十行本、元十行本、李本（元）、劉本（元）、閩本、毛本、十行抄本同；單疏本作「暨」，明監本同。阮記云：「案：浦鏜云『暨誤既』，是也。」盧記同。檢《尚書・益稷》，正作「暨」，作「暨」是也，當從單疏本，浦說是也。又細觀明監本之「暨」字，似為磨其原字而補寫，則其原文或亦作「既」也。

6. 頁二左　案隱五年左傳曲沃莊伯伐翼翼侯奔隨秋王命虢父伐曲沃而立哀侯于翼

按：「虢父」，十行本、元十行本、李本（元）、劉本（元）、閩本、明監本、毛本、殿本同；單疏本作「虢公」，十行抄本、庫本同，《要義》所引亦同。阮記云：「案：盧文弨云『《左氏》父作公』是也，《鴇羽》《正義》引正作『公』，此誤。」盧記同。檢《左傳》隱公五年，作「虢公」，則當從單疏本等，庫本雖承殿本而改之，是也，阮記是也。

7. 頁四右　君之好義

按：「義」，十行本、元十行本、李本（正德）、劉本（正德）、閩本、明監本、毛本同；巾箱本作「樂」，監圖本、纂圖本、岳本、五山本、日抄本同。阮記云：「小字本、相臺本『義』作『樂』，《考文》古本同。案：『樂』字是也。」盧記同。浦鏜《正字》云：「『樂』，誤『義』。」考箋文云：「荒，廢亂

也；良，善也；君之好樂，不當至於廢亂政事。」此正釋經文「好樂無荒」也，若作「義」，則文義不通，不知所云，故作「樂」是也，檢敦煌殘卷伯二五二九《蟋蟀》鄭箋，正作「君之好樂」，浦說是也。

8. 頁四右　　黑語曰趨織鳴嬾婦驚是也

按：「黑」，十行本、元十行本、李本（正德）、劉本（正德）同；單疏本作「里」，閩本、明監本、毛本同，《要義》所引亦同。阮記無說，盧記補云：「毛本『黑』作『里』，案：『里』字是也。」黑語，不知何義，此引陸機《疏》也，檢《爾雅疏·釋蟲》引陸機《疏》正作「里語曰趨織鳴」，當從單疏本等，盧記是也。

9. 頁七右　　華如練而細

按：「練」，單疏本、十行本、元十行本、李本（正德）、閩本、明監本、毛本、十行抄本同。阮記云：「此不誤，浦鏜云『楝誤練』，非也，練即楝字耳。○按：《疏》家不用假借字，作『楝』是。」盧記同。此句孔《疏》引陸機《疏》，檢單疏本《爾雅疏》所引正作「練」，則阮記是也，浦說、阮記按語皆誤。

10. 頁七右　　傅洒灑考擊

按：「考擊」，單疏本、十行本、元十行本、李本（正德）、閩本、明監本、毛本、十行抄本同。阮記、盧記皆無說。然阮記引文「考擊也」，云：「小字本、相臺本同，案：此定本也。《正義》本『考』下有『亦』字，亦者，亦經弗擊也，見上，標起止云『傅洒灑考擊』，當脫『亦』字，或後人誤去之也。」盧記同。此處《疏》文標起止，傳世諸本皆無「亦」字，阮記之說顯為猜測，不可信從。

11. 頁七左　　責昭公言子既有酒食矣何不日日鼓瑟有飲食之

按：「有」，十行本、元十行本、李本（正德）同；單疏本作「而」，閩本、明監本、毛本、十行抄本同。阮記云：「閩本、明監本、毛本『有』作『而』，案：所改非也，『有』當作『自』，形近之譌。」盧記同。有飲食之，不知何義，作「而」則文義曉暢，當從單疏本等，阮記純屬猜測，謝記謂其必以字形相近改「有」作「自」，亦刻舟求劍之說，甚是。

12. 頁七左　沃盛強昭公微弱

按：「強」，十行本、元十行本、李本（正德）、閩本、明監本、毛本同；巾箱本作「彊」，監圖本、纂圖本、岳本、五山本、日抄本、唐石經、白文本同。阮記云：「閩本、明監本、毛本同，唐石經、小字本、相臺本『強』作『彊』，案：『彊』字是也，『彊』雖可通用『強』，而《正義》本用『彊』字，今《正義》中閒有『強』字者，寫書人省而亂之耳，餘同此。」盧記同。檢敦煌殘卷伯二五二九《毛詩·揚之水》，正作「強」，則強、彊自可通用，阮記辨之，純屬畫蛇添足。

13. 頁八右　激流湍疾

按：「激」，十行本、元十行本、李本（元）、劉本（元）、閩本、明監本、毛本、監圖本、纂圖本同；巾箱本作「波」，岳本、五山本、日抄本同。阮記云：「相臺本『激』作『波』，《考文》古本同。案：『波』字是也。《正義》云：『激揚之水，波流湍疾』，是其證。」盧記同。此鄭箋文，考阮本箋云「激揚之水，激流湍疾，洗去垢濁，使白石鑿鑿然」，上下疊「激」字，無乃重複乎？檢敦煌殘卷伯二五二九《揚之水》鄭箋，正作「波流湍急」，又歐陽修《詩本義》卷四「揚之水」條云「鄭謂波流湍疾，洗去垢濁，使白石鑿鑿然」（《四部叢刊》三編影宋本），《集解》卷十二引李曰「鄭曰：激揚之水，波流湍疾，洗去垢濁，使白石鑿鑿然」，則作「波」字是也，故當從巾箱本等。十行本於「激流」之「激」旁畫有小圈，並在頁腳寫有「波」字，則讀此本者亦以為此處當作「波」也。又，孔《疏》云「言激揚之水，波流湍疾，行於石上，洗去石之垢穢」，乃釋本詩經文「揚之水，白石鑿鑿」，既未明引箋文，如何據之以證，阮記顯誤。

14. 頁九左　此綃上刺為繡文故謂之綃黼也

按：「繡」，十行本、元十行本、李本（元）、劉本（嘉靖）、閩本、明監本、毛本同；單疏本作「黼」，十行抄本同，《要義》所引亦同。阮記云：「案：『繡』，當作『黼』。」盧記同。「繡」即刺也，於綃上刺刺，不知何義，「黼」者，所繡之紋也，則作「黼」是也，當從單疏本等，阮記是也。

15. 頁九左　白石皓皓

按：十行本、元十行本、李本（元）、劉本（嘉靖）、閩本、明監本、毛本、巾箱本、監圖本、纂圖本、岳本、五山本、日抄本、唐石經、白文本皆

同。阮記云：「小字本、相臺本同，唐石經初刻同，後磨改為『晧』，案：『晧』字是也，《說文》『白』部無『皓』字，本從『曰』也，《廣韻》三十二『晧』，亦無『晧』字，《釋文》當本作『晧』，今誤。」盧記同。「亦無晧」，疑「亦無皓」之譌。檢敦煌殘卷伯二五二九《揚之水》，作「白石浩浩」，「浩」、「皓」不同乃別本之異，阮記無據猜測，不可信從。

16. 頁十左　　碩謂壯貌佼好也

按：「壯」，十行本、元十行本、李本（元）、劉本（元）、閩本、明監本、毛本、巾箱本、監圖本、纂圖本、岳本、五山本、日抄本皆同。阮記云：「案：段玉裁云：《正義》云故以碩為壯佼貌，是《正義》本作『壯佼貌』，『壯佼』二字疑鄭本用《月令》文，而後人亂之，『壯佼』又見《旄楚》箋。」盧記同。檢敦煌殘卷伯二五二九《椒聊》鄭箋，作「狀兒」，無「佼」字，孔《疏》云「故以碩為壯佼貌」，乃概括箋文，非引之也，段說無據，不可信從。

17. 頁十左　　謂桓叔其人形貌盛壯得美廣大

按：「得」，元十行本、李本（元）、劉本（元）、閩本同；單疏本作「德」，十行本、明監本、毛本、十行抄本同。阮記云：「閩本同，明監本、毛本『得』作『德』，案：所改是也。」盧記同。得美，不辭，揆諸文義，應作「德美」，當從單疏本等，阮記謂明監本所改，單疏本、十行本《疏》本皆作「德」，明監本或別有所承也。

18. 頁十一右　　郭璞曰楝萸子劇生成房

按：「楝萸」，十行本、元十行本、李本（元）、劉本（元）同；單疏本作「楝萸」，明監本同；閩本作「茉萸」、毛本同，《要義》所引同。阮記云：「閩本、明監本、毛本『楝』誤『茉』，案：浦鏜云『萸誤萸，從《爾雅音義》挍，萸所留反』，是也。」盧記同。檢《爾雅・釋木》，作「楝萸」，字畫微別，實難區分。

卷六之二

1. 頁一左　　故月令季夏之日昏火中

按：「日」，十行本、元十行本、李本（元）、劉本（元）、閩本、明監本、毛本同；單疏本作「月」，《要義》所引同。阮記無說，盧記補云：「『日』當作

『月』。」檢《禮記・月令》云「季夏之月，日在柳，昏火中」，又前《疏》云「故《月令》『孟春之月』『昏參中』」，則此處之「日」顯為「月」字之譌，當從單疏本等，盧記是也。

2. 頁一左　若薪蕘待人事而後束也

按：「蕘」，十行本、元十行本、李本（元）、劉本（元）同；閩本作「芻」，明監本、毛本、巾箱本、監圖本、纂圖本、岳本、五山本、日抄本同。阮記云：「小字本、相臺本『蕘』作『芻』，閩本、明監本、毛本亦同，案：『芻』字是也，《釋文》、《正義》皆可證，唯十行本作『蕘』，乃沿經注本俗體字耳。」盧記同。今檢敦煌殘卷伯二五二九《綢繆》毛《傳》，作「蕘」，則十行本作「蕘」必有所本，阮記謂十行本沿經注本，是也，然「蕘」是否為俗體字，難以遽斷，謂之別本可也，豈必有對錯之分？阮記不可信從也。

3. 頁三右　子兮子兮者斥嫁取者

按：「嫁」，十行本、元十行本、李本（元）、劉本（元）、閩本、明監本、毛本、巾箱本、纂圖本、岳本、五山本、日抄本同；監圖本作「家」。阮記云：「小字本、相臺本同，案：『嫁』衍字也，此但刺取者，不刺嫁者，故下文云：『子取後陰陽交會之月』也，《正義》亦可證。」盧記同。《正字》云「『嫁』衍字，從《疏》挍」，乃阮記所本。今檢敦煌殘卷伯二五二九《綢繆》鄭箋，正作「斥娶者也」，可證浦說也。

4. 頁三左　謂之五月之末

按：「之」，十行本、元十行本、李本（元）、劉本（元）、閩本、明監本、毛本同；巾箱本無，監圖本、纂圖本、岳本、五山本、日抄本同。阮記云：「小字本、相臺本『謂』下無『之』字，《考文》古本同。案：無者是也。」盧記同。《正字》云「上『之』字當衍文」，乃阮記所本。檢敦煌殘卷伯二五二九《綢繆》鄭箋，無「之」字，考前箋云「心星在隅，謂四月之末、五月之中」，則此箋當云「心星在戶，謂五月之末、六月之中」，以前後相配也，故無「之」者似勝，浦說是也。

5. 頁四右　湑湑枝葉不相比也

按：「比」，十行本、元十行本、李本（元）、劉本（嘉靖）、閩本、明監本、毛本、巾箱本、監圖本、岳本、五山本、日抄本同；纂圖本作「北」。阮

記云：「案：『比』下當有『次』字，此《傳》『比次』，即取經『胡不比焉』『胡不伙焉』之文也，《釋文》『湝湝』下云『不相比次也』，是其本有『次』字。《正義》云：《傳》於此云湝湝枝葉不相比，標起止云『至相比』，或因經注本無『次』字而誤去之耳，其餘仍多言『比次』也，《考文》古本『次』字采《釋文》。」盧記同。阮記所云毫無實據，顯為猜測，其釋孔《疏》無「次」字，則又極力彌縫，不可信從。謝記以為《傳》「比」字即取經文，此說可信，若增「次」字，謂取經之「伙」，則不能無疑，是也。檢敦煌殘卷伯二五二九《有杕之杜》毛《傳》，作「不相比近」，多「近」字，乃別本也。

6. 頁五右　言嗟行之人是嗟歎此所行之人*

按：「嗟歎」，單疏本、十行本、元十行本、李本（元）、劉本（元）、閩本、明監本、毛本同。阮記、盧記皆無說，阮本於此加圈，不知何義。

7. 頁六右　傳袪袪至之貌*

按：「袪」，十行本、元十行本、李本（元）、劉本（元）同；單疏本作「袂」，閩本、明監本、毛本、十行抄本同。阮記、盧記皆無說。此《疏》文標起止，毛《傳》云「袪，袂也，本末不同，在位與民異心，自，用也，居居，懷惡不相親比之貌」，則作「袂」是也，無可疑也，當從單疏本等。

8. 頁六右　又曰袂尺二寸注云袂口也

按：「袂」，十行本、元十行本、李本（元）、劉木（元）、閩本、明監本、毛木同；單疏本作「袪」，十行抄本同，《要義》所引亦同。阮記云：「案：浦鏜云『袪誤袂』，是也，又下『袂口也』不誤，浦并改之，則非。」盧記同。此引《玉藻》，檢《禮記・玉藻》，正作「袪尺二寸」，鄭注「袂口也」，則作「袪」是也，當從單疏本等，阮記是也。

9. 頁六右　傳亦解興喻之義箋又解所以用裘興意

按：「亦」，十行本、元十行本、李本（元）、劉本（元）同；單疏本作「已」，閩本、明監本、毛本、十行抄本同。阮記無說，盧記補云：「案：『亦』當作『已』。」「已」、「又」前後搭配，辭氣完足，若作「亦」，則無前文以為始，後文如何得「亦」以為復，故作「已」是也，當從單疏本等，盧記是也。

10. 頁六右　不應得有故亂舊恩好

按：「故亂舊」，十行本、閩本、明監本、毛本同；元十行本作「故乱舊」，李本（元）、劉本（元）同；單疏本無「亂」字，十行抄本同。阮記云：「案：浦鏜云『亂疑衍字』，是也，上文兩言『故舊恩好』可證。」盧記同。故亂舊，不知何義，「亂」字顯誤，當從單疏本等，浦說是也。

11. 頁八右　或言皁斗其殼為汁可以染皁

按：「汁」，單疏本、十行本、元十行本、李本（元）、劉本（元）、閩本、明監本、毛本、十行抄本皆同，《要義》所引亦同。阮記云：「案：浦鏜云『斗誤汁』，是也，下多言『杼汁』，誤同。」盧記同。此引陸機《疏》，檢單疏本《爾雅疏》引陸機《疏》，正作「汁」，染皁者汁也，斗如何可染，原文不誤，浦說、阮記不可信從。

12. 頁八右　今京洛及河內多言杼汁

按：「汁」，十行本、元十行本、李本（元）、劉本（元）、閩本、明監本、毛本、十行抄本同，《要義》所引亦同；單疏本作「斗」。阮記、盧記皆無說，而上條所引阮記謂「杼汁」當作「杼斗」。此引陸機《疏》，檢單疏本《爾雅疏》引陸機《疏》，正作「斗」，則當從單疏本也。

13. 頁八左　無衣刺晉武公也

按：「刺」，十行本、元十行本、李本（元）、劉本（元）、閩本、明監本、毛本同；巾箱本作「美」，監圖本、纂圖本、岳本、五山本、日抄本、唐石經、白文本同。阮記云：「唐石經、小字本、相臺本『刺』作『美』，《考文》古本同，案：《正義》云『美晉武公也，所以美之者』，又云『而作是《無衣》之詩以美之』，又云『美其能并晉國』，作『美』者是也。上文《譜》《正義》云『《無衣》、《有杕之杜》則皆刺武公』者，誤。」盧記同。《正字》云「『美』誤『刺』，從《疏》挍」，乃阮記所本。檢敦煌殘卷伯二五二九《無衣・序》，作「美」，亦可為證，十行本「刺」字旁劃有小圈，頁眉寫有「美」字，則讀此者亦以為當作「美」，浦說、阮記是也。

14. 頁九右　豈虢奉使適晉

按：「虢」，十行本作「號」，元十行本、李本（元）、劉本（元）同；單疏

本作「虢公」，閩本、明監本、毛本同。阮記云：「閩本、明監本、毛本『虢』下有『公』字，案：所補是也。」盧記同。十行本前後《疏》文多作「虢公」，則「號」、「虢」皆誤也，當從單疏本等，阮記以為閩本等所補，單疏本原文如此，閩本或別有所承也。

15. **頁十一右　皆可求之我君所**

按：「求」，十行本、元十行本、李本（元）、劉本（元）、閩本、明監本、毛本同；巾箱本作「來」，監圖本、纂圖本、岳本、五山本、日抄本同。阮記云：「小字本、相臺本『求』作『來』。案：『來』字是也。《正義》云：『皆可使之適我君之所』，此『來之』之義也。」盧記同。檢敦煌殘卷伯二五二九《有杕之杜》鄭箋，正作「來」，亦可為證，當從巾箱本等，阮記是也。

16. **頁十三右　言此者婦人專一***

按：「一」，十行本、元十行本、李本（元）、劉本（元）、閩本、明監本、毛本、纂圖本同；巾箱本作「壹」，監圖本、岳本、五山本、日抄本同。阮記云：「小字本、相臺本『一』作『壹』，案：『壹』字是也。」盧記無說。檢敦煌殘卷伯二五二九《葛生》鄭箋，亦作「壹」，此別本之異，豈必有是非之分？阮記不可信從。

17. **頁十三左　以獻公好聽用讒之言***

按：「讒之言」，十行本、元十行本、李本（元）、劉本（元）同；單疏本作「讒人之言」，閩本、明監本、毛本、十行抄本同。阮記云：「明監本、毛本『讒』下有『人』字，閩本剜入，案：所補是也。」盧記無說。讒之言，不辭，「人」字不可闕也，當從單疏本等，阮記以為閩本等所補，單疏本原文如此，閩本或別有所承也。

卷六之三

1. **頁一左　僉曰益哉**

按：「僉」，單疏本、十行本、元十行本、李本（元）、劉本（元）、閩本、明監本、十行抄本同；毛本作「禽」。阮記云：「毛本『僉』誤『禽』，閩本、明監本不誤。段玉裁云：禽乃禹之誤，古文《尚書》作『禹』，詳見《尚書撰異》。」盧記同。此引《尚書·舜典》，正作「僉曰益哉」，則作「禽」顯誤，

作「僉」是也，當從單疏本等，阮記所引段說，推測無據，不可信從。

2. 頁二左　平王討襄公為諸侯賜之岐山以西之地封爵之

按：「討」，十行本、元十行本、李本（元）、劉本（嘉靖）同；單疏本作「封」，閩本、明監本、毛本、十行抄本同，《要義》所引亦同。阮記無說，盧記補云：「毛本『討』作『封』。案：『封』字是也。」討襄公，如何又賜之地，「討」字顯誤，作「封」是也，當從單疏本等，盧記是也。

3. 頁三右　不言西至獨言東至者以秦居隴西東拓土境上已云近鳥鼠之山不須便言其西故直言東至而已

按：「便」，十行本、元十行本同；單疏本作「復」，閩本、明監本、毛本、十行抄本同，《要義》所引亦同；李本（元）作「更」，劉本（元）同。阮記云：「閩本、明監本、毛本『便』作『復』，案：皆非也，此『更』字之誤。」盧記同。《鄭譜》已述秦自居西土，坐西向東拓土，故《譜》不言「西至」，僅言「東至迆山」，孔《疏》引而述之云「不言西至獨言東至者」，下文「不須復言其西」之「復」，正著眼對應也。「便」字顯因與「復」字形近而譌，「更」字似又因闕去「彳」旁而譌，相沿錯謬之跡，明晰可見，阮記純屬猜測，顯誤。

4. 頁四右　追錄先人車鄰駟驖小戎之歌

按：「驖」，單疏本、十行本、元十行本、李本（元）、劉本（元）、十行抄本同，《要義》所引亦同；閩本作「鐵」，明監本、毛本同。阮記云：「閩本、明監本、毛本『驖』作『鐵』，案：『鐵』字是也，餘同，此詳本篇，山井鼎云『上文駟鐵同今本非也』者誤。」盧記同。單疏本及《要義》皆作「駟驖」，且有《駟驖》之詩，「駟鐵」顯誤，《正字》謂明監本、毛本「『驖』誤『鐵』，下並同」，是也，阮記不知何據，不可信從。

5. 頁四左　此美秦初有車馬侍御之好

按：「秦初」，十行本、元十行本、李本（元）、劉本（元）同；單疏本作「秦仲初」，閩本、明監本、毛本同。阮記云：「閩本、明監本、毛本『秦』下有『仲』字，案：所補是也。」盧記同。考本詩《序》云「秦仲始大，有車馬禮樂侍御之好焉」，則此處「仲」字不可闕，當從單疏本等，阮記以為閩本等所補，單疏本原文如此，閩本或別有所承也。

6. 頁六右　馬戉美襄公也

按：「馬戉」，十行本、元十行本、李本（元）、劉本（元）、閩本、明監本、監圖本、纂圖本、岳本、五山本、日抄本、唐石經同；巾箱本作「鐵」，毛本、白文本同。阮記云：「小字本、相臺本同，唐石經初刻『鐵』，後改『馬戉』，經『馬戉孔阜』同。案：《釋文》云：馬戉田結反……《正義》本當是『鐵』字，『鐵』為『馬戉』之借……此篇經注《正義》，十行本盡作『馬戉』，必合併時人以經注改《正義》字……」盧記同。檢唐石經「馬戉美襄公也」之「馬戉」，其「馬」旁確乎有模糊之跡，然其是否為磨改，是否原字為「鐵」，實難確認，而「馬戉孔阜」之「馬戉」並無模糊之處，篇末「馬戉三章章四句」之「馬戉」亦清晰無疑，則阮記所謂唐石經磨改云云，絕不可信，且阮記又云「《正義》本當是鐵字」，單疏本云「作《馬戉》詩者，美襄公也」，且在經注《正義》合併之前，阮記之說，不攻自破。檢敦煌殘卷伯二五二九有《四馬戉》篇，亦作「馬戉」，益可知阮說之誤也。下頁六左、頁七右，阮本皆於「馬戉」之「馬戉」右旁圈字，而阮記、盧記皆無說，或其意在此條也，然「馬戉」字不誤，於此可知也。

7. 頁七左　冬獵曰狩釋言文

按：「言」，十行本、元十行本、李本（元）、劉本（元）、閩本、明監本、毛本同；單疏本作「天」。阮記云：「案：浦鏜云『天誤言』，是也。」盧記同。「冬獵為狩」，乃《爾雅・釋天》文，則作「天」是也，當從單疏本，浦說是也。

8. 頁九右　異義戴禮戴毛氏二說

按：「戴」，十行本、元十行本、李本（元）、劉本（元）、閩本、明監本、毛本、十行抄本同；單疏本作「載」，《要義》所引同。阮記云：「案：浦鏜云『上戴字當載字之誤』，是也。」盧記同。《異義》，許慎《五經異義》也，其並載「戴、毛氏二說」，則作「戴」顯誤，作「載」是也，當從單疏本等，浦說是也。

9. 頁九右　哀十二年左傳曰國狗之瘈無不噬也

按：「瘈」，十行本、元十行本、李本（元）、劉本（元）、閩本、明監本、毛本同；單疏本作「瘛」，十行抄本同。阮記云：「案：浦鏜云『瘛誤瘈』，是也。」盧記同。檢《左傳》哀公十二年，正作「國狗之瘛」，杜注「瘛，狂也」，

則作「瘦」是也，當從單疏本等，浦說是也，此「齧」，似涉下《疏》「齧」字而譌。

10. 頁九左　桼音木本又作孫革歷錄也

按：「孫革」，十行本、元十行本、李本（元）、劉本（元）、閩本、明監本、毛本同；纂圖本作「桼革」；巾箱本作「鞷」，監圖本同。阮記云：「通志堂本、盧本『鞷』作『鞤』，案：『鞤』字是也，『鞷』字於字書無可考，小字本所附亦是『鞤』字。」盧記補云：「《釋文校勘》：通志堂本、盧本『鞷』作『鞤』，小字本所附同，是『鞷』當作『鞤』，『孫革』二字又『鞤』字之譌。」「桼」從攵從木，一本當從攵從革，即「鞤」也，當從巾箱本等。《釋文》作「鞷」，是從攵從木又從革，顯誤也。《正字》云「『鞷』，誤分『桼』、『革』二字」，是也。

11. 頁九左　陰揜軓也

按：「軓」，元十行本、李本（元）、劉本（元）、岳本同；十行本作「軌」，巾箱本、監圖本、纂圖本同；閩本作「帆」，明監本、毛本、五山本同。阮記引文「陰揜軓也」，云：「小字本同，相臺本『軓』作『軌』，閩本、明監本、毛本作『帆』，案：『帆』字是也。」盧記同。檢敦煌殘卷伯二五二九《小戎》鄭箋，作「蔭掩帆也」，前文卷二之二頁七左「濟盈不濡軓」條，已有考證，敦煌殘卷所見之「帆」、「軓」、「軌」皆為「帆」之俗體，或因抄寫者疏忽，遂將「帆」誤寫為「軓」，又由「軓」譌作「軌」，終致失其本字，單疏本曰「故云揜帆」，亦可為證。阮本下文多處於「軓」、「軌」圈字，實皆為「帆」字之誤。

12. 頁十左　五桼是轅上之飾

按：單疏本、十行本、元十行本、李本（元）、劉本（嘉靖）、閩本、明監本、毛本、十行抄本皆同，《要義》所引亦同。阮記云：「案：十行本『上之飾』，剜添者一字，是誤衍『之』字也。」盧記同。無「之」字則辭氣不足，且單行本、《要義》所引皆有「之」字，絕非衍文，阮記見有字距迫促之處則斷為剜添，又因有剜添之跡而斷為衍文，純屬臆斷，不可信從。

13. 頁十一右　定本作靷環*

按：單疏本、十行本、元十行本、李本（元）、劉本（嘉靖）、閩本、明監

本、毛本、十行抄本皆同。阮記、盧記皆無說，不知為何於「靮」旁加圈。

14. 頁十一右　令驂馬之引何則

按：十行本、元十行本、李本（元）、劉本（嘉靖）、閩本、明監本、毛本同；單疏本作「令驂馬之引何則」；十行抄本作「令驂馬之何引則」。阮記云：「案：當作『令驂馬引之』，此《正義》以引說靮也。」盧記同。單疏本《疏》文云「靮者，以皮為之，繫於陰板之上，令驂馬之引」，揆諸文義，顯當作「令」，「之引」即「引之」，阮記所言一是一非也，十行抄本「何」、「引」二字旁又小字注云「下」、「上」，意指此處當乙正也。

15. 頁十一右　服虔云靮車軶也兩軶又馬頸者

按：「軶又」，十行本、元十行本、李本（元）、劉本（嘉靖）、閩本、明監本、毛本同，《要義》所引亦同；單疏本作「軶叉」，十行抄本同。阮記云：「案：浦鏜云『邊义誤軶又』，以《左傳·釋文》、《正義》所引考之，浦校是也。」盧記同。「又馬頸」，不知何義，「又」字顯為「叉」字之譌，當從單疏本等，浦說亦屬猜測也。

16. 頁十一左　治白金以沃灌靮環也

按：「治」，十行本、元十行本、劉本（嘉靖）、閩本、明監本同；單疏本作「冶」，李本（元）、毛本同，《要義》所引亦同。阮記云：「毛本『治』作『冶』，案：所改是也。」盧記同。《正字》云「『冶』，監本誤『治』」，乃阮記所本。考前《疏》云「謂銷此白金以沃灌靮環」，銷即冶也，當從單疏、《要義》作「冶」，而非毛本所改，單疏已然。李本之「冶」，似因左旁「冫」闕去上點而成，則其原字或亦作「治」。

17. 頁十一左　樊光云後右足白曰驤左足白曰馵

按：十行本、元十行本、李本（元）、劉本（嘉靖）、明監本同；閩本作「樊光云後右足白曰驤右足白曰馵」，毛本同；單疏本作「樊光云後右足白驤左足白馵」，《要義》所引同，十行抄本作「樊光云後右足白驤左足白馵」。阮記云：「案：十行本『足白曰』剜添者一字，是誤衍『足』字也。」盧記同。此處樊光所云，乃述《爾雅》，檢《釋畜·馬屬》，「後右足白驤左白馵」，則兩「曰」字似為衍文，當從單疏本等，其有「足」字或因所見本如此，豈可遽斷為衍文？又據《釋畜》，馬後右足白驤，閩本、毛本作「右足白曰馵」，顯誤。

18. 頁十二右　沈文又云叩之其聲清越以長

按：「沈文」，十行本、元十行本、李本（元）、劉本（嘉靖）、閩本、明監本、毛本、十行抄本同；單疏本作「彼文」。阮記云：「案：『沈』當作『彼』，形近之譌。」盧記同。沈文，不知何義，「彼文」者，正指《疏》文此前所引之《禮記・聘義》，《聘義》云「叩之其聲清越以長」，則應作「彼文」，當從單疏本等，阮記是也。《正字》云「『沈文』，當『下文』誤」，非也。

19. 頁十三右　蒙厖也

按：「厖」，十行本作「厖」，元十行本、李本（元）、劉本（元）、閩本、明監本、毛本、巾箱本、監圖本、纂圖本同；岳本作「尨」，五山本、日抄本同。阮記云：「相臺本『厖』作『尨』，案：『尨』字誤改也，《正義》標起止云『至厖伐』，《釋文》：厖伐，莫江反。○按：依《說文》則尨者正字，厖者假借字，相臺本不誤。」盧記同。檢敦煌殘卷伯二五二九《小戎》鄭箋，正作「尨」，尨、厖皆別本之異，無對錯之分，段氏謂有正字、假借字之分，亦不可信從。阮本作「厖」，不知其底本為何字，似誤。

20. 頁十四右　弟子職曰執箕膺揭則膺是胷也

按：「執箕膺揭」，十行本、元十行本、李本（元）、劉本（元）、閩本、明監本同；單疏本作「執箕膺擖」；毛本作「執其膺揭」，殿本、庫本同。阮記云：「案：山井鼎云：『揭』，恐『擖』誤，當與《曲禮疏》併考。是也……揲、葉、擖三字古通用也，揭字誤，《儀禮》注亦有誤作揭者。○按：段玉裁云揭乃擖之誤……」盧記同。檢《禮記・曲禮》云「凡為長者糞之禮，必加帚於箕上」，鄭注引《弟子職》曰「執箕膺擖」，孔《疏》釋之云：「膺，胷前也，擖，箕舌也……言執箕之禮以箕舌嚮胸，而帚置於箕中，箕是棄物之器，故不持嚮尊也。」據此，應作「執箕膺擖」，當從單疏本，阮記是也。

21. 頁十四右　春官巾車說五路之飾皆有樊纓注云樊讀如盤帶之鞶

按：「盤」，十行本、元十行本、李本（元）、劉本（元）同；單疏本作「鞶」，閩本、明監本、毛本同。阮記無說，盧記補云：「案：『盤』當作『鞶』。」盤帶之鞶，不知何義，檢《周禮・春官・巾車》，鄭注作「鞶帨之鞶」，則作「鞶」是也，當從單疏本等，盧記是也。

卷六之四

1. 頁二右　可以為曲簿

按：「簿」，單疏本、十行本、元十行本、李本（元）、劉本（嘉靖）、毛本同；閩本作「薄」，明監本同。阮記云：「毛本同，閩本、明監本『簿』作『薄』，案：『薄』字是也，『簿』見《廣韻》，宋時或用此字，其《說文》、《方言》、《廣雅》等皆用『薄』字，今《廣雅》亦誤『簿』，此當與同。」盧記同。此本唐人《正義》，阮記據漢時《說文》、《方言》以為說，顯為不倫，且單疏本作「簿」，此字無可疑也。

2. 頁二左　此經當是勸君求賢人使之周禮

按：「使之周」，十行本、元十行本、李本（元）、劉本（嘉靖）、閩本同；明監本作「使知周」，毛本同；單疏本作「使之用」，十行抄本同。阮記云：「明監本、毛本『之』誤『知』，案：『周』當作『用』，形近之譌。」盧記同。使之周禮，不辭，顯誤，使之用禮，辭意俱足，且前《疏》云「欲令襄公敬順求知禮之賢人，以教其國也」，「以教其國」與此處「使之用禮」，可謂桴鼓相應者也，當從單疏本等。北監本見「使之周禮」絕不可通，遂改「之」為「知」，箋云「是知周禮之賢人」，賢人本知周禮，如何又使之也，其誤顯然，阮記是也。

3. 頁三左　沈云孫炎稱荊州曰柟揚州曰梅

按：「柟」、「梅」，十行本、元十行本、李本（元）、劉本（元）、閩本、巾箱本、監圖本、纂圖本同；明監本作「柟」、「梅」，毛本同。阮記云：「影宋本缺，通志堂本、盧本如此，案：段玉裁云：《疏》引孫炎曰：荊州曰梅，揚州曰柟，當依之乙，是也，《爾雅疏》亦可證。」盧記同。今注疏本、經注本系統皆同，先「柟」後「梅」，則其相沿如此，且通志堂本《釋文》等亦同，段玉裁謂當據《疏》乙正，並無實據，不可信從也。

4. 頁四右　然山以高大之故宜有茂木人君以盛德之故有顯服若無盛德則不宜矣

按：「有顯服」，十行本、元十行本、李本（元）、劉本（元）同；單疏本作「宜有顯服」，閩本、明監本、毛本、十行抄本同。阮記云：「閩本、明監本、毛本『故』下有『宜』字，案：所補是也。」盧記同。前既云「宜有茂木」，

後亦當云「宜有顯服」，前後方照，又下文云「則不宜矣」，亦可證此處當有「宜」字，當從單疏本等，阮記以為閩本等所補，單疏本原文如此，閩本或別有所承也。

5. 頁四右　旣戒令脩德又陳其美之勸誘之

按：「之」，十行本、元十行本同；單疏本作「以」，李本（元）、劉本（元）、閩本、明監本、毛本、十行抄本同。阮記無說，盧記補云：「毛本『之』作『以』，案：所改是也。」之勸誘之，不辭，本詩《序》云「故作是詩以戒勸之」，《疏》文與之句式相仿，則「之」字顯為「以」字之譌，作「以」是也，當從單疏本等。

6. 頁四右　地理志稱扶風武功縣東有大山

按：「大山」，單疏本、十行本、元十行本、李本（元）、劉本（元）、閩本、明監本、毛本同，《要義》所引亦同。阮記：「案：『大』下，浦鏜云脫『壹』字，是也。」盧記同。今各本皆同，存疑可也。

7. 頁四右　梅枏釋木云

按：「云」，十行本、元十行本、李本（元）、劉本（元）、閩本、明監本、毛本同；單疏本作「文」，《要義》所引同。阮記：「案：浦鏜云『文誤云』，是也。」盧記同。檢《爾雅·釋木》云「梅枏」，則當從單疏本等，浦說是也。

8. 頁四左　鄭於方記注云

按：「方」，十行本、李本（元）、劉本（元）、閩本、明監本、毛本同；單疏本作「坊」，元十行本、殿本同，《要義》所引亦同。阮記云：「案：浦鏜云『坊誤方』，是也。」盧記同。此處「方」字顯誤，當從單疏本等作「坊」，浦說是也。

9. 頁五右　堂畢道平如堂也

按：十行本、元十行本、李本（元）、劉本（元）、閩本、明監本、毛本、巾箱本、監圖本、纂圖本、岳本、五山本、日抄本皆同，《要義》所引亦同。阮記：「案：此定本也，《正義》云『定本又云畢道平如堂』，下文云『因解《傳》畢道如堂』，是《正義》本此《傳》當無『平』字，段玉裁云：定本非也，此自兩崖言之，故《爾雅》云畢堂牆，若平如堂，則自道言之矣。」盧記同。《正

義》所見本與定本有別，實屬正常，豈必有對錯，何能據彼以駁此？諸本皆有「平」字，《要義》所引亦有「平」字，檢敦煌殘卷伯二五二九《終南》毛《傳》，正作「平如堂」，則此《傳》文，自唐宋以來，相沿不替，何誤之有！

10. 頁五左　殺人以殉葬當是後有為之

按：「有」，十行本、元十行本、李本（元）、劉本（元）、閩本同；明監本作「主」，毛本同；單疏本作「君」，《要義》所引同；十行抄本無。阮記云：「閩本同，明監本、毛本『有』作『主』，案：所改非也，『有』當作『君』，形近之譌。」盧記同。後有，不知何義，此「有」字顯為「君」字之譌，明監本見「後有」不可通，故改「有」為「主」，意雖是而辭卻非，當從單疏本等，阮記是也，謝記反謂作「主」非臆改，大謬也。

11. 頁六右　慄慄懼也

按：「慄慄」，十行本、元十行本、李本（元）、劉本（元）、閩本、明監本、毛本、纂圖本同；巾箱本作「惴惴」，監圖本、岳本、五山本、日抄本同。阮記云：「小字本、相臺本『慄慄』作『惴惴』，考古文本同，案：『惴惴』是也。」「考古文本」，盧記作「考文古本」，餘同。《正字》云『『惴惴』誤『慄慄』，乃阮記所本。此毛《傳》，孔《疏》標起止引之云「傳惴惴懼」，又檢敦煌殘卷伯二五二九《黃鳥》毛《傳》，正作「惴惴」，浦說是也。阮記所謂「考古文本」不知何義，顯為「考文古本」之譌，謂《考文》所載之古文也，盧記乙正，是也。

12. 頁六右　以興臣仕於君以求行道若不行則移去

按：「行道若不行」，十行本、元十行本、李本（元）、劉本（元）同；單疏本作「行道道若不行」，閩本、明監本、毛本、十行抄本同，《要義》所引亦同。阮記云：「閩本、明監本、毛本，重『道』字，案：所補是也。」盧記同。前《疏》云「鄭以為交交然之黃鳥止於棘木以求安，棘若不安，則移去」，「棘若不安」與「道若不行」，句式相同，前後相照，則「道」字不可闕，當從單疏本等，阮記以為閩本等所補，單疏本原文如此，閩本或別有所承也。

13. 頁七右　鴥彼晨風

按：「鴥」，十行本、元十行本、李本（元）、劉本（元）、閩本、明監本、毛本同；巾箱本作「鴥」，監圖本、纂圖本、岳本、五山本、日抄本、唐石經、

白文本同，《要義》所引亦同。阮記云：「小字本、相臺本『鴥』作『鷸』，唐石經作『鷸』，案：『鷸』字是也，《釋文》尹橘反，《采芑》經同，《沔水》經不誤。」盧記同。《正字》云「『鷸』，誤從『尤』，下並同」，乃阮記所本。檢敦煌殘卷伯二五二九作《晨風》，作「鴥」，且唐石經、白文本皆作「鷸」，則作「鷸」是也，《讀詩記》卷十二《晨風》，亦作「鷸」。十行本經文作「鴥彼晨風」，然《傳》文則作「鴥，疾飛貌」，此「鴥」，元十行本、李本（元）、劉本（元）、閩本、明監本、毛本，乃至阮本皆作「鴥」，據此，原文必作「鷸」，因「穴」與「尤」二字太過接近，極易混淆，後世刊刻疏忽，遂譌「鷸」為「鴥」，十行本「鴥」、「鷸」並存，正可見此譌變之跡，後世因未能明辨其字，故皆誤作「鴥」也，阮本下文多於「鴥」旁加圈，皆當作「鷸」也。

14. 頁七右　駃所吏反

按：「駃」，十行本、元十行本、李本（元）、劉本（元）、閩本、明監本、毛本、巾箱本同；監圖本作「駛」，纂圖本同。阮記、盧記皆無說。然阮記引文「駃疾如晨風之飛入北林」，云：「相臺本『駃』作『駛』，小字本作『駛』，案：駛字是也，考此字《說文》在新附中，而《廣雅》已有之，皆作『駛』，《玉篇》、《廣韻》皆作『駛』，《釋文》此及《二子乘舟》同，乃失去一畫耳。」盧記同。似與此處有關，考其音讀，似應作「駛」字也。

15. 頁八左　我與女共袍乎

按：「共」，十行本、元十行本、李本（元）、劉本（元）、閩本、明監本、毛本、巾箱本、五山本、日抄本同；監圖本作「同」，纂圖本、岳本同。阮記云：「小字本、相臺本『共』作『同』，《考文》古本同，案：同字是也。」盧記同。作「同」者別本也，檢敦煌殘卷伯二九二五《無衣》鄭箋，正作「共袍」，則阮記之說，實不可信從。

16. 頁九左　箋于至攻戰*

按：「于」，十行本、元十行本、李本（元）、劉本（嘉靖）同；單疏本作「于於」，閩本、明監本、毛本、十行抄本同。阮記、盧記皆無說。此標起止，考箋云「于，於也。怨耦曰仇。君不與我同欲，而於王興師，則云『修我戈矛，與子同仇』，往伐之，刺其好攻戰。」據此，則「於」字不可闕也，當從單疏本等。

17. 頁九左　箋云禪裏衣近污垢

按：「禪」，十行本、元十行本、李本（元）、劉本（嘉靖）、閩本、明監本、毛本同、岳本，《要義》所引亦同；巾箱本作「澤」，監圖本、纂圖本、五山本、日抄本同。阮記云：「小字本『禪』作『澤』，案：澤字是也……」盧記同。作「澤」者或因經文作「與子同澤」，而以箋文必同作「澤」，然考單疏本《疏》文云「箋以上袍下裳，則此亦衣名，故易《傳》為『禪』」，則箋文作「禪」，絕無可疑，阮記非也。

18. 頁十左　外國者婦人不以名行

按：單疏本、十行本、元十行本、李本（元）、劉本（嘉靖）、閩本、明監本、毛本、十行抄本同，《要義》所引亦同。阮記云：「案：浦鏜云『外國者三字疑衍』，是也。」盧記同。所謂「外國者」，乃謂秦姬等嫁於外國之婦人，不以名行，非婦人皆不以名行也，此三字絕不可闕，單疏、《要義》皆可為證，浦說、阮記皆非也。

19. 頁十一右　喪禮飯含用玉聲伯惡見食之故惡之耳

按：「惡」，十行本、元十行本、李本（元）、劉本（嘉靖）、閩本同；單疏本作「夢」，明監本、毛本、十行抄本同，《要義》所引亦同。阮記無說，盧記補云：「毛本『惡』作『夢』。」前《疏》云「成十七年《左傳》稱：聲伯夢涉洹，或與已瓊瑰，食之」，則此處自當作「夢」也，作「惡」顯誤，當從單疏、《要義》也。

卷　七

卷七之一

1. 頁一右　孔穎達

按：「穎」，閩本、明監本同；單疏本作「穎」，十行本、元十行本、李本（元）、劉本（嘉靖）、毛本同。阮記、盧記皆無說。阮本於「穎」旁加圈，不知何義，從現存版本來看，作「穎」晚出，似當作「穎」。

2. 頁二右　檢鄭居檜地在外方屬鄭

按：單疏本、十行本、元十行本、李本（元）、劉本（嘉靖）、閩本、明監本、毛本、十行抄本皆同。阮記云：「案：此當作『在外方之北，外方屬鄭』，因『外方』複出，而脫去四字，下引《檜譜》云『在豫州外方之北』，其證也。」盧記同。阮記以後世文法揣摩古語，卻無文獻依據，按照其思路，當作「鄭居檜地，檜地在外方，外方屬鄭」，不止其所補諸字也，且單疏本與諸本皆同，無其所補諸字，此乃古人承前省辭也，其說不可信從。

3. 頁三右　郭云中英隆高

按：「英」，十行本、元十行本、李本（元）同；劉本（嘉靖）作「央」，閩本、明監本、毛本、巾箱本、監圖本、纂圖本同。阮記無說，盧記補云：「毛本『英』作『央』，案：『央』字是也。」中英，不辭，此《釋文》引《爾雅》郭注，檢《釋文》正作「央」。盧記是也。

4. **頁三左**　狀如一丘矣

按：單疏本、十行本、元十行本、李本（元）、劉本（嘉靖）、閩本、明監本、毛本皆同。阮記云：「案：依《爾雅》注，『一』上當有『負』字。」盧記同。此唐人《疏》文所引郭注，豈必與今本同？若取傳世本各種文獻與孔《疏》所引一一比對，其有異文者不知凡幾，豈皆為錯謬？單疏本已然，阮記此說，不可信從。

5. **頁五右**　應劭通俗云市特

按：「通俗」，單疏本、十行本、元十行本、李本（元）、劉本（嘉靖）、閩本、明監本、毛本、十行抄本皆同，《要義》所引同。阮記云：「案：『通俗』，浦鏜云『當作風俗通』，是也。」盧記同。《正字》云：「案：《通俗文》，服虔所作，此云應劭，當作《風俗通》也。」古書率多別名，孔《疏》所見或即應劭所作之《通俗》，單疏、《要義》所引皆同，則原文不誤也。

6. **頁五左**　序云男子棄業

按：「子」，十行本、元十行本、李本（元）、劉本（嘉靖）、閩本、明監本、毛本同；單疏本作「女」，十行抄本同。阮記云：「案：浦鏜云『女誤子』，是也。」盧記同。考本詩《序》云「男女棄其舊業」，則此處作「女」是也，當從單疏本等，浦說是也。

7. **頁五左**　曰相音越下曰往往矣同

按：「往往」，十行本、元十行本、李本（元）、劉本（嘉靖）、閩本、明監本、毛本同；巾箱本作「往」，監圖本、纂圖本同。阮記無說，盧記補云：「案：『往』字不當重。」此《釋文》，檢《釋文》，出字「曰相擇」，小注云「音越，下『曰往矣』同」，意謂下句經文鄭箋「曰往矣」之「曰」，亦讀為越音，檢下箋正作「朝旦善明曰往矣」，則「往」字不當重，盧記是也。

8. **頁六右**　正義曰穀善釋詁文也○春秋莊二十七年季友如陳葬原仲

按：「○」，十行本、元十行本、李本（元）、劉本（嘉靖）同；閩本作「案」，明監本、毛本同；單疏本無「○」。阮記無說，盧記補云：「案：『○』當衍。」此句既為孔《疏》，則不應有「○」，當從單疏本，盧記是也。

9. **頁六右**　箋云越於籥緫也朝旦善明日往矣謂之所會處也

按：「旦」，元十行本、李本（元）、劉本（嘉靖）、閩本、明監本、毛本、巾箱本同；十行本作「日」、監圖本、纂圖本、岳本、五山本、日抄本同。阮記云：「小字本、相臺本『旦』作『日』，《考文》一本同，案：『日』字是也，上章箋及《正義》中皆可證。」盧記同。不惟上章箋及《正義》，本章孔《疏》亦云「曰朝日善明」，皆可為證，作「日」是也。

10. **頁六右**　乃遺我一握之椒交情好也*

按：十行本、元十行本、李本（元）、劉本（嘉靖）、閩本、明監本、毛本、巾箱本、監圖本、纂圖本、岳本、五山本、日抄本皆同。阮記云：「相臺本同，閩本、明監本、毛本同，小字本『情』作『博』，案：小字本誤也，《釋文》以『情好』作音可證。○按：交博好，猶云互相討好，博字必古本之留遺者，舊挍非。」盧記同。今傳世各本皆作「情」，又《讀詩記》卷十三《東門之粉》引鄭氏曰，作「交情好」，小字本之「博」字或因字形與「情」相近而譌，段玉裁巧為之辯，強解字義，以為博為古本之舊，實乃荒唐無稽之說也，其駁顧廣圻校語率皆類此，豈可信從，阮本於此加圈，亦屬不辨者也。

11. **頁七右**　誘進釋詁文*

按：「文」，單疏本、十行本、元十行本、李本（元）、劉本（元）、閩本、明監本、毛本、十行抄本皆同，《要義》所引亦同。阮記、盧記皆無說，不知阮本為何於此「文」旁加圈。

12. **頁七右**　云掖臂也

按：單疏本、十行本、元十行本、李本（元）、劉本（元）、閩本、明監本、毛本、十行抄本皆同，《要義》所引亦同。阮記云：「案：『云』上，浦鏜云『脫說文』，又『掖』下，浦鏜云『脫持』，是也。」盧記同。單疏、《要義》與傳世諸本同，則原文如此，揆諸文義，則似有脫漏，而詳情乏考也。

13. **頁七右**　僖二十五年左傳云二礼從國子巡城持以赴外殺之謂
　　　　　　　　持其臂而投之城外也

按：「持」，十行本、元十行本、李本（元）、劉本（元）、閩本、明監本、毛本同；單疏本作「掖」，十行抄本同，《要義》所引亦同。阮記云：「案：浦鏜云『掖誤持』，考《左傳》是也。」盧記同。考箋云「掖，扶持也」，故《疏》

引《左傳》以釋箋，檢僖公二十五年，正作「掖以赴外殺之」，孔《疏》隨後又釋掖字之義謂持其臂，此正與箋義合，作「掖」是也，當從單疏本等，浦說是也。

14. 頁八右　取其口美而已

按：「口美」，十行本、元十行本、李本（元）、劉本（元）、閩本、明監本、毛本、巾箱本、監圖本、纂圖本、五山本、日抄本皆同，《要義》所引亦同；岳本作「美口」。阮記云：「小字本同，閩本、明監本、毛本同，相臺本『口』、『美』倒，案：美口，是也。」盧記同。今諸本多作「口美」，《要義》所引同，口美、美口互為別本，阮記所云，不可信從。

15. 頁八右　周語作四岳賜姓曰姜

按：「作」，十行本、元十行本、李本（元）、劉本（元）、閩本、明監本、毛本同，《要義》所引亦同；單疏本作「祚」；殿本作「胙」，庫本同。阮記云：「浦鏜云『祚誤作』，是也。」盧記同。檢《國語》卷三《周語》，作「胙四岳」，殿本據之而改也，單疏本所見本《國語》或即作「祚」，詳情乏考。《正字》云「『胙』，誤『作』」，與阮本所引不同，不知其所據為何本。

16. 頁八左　考工記慌氏以涗水漚其絲注云漚漸也

按：「慌」，單疏本、十行本、元十行本、李本（元）、劉本（元）同；閩本作「梳」，毛本同；明監本作「幌」，殿本、庫本同，《要義》所引亦同。阮記云：「閩本、明監本、毛本『慌』，誤『梳』。案：山井鼎云『作幌為是』，是也，凡巾傍之字，寫者多以忄旁亂之。」盧記同。「慌氏」、「梳氏」顯為「幌氏」之譌，單疏本確誤。此誤自單疏本已然，而《要義》不誤，其下各本或從忄或從木，惟明監本改之從巾，殿本、庫本承之也，阮記謂明監本作「梳」，不知其所據何本。

17. 頁十右　家語云羣生閉藏為陰而為化育之始

按：「為」，單疏本、十行本、元十行本、李本（元）、劉本（嘉靖）、閩本、明監本、毛本、十行抄本皆同，《要義》所引亦同。阮記云：「案：浦鏜云『乎誤為』，考《家語》，浦校是也。」盧記同。單疏本及諸注疏本皆作「為」，則孔仲遠所見《家語》或即作「為」，浦說不可信從。

18. **頁十右**　歎天道嚮秋冬而陰氣來

按：「歎」，單疏本、十行本、元十行本、李本（元）、劉本（嘉靖）、閩本、明監本、毛本同，《要義》所引亦同；十行抄本無。阮記云：「案：『歎』當作『觀』，形近之譌，浦鏜云『歎字衍文，見《繁露·循天之道》篇』，非也，為校《繁露》者所去耳。」盧記同。單疏本及諸注疏本皆作「歎」，而十行抄本無此字，檢《北堂書鈔》卷八十四《婚姻》「霜降送女」條、《初學記》卷十四《婚姻》「霜降送女」條引董仲舒此語，皆無「歎」字，則似當從十行抄本，浦說是也，阮記誤也。

19. **頁十二右**　梅之樹善惡自有

按：「有」，十行本、元十行本、李本（元）、劉本（嘉靖）、閩本、明監本、毛本同；巾箱本作「耳」，監圖本、纂圖本、岳本、五山本、日抄本同。阮記云：「小字本、相臺本『有』作『耳』，案：『有』字誤也，《正義》云『此梅善惡自耳』，可證，但與下『此性善惡自然』對文，依義當作『爾』，《考文》古本作『爾』，一本作『耳』，二字混也。」盧記同。善惡自有，不辭，當作「耳」，阮記是也。

20. **頁十二右**　人則惡之性因惡矣

按：「性」，十行本、元十行本、李本（元）、劉本（嘉靖）、閩本、明監本、毛本同；巾箱本作「樹」，監圖本、纂圖本、岳本、五山本、日抄本同。阮記云：「小字本、相臺本『性』作『樹』，《考文》古本同，案：『樹』字是也，《正義》云『梅亦從而惡矣』，可證。」盧記同。十行本於「性」字右旁畫有小圈，並於頁下寫「樹」字，則讀此書者亦以為「性」當作「樹」。然細玩辭義，作「性」亦通，阮記引《正義》為證，《疏》言「梅亦從而惡矣」，不知如何可證箋文必作「樹因惡矣」，或注疏本系統作「性」，經注本系統作「樹」，不可強以某字為是也。

21. **頁十二右**　歌以訊之

按：「訊」，十行本、元十行本、李本（元）、劉本（嘉靖）、閩本、明監本、毛本、巾箱本、監圖本、纂圖本、岳本、白文本同；唐石經作「誶」，五山本、日抄本同。阮記引段玉裁《詩經小學》以為「訊」為「誶」字之譌，盧記同。《釋文》作「誶」，《讀詩記》卷十三《墓門》引詩，及單疏本標起止，

皆作「訐」。「卆」即「卒」，敦煌殘卷敦研〇〇四《優婆塞戒經》書「獄卒」為「獄卆」，則「卆」即「卒」，「卆」又似為「卆」之缺筆，則「訐」即「誶」也，阜陽漢簡 S 一二八號為《墓門》殘文，正作「歌以誶」，則作「誶」實有所據，諸本之「訊」或即「訐」字之譌變，阮記是也。阮本本詩下文多於「訊」字旁加圈，似皆為「誶」之譌。

22. 頁十二右　訊諫也

按：十行本、元十行本、李本（元）、劉本（嘉靖）、毛本、巾箱本、監圖本、纂圖本同；閩本作「諫」，明監本、殿本同。阮記云：「通志堂本、盧本同，案：《六經正誤》云：訊諫也，作諫誤，《說文》：諫數諫也，從言從束，七賜反；諫，促也，從言從約束之束，音速。依此，是宋監本《釋文》此作『訊諫也』，從言從束中有一小畫，即束字，唐人例如此，毛居正以為束字非是，小字本所附作諫，誤多一畫，當由不識者誤改之耳。」盧記同。阮記所言頗有理據，今檢敦煌殘卷多有將「京」字寫作「京」者，如伯二一七三、斯五一二等，則其於「束」字中多書一橫，亦屬同類，若如毛居正之說，則原作「諫」，遂譌作「諫」，今宋元遞修本《釋文》作「訊諫也」，正與毛氏所見之誤字合；又「諫」字俗寫為「諫」，遂譌作「諫」，十行本等是其例，又因「諫」、「諫」相近，遂譌作「諫」，閩本等是其例，皆因字形相近而譌誤輾轉也。

23. 頁十二右　一名鵬與梟一名鴟

按：單疏本、十行本、元十行本、李本（元）、劉本（嘉靖）、閩本、明監本、毛本同，《要義》所引亦同。阮記云：「案：此當作『與梟異，梟一名鴟』，因複出『梟』字而脫也……」盧記同。孔《疏》原文云：「鴞，惡聲之鳥，一名鵬與梟，一名鴟，《瞻卬》云『為梟為鴟』是也，俗說以為鴞即土梟，非也。」此句頗為費解，據「俗說以為鴞即土梟非也」，則阮記所作推論似有道理，然補字似多，且單疏本、宋元以來各注疏本，以及《要義》所引皆同，則其詳情難以確知也。

24. 頁十二右　唯鴞冬夏尚施之

按：單疏本、十行本、元十行本、李本（元）、劉本（嘉靖）、閩本、明監本、毛本皆同，《要義》所引亦同。阮記云：「案：浦鏜云『常誤尚』，考《爾雅疏》是也。」盧記同。尚有常義，《淮南子·主術》云「天道玄默，無容無

則，大不可極，深不可測，尚与人化，知不能得」，尚與人化，即常與人化也，作「尚」不誤，諸本皆同，浦說純屬猜測，阮記是之，亦誤。

25. 頁十三右　　箋誰讒至宣公

按：「誰讒」，單疏本、十行本、元十行本、李本（元）、劉本（元）、閩本、明監本、毛本皆同。阮記云：「案：『讒』當作『誰』。」盧記同。此孔《疏》標箋文起止，鄭箋云「誰，誰讒人……所美，謂宣公也」，阮記據此以為當作「箋誰誰至宣公」，似有理據，然單疏本及各注疏本皆同，則其傳承由來已久，或孔《疏》所見箋文作「誰，讒人……」，或孔《疏》見「誰誰」疊複，故取「誰讒」，詳情不得而知，阮記不可信從也，繆記謂單疏有誤，未必然也。

26. 頁十三右　　甓瓴甋也

按：「瓴甋」，十行本、元十行本、李本（元）、劉本（元）、閩本、明監本、毛本、監圖本、纂圖本、岳本、五山本同；巾箱本作「令適」，日抄本同。阮記云：「小字本『瓴甋』作『令適』，案：小字本是也，《釋文》云：令，字書作瓴，適，字書作甋，又甓下云：令適也，《爾雅·釋文》云：《詩》《傳》作令適，是其證也。《正義》本當亦作令適，引《爾雅》乃順彼文作瓴甋耳，相臺本及此依以改《傳》者誤。」盧記同。《釋文》本作「令適」，《讀詩記》卷十三《防有鵲巢》引毛氏曰，作「甓令適也」，此為一別本也，豈可遽以此別本為是，而以「瓴甋」為非？阮記所言，不可信從。

27. 頁十四右　　月出皓兮

按：「皓」，十行本、元十行本、李本（元）、劉本（元）、閩本、明監本、毛本、巾箱本、監圖本、纂圖本、岳本、日抄本、白文本同；五山本作「皎」；唐石經作「晧」。阮記云：「唐石經『皓』作『晧』，案：『晧』字是也。」盧記同。《釋文》出字作「皓兮」，傳世刊本多作「皓」，阮記謂「晧」字是也，不知所據，不可信從。

28. 頁十四右　　埤蒼作嫽嫽妖也

按：「嫽嫽」，十行本、元十行本、李本（元）、劉本（元）、閩本、明監本、毛本、巾箱本、監圖本、纂圖本、日抄本皆同。阮記引文「劉兮ｏ埤蒼作嫽嫺妖也」，云：「通志堂本、盧本『嫺』作『嫽』，案：考小字本所附亦是『嫽』字，但其實非耳，『嫺』，『妖』二字連文，《相如賦》所謂妖冶嫺都也。」

盧記補云:「《釋文校勘》,通志堂本、盧本同,小字本所附亦是『嬥』字,考原本作『嫻』,『嫻妖』二字連文,《相如賦》所謂妖冶嫻都也」。盧記所添「原本」二字或指《埤蒼》,然是書早已亡佚,不知所謂原本究竟何指。若從阮記之說作「嫻」,則《釋文》云「《埤蒼》作嬥,嫻,妖也」,句義顯然不通,故不可信從也。

29. 頁十四左　公謂行父曰微舒似汝

按:「曰」,單疏本、十行本、元十行本、李本(元)、劉本(元)、閩本、明監本、毛本、十行抄本皆同。阮記云:「案:十行本『行父曰』剜添者一字,是本無『曰』字,後依《左傳》加而衍也。」盧記同。今單疏本明有「曰」字,則阮記猜測之說,不攻自破也。

30. 頁十五右　乘我乘駒

按:十行本、元十行本、李本(元)、劉本(元)、閩本、明監本、毛本、巾箱本、監圖本、纂圖本、岳本、五山本、日抄本、唐石經、白文本皆同。阮記以為《釋文》所引沈云所謂「或作駒字是後人改之」不可信,云「未必後人改之」,隨後又按「沈重說是也,其詳見段玉裁《說文解字注》。」盧記同。今傳世諸本皆作「駒」,又單疏本《疏》文明云「乘我君之一乘之駒」,則作「駒」字無可疑也,阮記前說是也,段說絕不可信。

31. 頁十七右　男悅女之形體

按:單疏本、十行本、元十行本、李本(元)、劉本(元)同;閩本作「男悅女言女之形體」,明監本、毛本同。阮記云:「閩本、明監本、毛本『悅』下有『女言』二字,案:所補是也。」盧記同。單疏本與宋元十行本同,無此二字,又《疏》文云「男悅女之形體佼大如荷也」,文從字順,所補非也,阮記誤也,繆記是之,亦誤。

32. 頁十七右　傷思釋言文

按:「言」,十行本、元十行本、李本(元)、劉本(元)、閩本、明監本、毛本同;單疏本作「詁」。阮記云:「案:浦鏜云『詁誤言』,是也。」盧記同。檢《爾雅·釋詁》云「悠,傷,憂,思也」,則「傷思」非《釋言》文,浦說是也。又《正字》云「『詁』,疑誤『言』」,阮記所引闕「疑」字,微誤。

33. 頁十七右　以箋義為長○正義曰經傳言

按：十行本、元十行本、李本（元）、劉本（元）、閩本、明監本、毛本同；單疏本「為長」後有「箋自目至曰泗」六字。阮記引文「孫毓以箋義為長○正義曰」，云：「案：『○』下，浦鏜云『當脫傳自目至曰泗六字及○』，是也。」盧記同。所標起止，字不可闕，檢經文云「寤寐無為，涕泗滂沱」，《傳》云「自目曰涕，自鼻曰泗」，箋云「寤，覺也」，據此則標起止當作「傳自目至曰泗」，單疏本作「箋」，確誤，浦說是也。

34. 頁十七左　卷本又作睠同其員反

按：「睠」，十行本、元十行本、李本（元）、劉本（元）、閩本、明監本、監圖本、纂圖本同；毛本作「倦」；巾箱本作「婘」。阮記引文「且卷○本又作婘」，云：「通志堂本、盧本同，案：小字本、十行本所附皆云『本又作睠』，考『睠』字非也，《博雅》云：婘好也，本此詩。」盧記引文「卷本又作睠」，云「通志堂、盧本『婘』作『睠』，小字本所附亦是『睠』字，考『睠』字非也，《博雅》云：婘好也，本此詩。」檢《釋文》作「婘」，「睠」或為別本之異，毛本作「倦」則不知所據。

卷七之二

1. 頁一左　故云火正耳檜國在禹貢豫州外方之北*

按：「檜」，十行本、元十行本、李本（元）、劉本（元）、閩本、明監本、毛本同；單疏本無，《要義》所引同，十行抄本作「○」。阮記云：「案：此不誤，浦鏜云『檜衍字』，非也，嫌國是祝融國，故複舉『檜』而言之。」盧記同，且補云：「案：『檜』上當有『○』。」考阮本《鄭譜·檜譜》云：「檜者，古高辛氏火正祝融之墟，國在禹貢豫州外方之北，滎波之南，居溱洧之間。」若作「檜國」，顯然語義重複，故當從單疏、《要義》無「檜」字，《讀詩記》卷十四引《檜譜》無「檜」字，亦可為證，《正字》云『「檜」衍字』，是也，阮記非也。又，單疏本「耳」與「國」之間有一空格，此為區分《譜》、《疏》也，以注疏本通例言之，當有「○」以相隔，十行抄本如此，正可為證。

2. 頁一左　滎澤在汴縣東

按：「汴」，單疏本、十行本、元十行本、李本（元）、劉本（元）、閩本、

明監本、毛本、十行抄本皆同，《要義》所引亦同。阮記云：「案：浦鏜云『其誤汴』，是也。」盧記同。單疏本、諸注疏本及《要義》所引皆作「汴」，則相沿如此，存疑可也。

3. 頁一左　已姓昆吾蘇顧温莒也

按：「莒」，單疏本、十行本、元十行本、李本（元）、劉本（元）、閩本、明監本、毛本、十行抄本皆同，《要義》所引亦同。阮記云：「案：依《國語》『莒』作『董』。」盧記同。單疏本、諸注疏本及《要義》所引皆作「莒」，則相沿如此，或孔穎達所見《國語》即如此。

4. 頁二左　譜於諸國皆不言北鄰

按：「北」，單疏本、十行本、元十行本、李本（元）、劉本（元）、閩本、明監本、毛本、十行抄本皆同，《要義》所引亦同。阮記云：「案：『北』當作『其』，形近之譌。」盧記同。《正字》云：「『北』，疑衍字。」考《檜譜》云「其國北鄰於虢」，《疏》云「《譜》於諸國，皆不言北鄰，此讀言『北鄰於虢』者」，《疏》文文氣通暢，不知阮記為何認定「北」當作「其」，今單疏本、諸注疏本及《要義》所引皆作「北」，可知阮記確誤、浦鏜誤疑也。

5. 頁三右　為人臣之禮不顯諫三諫不聽於禮得去也

按：單疏本、十行本、元十行本、李本（元）、劉本（元）、閩本、明監本、毛本皆同，《要義》所引亦同。阮記云：「『不聽』下，浦鏜云『當有則去之是三諫不聽』，是也，此不聽複出而脫。」盧記同。《正字》引「為人臣之禮不顯諫」，云：「下當脫『三諫而不聽則逃之是』九字」，與阮記所引不同，不知阮記所據何本。單疏本、諸注疏本及《要義》所引皆如此，則《疏》乃節引《曲禮》之文，浦說、阮記皆不可信從。

6. 頁四左　在國視朝之服則素衣麑裘

按：「朝」，單疏本、十行本、元十行本、李本（元）、劉本（元）、閩本、明監本、毛本、十行抄本皆同，《要義》所引亦同。阮記云：「案：『朝』當作『朔』。」盧記同。孔《疏》云「以諸侯之服狐白裘，唯在天子之朝耳，在國視朝之服，則素衣麑裘，無狐白裘矣」，則「在國視朝之服」之「朝」乃承接上文「在天子之朝」之「朝」，單疏本、諸注疏本及《要義》所引皆作「朝」，不誤，阮記非也。

7. 頁五左　　鄭以首章思見既祥之後素縞之冠下二章思見祥祭之服素冠於鞸

按：「素冠於鞸」，十行本、元十行本、李本（元）、劉本（元）、閩本、毛本同；單疏本作「素冠素鞸」，十行抄本同。阮記云：「案：浦鏜云『冠於疑裳與誤』，是也。」盧記同。於鞸，不知何義，考本詩首章云「庶見素冠兮」，故《疏》云「首章思見既祥之後素縞之冠」；二章云「庶見素衣兮」、三章云「庶見素鞸兮」，故《疏》云「下二章思見祥祭之服素冠素鞸」，所謂「素衣素鞸」，正指經文之「素衣」、「素鞸」，故當從單疏本等，浦鏜所疑非也，阮記是之，亦誤。

8. 頁六右　　素白也此冠練在使熟其色益白是以謂之素焉

按：「練在」，十行本、元十行本、李本（元）、劉本（元）、閩本、明監本、毛本、十行抄本同；單疏本作「練布」，《要義》所引亦同。阮記云：「案：浦鏜云『布誤在』，是也。」盧記同。「在」如何可練，顯為「布」字之譌，當從單疏本等，《讀詩記》卷十四《素冠》引：「孔氏曰：素，白也，此冠練布使熟，其色益白」，正可為證，浦說是也。

9. 頁七右　　我心蘊結兮

按：十行本、元十行本、李本（正德）、劉本（正德）、閩本、明監本、毛本、巾箱本、監圖本、纂圖本、岳本、五山本、日抄本、唐石經、白文本皆同。阮記云：「小字本、相臺本同，唐石經初刻作『薀』，後改『蘊』，案：《說文》：薀，積也，從艸溫聲，《正義》、《釋文》作『蘊』者，即『薀』之俗字耳。」盧記同。今傳世拓本唐石經此處作「蘊」，不知阮記所謂初刻如何得知，又傳世諸本皆作「蘊」，《釋文》出字作「蘊結」，《讀詩記》卷十四《素冠》，作「我心蘊結兮」，單疏本《疏》文云「我心憂愁如蘊結兮」，此乃轉述經文也，則其所見本亦作「蘊」，阮記之說毫無依據，絕不可從。

10. 頁八右　　故我今日於人夭夭然少壯沃沃壯佼之時

按：單疏本、十行本、元十行本、李本（元）、劉本（嘉靖）、閩本、明監本、毛本皆同。阮記云：「案：上『壯』字衍，『沃沃』下脫『然』字，此讀於『少』字略逗。」盧記同。單疏本及諸注疏本皆如此，阮記以後世文法揣摩古文，衍、脫肆意而言，輕率無據，不可信從。

11. 頁九右　怛傷也

按：十行本、元十行本、李本（元）、劉本（元）、閩本、明監本、毛本、巾箱本、監圖本、纂圖本、岳本、五山本、日抄本皆同。阮記云：「案：此《正義》本也，正義云『定本無怛傷之訓』，考《釋文》『怛兮』下云『慘怛也』，是《釋文》本亦無此傳。」盧記同。傳世諸本皆有此《傳》，《讀詩記》卷十四《匪風》引「毛氏曰：怛傷也」，亦可為證，無者乃一別本也。

12. 頁九左　偈偈然

按：單疏本、十行本、元十行本、李本（元）、劉本（元）、閩本、明監本、毛本皆同，《要義》所引亦同。阮記云：「案：『然』當作『兮』，上文『發發兮大暴疾』，與此對文，皆經中『兮』字也。」盧記同。既為對文，「然」、「兮」相對，何必皆作「兮」字，傳世諸本皆同，阮記之說，純屬猜測，不可信從，繆記說同，並誤。

13. 頁十右　亦歸與之而*

按：單疏本、十行本、元十行本、李本（元）、劉本（元）、閩本、明監本、毛本、十行抄本皆同。阮記云：「案：此不誤，下亦備具之而同，浦鏜云『兩而字當衍文』，非也，讀以而字斷句，『而』詞也，浦誤於『之』字斷句耳。」盧記同。此處阮記既以為不誤，不知阮本為何加圈，顯與通例相悖，當刪。

14. 頁十左　謂以人思尊偶之也

按：「思」，單疏本、十行本、元十行本、李本（元）、劉本（元）、閩本、明監本、毛本皆同。阮記云：「案：『思』當作『意』，《聘禮疏》以人意相存偶也，尊偶、存偶，與《中庸》《正義》之相親偶，《表記》《正義》之相愛偶，《碩人》《正義》之荅偶，皆一也，下文云尊貴之。」盧記同。《正字》云「『意相存偶』，誤『思尊偶之』，從《聘禮疏》校」，乃阮記所本。單疏本及諸注疏本皆作「思」，此相承如此，浦說、阮記皆為猜測之言，不可信從。

卷七之三

1. 頁一左　是曹地在濟北也其封域在雷夏菏澤之野

按：十行本、元十行本、李本（元）、劉本（嘉靖）、十行抄本同，《要義》

所引亦同；單疏本「也」字之後有空格；閩本「也」字之後有「○」，明監本、毛本同。阮記、盧記皆無說。「也」字之前乃《疏》文，「其封域在雷夏菏澤之野」為《曹譜》之文，不應相聯無別，單疏本於此空格，以示區別也，閩本剜添入「○」是也，阮本於「也」字加圈，用意或與閩本同也。

2. 頁一左　又云導菏澤被孟豬

按：「孟」，單疏本、十行本、元十行本、李本（元）、劉本（嘉靖）、閩本、明監本、毛本、十行抄本皆同，《要義》所引亦同。阮記云：「案：『孟』當作『盟』，《陳譜》作『明豬』，《正義》云『明豬，《尚書》作盟豬，即《左傳》稱孟諸之藪，《爾雅》云宋有孟諸，是也，但聲訛字變耳』，是《正義》所引《尚書》作『盟』之證。」盧記同。阮記以《正義》正《正義》，而理據不足，既然此處「孟」之與前之「盟」字有異而訛？則何不可以前之「盟」與此處之「孟」有異而以之為訛？上《疏》所謂「《尚書》作盟豬」，亦有可能為「《尚書》作孟豬」之誤，而《疏》文所指聲訛字變或即「孟豬」之「豬」、「孟諸」之「諸」，而非指「孟」、「盟」，且單疏、諸注疏本及《要義》所引皆作「孟」，則其本來如此，阮記所云，不可信從也。

3. 頁一左　略餘國而不言也曹之後世雖為宋所滅宋亦不數伐曹故得寡於患難十一世當周惠王時

按：單疏本、十行本、元十行本、李本（元）、劉本（嘉靖）同；閩本「也」字之後有「○」，明監本、毛本同。阮記引「曹之後世」，云：「閩本、明監本、毛本『曹』上誤衍○○，案：《毛鄭詩考正》亦誤以此下共廿一字為鄭君語。」盧記惟「○○」作「一○」，餘同。《正字》引「略餘國而不言也」，云：「下衍」，「衍」字後當有「○」字，今本脫也，若然，則顯為阮記所本。阮記又引「十一世當周惠王時」，云：「案：浦鏜云『上脫○』，是也。」盧記同。自單疏本以降，此段文字《譜》、《疏》錯雜，為明辨彼此，故不煩詳引，單疏本《譜》云：「夾於魯、衛之間，又寡於患難，末時富而無教，乃更驕侈」，後有空格，又云「正義曰：魯在其東南，衛在其西北，魯、衛雖大於曹，非如齊、秦、晉、楚自專征伐，畏懼霸主，不敢侵曹，由此所以『寡於患難』；又言其改變堯、舜之化而驕侈，無復重厚之風也，《蜉蝣·序》云：刺奢也，昭公無法以自守，好奢而任小人，是『富而無教』，驕侈之事也；言『末時』者，正謂周王惠、襄之間，作詩之時，鄰國非獨魯、衛而已，舉魯、衛以協句，略餘國而

不言也，曹之後世，雖為宋所滅，宋亦不數伐曹，故得『寡於患難』。十一世，當周惠王時，政衰，昭公好奢而任小人，曹之變風始作。」後有空格，又云「正義曰：《曹世家》……故『十一世』。細繹上下文，可知自「正義曰魯在其東南」至「故得寡於患難」，皆釋《譜》文「夾於魯衛之間，又寡於患難，末時富而無教，乃更驕侈」也，若如閩本等所標「ｏ」為隔斷，則《譜》文為：「夾於魯衛之間，又寡於患難，末時富而無教，乃更驕侈，曹之後世，雖為宋所滅，宋亦不數伐曹，故得寡於患難」，「寡於患難」前後語複，鄭北海為文必不如此也。而「十一世，當周惠王時，政衰，昭公好奢而任小人，曹之變風始作」則為《譜》文，故「正義曰：《曹世家》……故『十一世』」，正釋之也。《要義》卷七「曹以堯舜所歷而民花夾魯衛寡難」條，引曰「夾於魯衛之間，又寡於患難，末時富而無教，乃更驕侈。正義曰：魯在其東南，衛在其西北，魯、衛雖大於曹，非如齊、秦、晉、楚自專征伐，畏懼霸主，不敢侵曹，由此所以『寡於患難』；言『末時』者，正謂周王惠、襄之間，作詩之時，鄰國非獨魯、衛而已，舉魯、衛以協句，略餘國而不言也，曹之後世，雖為宋所滅，宋亦不數伐曹」，下條即「周政衰而曹君奢變風始作」，引曰「十一世，當周惠王時，政衰，昭公好奢而任小人，曹之變風始作。正義曰：《曹世家》……故『十一世』」。據此，《要義》所見，《譜》、《疏》不紊，相隨而行，故自「十一世當周惠王時」為另條，可證作「ｏ」為誤衍也。

4. 頁一左　子仲君平立卒子官伯侯立

按：「官」，十行本、元十行本、李本（元）、劉本（嘉靖）、閩本、明監本、毛本、十行抄本同；單疏本作「宮」，《要義》所引同。阮記云：「案：浦鏜云『宮誤官』，是也。」盧記同。此引《史記》，檢《管蔡世家》所附《曹世家》，正作「宮伯侯」，則當從單疏本，浦說是也。

5. 頁二右　幽伯戴伯二人又不數

按：「人」，單疏本、十行本、元十行本、李本、劉本、閩本、明監本、毛本同，《要義》所引亦同。阮記云：「案：盧文弨云：前《陳譜》《疏》云『除相公一及』，此『人』字亦當作『及』，父子曰世，兄弟曰及，是也，考《邶》《鄘》《衛譜》《正義》云『又不數及』，《商頌譜》《正義》云『除二及』，皆可證。」盧記同。今單疏本、諸注疏本及《要義》所引皆作「人」，則阮記所云實為猜測之言，並無實據，不可信從。

6. 頁三右　箋云掘閱掘地解

按：「解」，十行本、元十行本、李本（元）、劉本（元）同；閩本作「解閱」，明監本、毛本、巾箱本、監圖本、纂圖本、岳本、五山本、日抄本同。阮記云：「小字本、相臺本『解』下有『閱』字，閩本、明監本、毛本亦有，案：十行本脫也，又此定本也，《正義》云『初掘地而出皆解閱』，又云『定本云握地解閱』，《釋文》解閱音蟹下同，與定本同也。」「握地」，盧記作「掘地」，餘同。阮之說或然，然「握地解閱」顯為「掘地解閱」之譌，盧記改之，是也。

7. 頁三左　掘地而出皆鮮閱
　　　　　　掘地而出甚鮮閱

按：單疏本、十行本、元十行本、李本（元）、劉本（元）、閩本、明監本、毛本同；《要義》所引亦同。阮記無說，盧記補云：「案：『鮮』當作『解』，下『鮮閱』並同。」今單疏本、諸注疏本及《要義》所引皆作「鮮閱」，則盧記所云實為猜測之言，並無實據，不可信從。

8. 頁四右　候人道路送賓客者

按：「送」，十行本、元十行本、李本（元）、劉本（元）、巾箱本、監圖本、纂圖本、岳本、五山本、日抄本同，《要義》所引亦同；閩本作「送迎」，明監本、毛本同。阮記云：「小字本、相臺本同，《考文》一本同，閩本、明監本、毛本『送』下有『迎』字，案：《正義》云『以是知候人是道路送迎賓客者』，依《正義》當有此字。」盧記同。宋刊經注本、宋元刊注疏本，以及《要義》所引皆無「迎」字，有「迎」字者，或為別本也，《疏》文所云非明引《傳》文，阮記之以證，頗嫌武斷也。

9. 頁五右　不刺遠君子而舉候人

按：「不」，單疏本、十行本、元十行本、李本（元）、劉本（元）、閩本、明監本、毛本同。阮記云：「案：『不』當作『本』，形近之譌。」盧記同。阮記誤解原文，《疏》文云「不刺遠君子，而舉候人，是作者之意，言賢者之官不過候人也，賢者所作候人，乃是候人之士卒」，意謂作《候人》之詩者，於詩句中不明言以刺曹共公之遠君子，而以候人為言，乃因候人之官已低下，賢人又為候人之士卒，可見君子之被遠也。故「不」字不誤，當從單疏本，阮記非也。

10. 頁五左　緼赤黃之閒色所謂韎也

按：「韎」，十行本、元十行本、李本（元）、劉本（元）、閩本、明監本、毛本同；單疏本作「𩋆」，《要義》所引同。阮記云：「案：浦鏜云『𩋆誤韎』，以《玉藻》注考之，浦校是也。」盧記同。此句《疏》文引《玉藻》鄭注，檢其文，正作「𩋆」，則當從單疏本等，浦說是也。

11. 頁五左　閔二年傳稱齊桓公遣衛夫人以魚軒

按：「遣」，十行本、元十行本、李本（元）、劉本（元）、閩本、明監本、毛本同；單疏本作「遺」，十行抄本同，《要義》所引亦同。阮記云：「案：浦鏜云『遺誤遣』，是也。」盧記同。遣衛夫人以魚軒，顯然不通，又檢《左傳》閔公二年，作「歸夫人魚軒」，遺即歸也，則當從單疏本等，浦說是也。

12. 頁五左　僖十八年左傳稱晉文公入曹數之

按：「十八」，十行本、元十行本、李本（元）、劉本（元）、閩本、明監本、毛本同；單疏本作「二十八」，十行抄本同，《要義》所引亦同。阮記云：「案：『十』上，浦鏜云『脫二字』，是也。」盧記同。檢《左傳》，晉文公入曹數之，其事在僖公二十八年，則當從單疏本等，浦說是也。

13. 頁六左　則下民困病矣

按：「矣」，十行本、元十行本、李本（元）、劉本（元）、閩本、明監本、毛本同；巾箱本無，監圖本、纂圖本、岳本、五山本、日抄本同。阮記云：「小字本、相臺本無『矣』字，案：無者是也，標起止云『至困病』，可證。」盧記同。注疏本系統有「矣」字，經注本系統無，此所據底本有別也，且揆諸文氣，無「矣」字則辭氣不足，有者勝也，孔《疏》標起止率不取句末辭氣之字，如「也」、「矣」等，阮記引之為證，是不辨《疏》文體例之說也，不可信從，謝記謂阮記不通考全書而為之辭，甚是。

14. 頁六左　天者無大雨則歲穀不熟

按：「者」，十行本、元十行本、李本（元）、劉本（元）、閩本、明監本、毛本同；單疏本作「若」，十行抄本同。阮記云：「案：『者』當作『若』，因剜改而與下互譌也。」盧記同。「若」與「則」，前後語氣搭配，若作「者」，則嫌天者皆無大雨之義，故當從單疏本等，阮記以為當作「若」是也，然謂其剜

改，則未見其跡，不知何據。

15. 頁六左　　故知薈蔚雲興若是小雲之興也

按：「若」，十行本、元十行本、李本（元）、劉本（元）、閩本、明監本、毛本同；單疏本作「者」。阮記云：「案：『若』當作『者』，因剜改而與上互譌也。」盧記同。揆諸文義，作「者」是也，當從單疏本，阮記以為當作「者」是也，然謂其剜改，則未見其跡，不知何據。

16. 頁七左　　用心如壹既如壹兮其心堅固不變

按：單疏本、十行本、元十行本、李本（正德，板心有塗抹）、劉本（正德十二年）、閩本、明監本、毛本皆同。阮記云：「案：十行本『用心』至『其心』，剜添者三字，此當作『用心既如壹兮其堅固不變』，剜添『如壹』及『心』字，皆誤。」盧記同。今單疏本已如此，文從字順，阮記謂剜添者誤，乃想當然之說也，豈可信從，汪記謂此句不誤，是也。

17. 頁七左　　傳言執義一則用心固*

按：單疏本、十行本、元十行本、李本（正德，板心有塗抹）、劉本（正德十二年）、閩本、明監本、毛本皆同。阮記、盧記皆無說。此孔《疏》標起止所引，而阮記上條引《傳》「言執義一則用心固」，云：「案：段玉裁云：上箋『儀，義也，善人君子，其執義當如一也』，下箋『執義不疑』，此『言執義一』，文句相承，上當脫『箋云』二字，今考標起止作《傳》，是《正義》本已誤。」盧記同。檢十行本、元刊十行本、李本、劉本、閩本、明監本、毛本、巾箱本、監圖本、纂圖本、日抄本，以及《要義》所引，「言執義一則用心固」皆為《傳》文，無作「箋云」二字以冠之者，且單疏本標起止亦作「傳」，則阮記所引段氏之說，可謂無中生有之甚者也，不可信從。

18. 頁七左　　正義曰如結者謂如不以散如物之裹結

按：「如不以散」，十行本、元十行本、李本（正德，板心有塗抹）、劉本（正德十二年）、閩本、明監本、毛本同；單疏本作「堅牢不散」，《要義》所引同。阮記云：「案：當作『謂固不可散』。」盧記同。如不以散，不知何義，檢《讀詩記》卷十五《鳲鳩》，「孔氏曰：謂堅牢不散，如物之裹結」，則當從單疏本等，阮記疑原文有誤是也，而所改則非也。

19. **頁七左　騏騏文也**

按：十行本、元十行本、李本（正德，板心有塗抹）、劉本（正德十二年）、閩本、明監本、毛本、巾箱本、監圖本、纂圖本、岳本、五山本、日抄本同，《要義》所引亦同。阮記云：「案：當作『騏綦文也』……」盧記同。單疏本標起止云「傳騏騏文」，《讀詩記》卷十五《鳲鳩》，「毛氏曰：弁，皮弁也；騏，騏也」，則作「騏騏文」無可疑也，阮記非也。

20. **頁八右　鄭唯其弁伊騏言皮為之璂以玉為之餘同**

按：「為」，十行本、元十行本、李本（正德，板心有塗抹）、劉本（正德十二年）、閩本、明監本、毛本同；單疏本作「弁」，十行抄本同。阮記云：「案：『為』當作『弁』。」盧記同。皮為之璂，不知何義，考本詩經云「其弁伊騏」，毛《傳》云「弁，皮弁也」，箋云「『騏』，當作『璂』，以玉為之」，則《疏》文述箋，自當作「言皮弁之璂以玉為之」，作「弁」是也，當從單疏本等，阮記是也。

21. **頁八右　弁師云王之皮弁會五采玉璂注云會逢中也璂結也皮**
**　　　　弁之逢中每貫結五采玉以為飾謂之綦**

按：兩「逢」，十行本、元十行本、李本（正德，板心有塗抹）、劉本（正德十二年）、閩本、明監本、毛本同；單疏本皆作「縫」，十行抄本同，《要義》所引亦同。阮記云：「案：浦鏜云『縫誤逢，下同』，是也。」盧記同。檢《周禮·夏官·弁師》鄭注，皆作「縫」，則當從單疏本也，浦說是也。

22. **頁八左　以新王即位特設此服使士服此騏弁執兵衛王綦常服也**

按：「綦」，十行本、元十行本、李本（正德，板心有塗抹）、劉本（正德十二年）、閩本、明監本、毛本同；單疏本作「非」，十行抄本同，《要義》所引亦同。阮記云：「案：『綦』上當有『玉』字，因上句末王字形近而脫去也。」盧記同。因「特設此服」，故「非常服也」，若作「綦服也」，不知何義，故當從單疏本等，阮記非也。

23. **頁八左　故知騏當作綦**

按：「綦」，十行本、元十行本、李本（正德，板心有塗抹）、劉本（正德十二年）、閩本、明監本、毛本同；單疏本作「璂」，十行抄本同，《要義》所

引亦同。阮記云：「案：『綦』當作『璂』⋯⋯」盧記同。此引述箋文也，箋云「騏當作璂」，則作「璂」是也，當從單疏本等，阮記是也。

24. 頁八左　正是也

按：「是」，十行本、元十行本、李本（正德，板心有塗抹）、劉本（正德十二年）、閩本、明監本、毛本同；巾箱本「長」，監圖本、纂圖本、岳本、五山本、日抄本同。阮記云：「小字本、相臺本『是』作『長』，《考文》古本同，案：『長』字是也，《釋文》、《正義》皆可證。」盧記同。詩云「其儀不忒，正是四國」，若《傳》云「正，是也」，則是是四國，不知何義，則當從經注本作「長」，阮記是也。

25. 頁八左　正長釋訓文

按：「訓」，十行本、元十行本、李本（正德，板心有塗抹）、劉本（正德十二年）、閩本、明監本、毛本同；單疏本作「詁」，十行抄本同。阮記云：「案：『訓』當作『詁』。」盧記同。檢《爾雅・釋詁》云「正伯長也」，則當從單疏本等，阮記是也。

26. 頁八左　僖元年左傳曰凡侯伯救患分災其非禮也

按：「其非」，十行本、元十行本、李本（正德，板心有塗抹）、劉本（正德十二年）、閩本、明監本、毛本同；單疏本作「討罪」，十行抄本同。阮記云：「案：浦鏜云『討罪誤其非』，是也⋯⋯」盧記同。檢《左傳》僖公元年云「凡侯伯救患分災討罪禮也」，則當從單疏本等，浦說是也。

27. 頁九右　稂童粱

按：「粱」，十行本、李本（元）、劉本（嘉靖）、巾箱本、監圖本、纂圖本、五山本同；元十行本作「梁」，閩本、明監本、毛本、岳本、日抄本同。阮記云：「小字本、相臺本『梁』作『粱』，閩本、明監本、毛本同。案：『梁』字誤也，《爾雅》作『梁』，此《釋文》及大田亦或誤，見《六經正誤》。」盧記惟「梁作粱」作「粱作梁」，「《爾雅》作梁」作「《爾雅》作粱」，餘同。阮記之說不可信從，檢《釋文》出字「稂」，云「毛，童粱」，《讀詩記》卷十五《下泉》引「毛氏曰稂童粱」，豈可據《爾雅》之文以駁毛《傳》？

28. 頁九左　冽彼至周京

按：「冽」，單疏本、十行本、元十行本、李本（元）、劉本（嘉靖）同；閩本作「洌」，明監本、毛本同。阮記云：「閩本、明監本、毛本『冽』作『洌』，下同，案：所改是也。」盧記同。「冽」、「洌」可通，作「洌」不誤，阮記非也。

29. 頁九左　七月云二之日栗冽字從水是遇寒之意故為寒也

按：「水」，十行本、李本（元）、劉本（嘉靖）同；單疏本作「冰」，閩本、明監本同，元十行本、毛本作「氷」。阮記云：「閩本、明監本、毛本『水』作『冰』，案：所改是也，《大東》《正義》可證。」盧記同。水如何有寒意，此字決當作「冰」，阮記以為閩本等改之，單疏本原文如此，元十行本亦作「氷」，閩本或別有所承也。

30. 頁九左　泉之所浸必浸其稂本故以苞為本

按：「稂」，十行本、元十行本、李本（元）、劉本（嘉靖）、閩本、明監本、毛本同；單疏本作「根」。阮記云：「案：『稂』當作『根』，形近之譌。」盧記同。稂本，不知何義，所浸者其根本也，當從單疏本，阮記是也。

31. 頁九左　甫田云不稂不莠

按：單疏本、十行本、元十行本、李本（元）、劉本（嘉靖）、閩本、明監本、毛本、十行抄本皆同，《要義》所引亦同。阮記云：「案：浦鏜云『大誤甫』，是也，《爾雅正義》即取此，正作『大』。」盧記同。今《小雅·大田》詩云「既方既皁，既堅既好，不稂不莠」，又檢《爾雅疏·釋草》，正作「大田云不稂不秀」，則諸本似皆誤，浦說是也。